应用型本科规划教材人文传媒专业指导委员会成员

（按姓氏笔画排序）

王玉生　王兴华　孙沛然　孙劲松

朱红缨　张梦新　李寿福　李　娟

周　斌　顾学宏　秦大虎　蔡　罕

广告学专业编委会成员

马　原　江根源　张健康　何镇飚　徐莉莉

应用型本科规划教材

品牌战略

BRAND STRATEGY

◆主　编　徐莉莉　骆小欢

副主编　李　闯

ZHEJIANG UNIVERSITY PRESS
浙江大学出版社

目　录

品牌为王(代序)

对于我们当前所处的这个时代,可以有很多种定义的方式,比如经济一体化、信息全球化或者第三次科技浪潮等等,但是如果从传播学的角度来看,这显然也是一个媒介时代。

媒介传播从来没有像今天这样发达,信息也从来没有像今天这样铺天盖地。生产力的发展与市场经济的繁荣联手创造了同质而又过剩的商品。媒介和商家(企业主和中间商)合谋要把这些商品销售给消费者,这使得排山倒海的广告信息一浪高过一浪。在大规模地生产批量信息的媒介面前,单个的生命个体的信息处理能力毕竟有限,作为产品各个层面信息的象征和简化后的产物——品牌成了营销者们的制高点。这一点,对于盈利性的或者非盈利性的组织而言都毋庸置疑。一个品牌为王的营销时代已然降临。

由于特殊的历史原因,中国市场经济的繁荣发展还不到 30 年。但是回顾最近 10 年的情形,我们发现,……,诚如奥美集团亚太区董事长杨名皓所言:"中国正在经历着全球有史以来最短时间内最大规模的品牌创建运动。"[①]随着技术的进步和营销手段的迅速模仿,产品和服务本身的同质化现象日益严重,这必然使品牌运动进一步升温。

在营销传播活动中,我们常常惊诧于品牌的魅力;在各种类型的品牌榜中,我们又常常惊诧于品牌资产的庞大。但是把中外的强势品牌对比一下,我们发现品牌之间的差距在当前仍然是难以跨越的鸿沟,中国品牌的创建之路还荆棘密布,任重道远。国际著名品牌的发展之路也向我们昭示,品牌的创建从来都是一个漫长艰辛的过程。

过去近 10 年来,中国企业的品牌创建活动风风火火,成为一种"时尚",仿

---

① [美]大卫·奥格威著:《奥格威谈广告》,北京:机械工业出版社,2003。奥美集团亚太区董事长杨名皓专文推介。

佛一夜之间,所有的企业、媒体、广告公司和学界都在谈论、创建和研究品牌。品牌甚至被神化了,成了万金油和救命草。更多的时候,品牌被庸俗化了,等同于商标、企业标识、牌子等这些能够视觉化的概念。正是各种各样的对概念的误解和对实际品牌运作的误用,使得中国的很多公司的品牌运作过早地走上了凋谢之路,从三株口服液到红桃 K,从秦池到健力宝,无一不是中国人的品牌之殇。

当前中国正处在由"中国制造"向"中国创造"的过渡转型时期,已经涌现出了一批由中国贴牌制造到自创品牌的企业,如创维和格兰仕。2004 年,民营经济非常活跃的浙江省适时提出了"品牌大省"的发展战略。2006 年 6 月,中国商务部对外宣布,为改变我国知名品牌数量少、品牌生命周期短、自主创新能力弱的品牌发展现状,决定启动由中央、地方、企业、中介组织和全社会共同参与的"品牌万里行"活动,通过中国品牌国内行和海外行、品牌评价、推广宣传等方式,辅以各种扶持政策和配套措施,在全社会营造一种"做品牌、推品牌、用品牌、爱品牌"的氛围,加快我国自主品牌发展。2006 年仅仅是"品牌万里行"的第一年。

但是我们更应该看到,改变中国作为"世界加工厂"的情形不可能一朝一夕完成。出于竞争、风险、技术、资金、利润和国际市场开拓等方面的考虑,中国的很多企业更愿意把"贴牌生产"当作一种长期的生存方式,而不是权宜之计。短时期内,这些企业还很难放弃贴牌这块有利可图(但只是微利)的蛋糕,也不太可能进行针锋相对的品牌竞争。[①] 当前中国的大多数企业的品牌创建活动都还停留在初创阶段,迫切需要真正懂品牌建设和品牌管理的人才。这也正是本教材编写的初衷所在。

不可否认,无论是品牌研究的前沿理论还是品牌运作的实效模式,其权威都在西方。因此我们在编写本教材时,参考、借鉴和引用了大量的国外理论和案例,同时我们也致力于品牌理论的中国化,选编了部分中国企业的案例,使之更符合中国品牌战略实施的国情和现状,也更有利于学生的理解和掌握。

本教材共十一章内容。具体的编写分工安排如下:徐莉莉和李闯共同撰写了教材大纲、代序和后记,并负责完成第一章、第十章、第十一章内容;骆小欢编写了第二章、第三章;宋庚一负责第四章、第五章的撰写;陈骁完成了第六章、第七章的内容;鲍静编写的是第八章、第九章内容;最后,本教材的统稿、初步审校、修改以及编写团队的通联工作由李闯担当。

---

① 《国际金融报》,2003 年 1 月 22 日,第二版。

　　需要特别指出的是,到目前为止有关品牌战略的许多问题尽管广为讨论,但鲜有一致结论,更不要说孰是孰非了。品牌战略的优劣要视特定的环境、企业自身条件(如资源、能力、管理)等因素而定。在本教材的编写过程中,我们尽量照顾到视野的开阔性,读者可以自行选择信服的观点或者形成自己的思考。

　　品牌战略没有统一的模式,"不拘一格"才能出奇制胜。我们希望本教材能够为这一目标添砖加瓦。

品牌为王(代序)

第一章　品牌战略概论

导入语

　　品牌的创建、发展、维护与创新是一项长期而复杂的系统工程,必须把它当作一项战略来实施,并进行长期投资。

本章要点

　　当前,谈论品牌是很时尚的话题,在学界和业界均是如此。在学界,无论国内还是国外,有关品牌的新理论和引介层出不穷;在业界,品牌战略成了企业管理层特别是高层管理者必须进行的战略决策之一。通过本章学习,你应该了解和掌握以下要点:

◆认识到这是一个品牌竞争的时代,还鲜有哪些东西不能品牌化。

◆品牌意义的演进,品牌的定义及其分类,品牌的构成要素。

◆什么是战略? 什么是品牌战略?

◆完整的品牌战略过程包括哪些内容?

开篇案例

相信品牌的力量

　　2006 年 4 月 17 日,中国品牌研究院发布了《2006 年中国个人品牌价值百强排行榜》。这是国内首次由专业机构进行的对大陆个人品牌价值的专业评估。评估体系以媒体版面价值为主要考核要素,并辅以品牌系数、代言指数、公益指数等指标。在该排行榜中,运动员姚明、演员章子怡和2005 年的选秀节目“超级女声”的冠军得主李宇春分列前三甲,其个人品牌价值分别为 11331 万元、9899 万元和 9620 万元。[①]

---

① 资料来源:www.brandcn.org

　　品牌成为这个时代最热门的词汇之一。"品牌化"的东西——无论是商品、服务还是某个人甚至某项体育活动或某个地方——都能够比与之相对应的没有品牌化的东西拥有更多的魅力，因而也就能够获得更多的关注或购买。单就商品来讲，"品牌化"的产品能够比那些非品牌化的产品获得更高的溢价，赚取更多的利润。

　　正是因为相信品牌的力量，在当前这个时代，我们还未曾看到有什么东西不能够"品牌化"。

　　传统上的商品，特别是有形的物质商品因为其天然的优势和特性，如有形性、营利性或者出于保护、免于被模仿的需要，理所当然地成为最先"品牌化"东西，这也是大多数人所理解的品牌。当人们谈论到品牌的时候，耳熟能详的是这样一些东西，海尔、阿迪达斯或者麦当劳。绝对正确，它们是品牌，而且是品牌中的佼佼者。

　　随着第三产业的发展，无形的服务产品也随后进入了品牌运作领域。服务产品的无形性更需要品牌所提供的各种利益保证。早期的广告代理商，只提供版面代理服务，不制作广告作品，它们中的一部分创建了品牌，有的一直发展至今。即使今天很多广告公司都增加了制作平面或影视广告等项目，我们仍然倾向于认为它是一个服务品牌，如奥美、日本电通等。纯粹提供服务的品牌也有很多，如麦肯锡管理咨询公司或中国银行等。

　　相信品牌的力量，不生产任何产品的销售商也开始为自己锻造品牌，大型连锁超市沃尔玛或宜家是这方面的杰出代表，小型的连锁超市如"可的"或谭木匠也是一种品牌。非营利性组织如慈善会或基金会也希望通过品牌的力量获得更多的捐赠和关注，因此希望工程要比其他的助学项目拥有更大的影响力和资金来源。与我们开篇所提到的类似，很多国家的政治候选人其实也是一种"品牌化"运作的结果，他们需要包装、宣传、做广告以争取更多的民意支持。谁也不能否认好莱坞电影 007 系列是一个品牌，对于它的目标细分市场来说，它意味着惊险刺激的打斗场面和郎才女貌的浪漫爱情，始终值得期待。于是我们发现，其实娱乐也可以"品牌化"。

　　甚至一个城市或地区也需要经营，需要进行品牌化。近年来，澳大利亚旅游局对国内旅游资源进行了不遗余力的海外宣传，并赋予其"年轻、活力、乐观、时髦、真诚、开放、有趣"的品牌价值，使澳大利亚成为全球旅游的一个重要品牌。① 无独有偶,2006 年 8 月 9 日,大连市政府召开新闻发布会,对外界公布大连已经在国家工商总局商标局成功注册了"浪漫之都"作为城市旅游品牌。这意味着今后只有大连才有资格使用"浪漫之都",这一称谓只能作为该城市的形象对外宣传。

你甚至不会想象到,一个创意或者一种理念也可以进行品牌化。西方的一些母乳保护组织正在努力游说更多的人放弃用奶粉喂养婴儿的做法,而采用母乳。自 1998 年中国残疾人联合会、卫生部等部门确定每年的 3 月 3 日为"爱耳节"以来,经过历年的宣传普及,关爱耳朵健康的理念正日益深入人心。母乳喂养和"爱耳"理念已经产生一种品牌效应。

或许因为以上原因,当"相信品牌的力量"获得中央电视台 2005—2006 年度整合传播理念的时候,我们丝毫不觉得奇怪。它来的正是时候!

第一节　品牌的涵义与分类

一、品牌的涵义

(一)品牌意义的演进

品牌一词是舶来品,在英语里其单词为"brand",基本义是商标、牌子、烙印或者用作动词为打火印、污辱等意思。"brand"一词在现代营销中翻译成品牌体现了营销理念的变迁和该词内涵和外延的丰富与拓展。

虽然品牌的概念被用作现代营销学上的意义也不过是 20 世纪二三十年代的事情,但是无论在东方还是西方,人类自觉或者不自觉地在农业、畜牧业和手工业生产等领域里进行品牌化实践的活动在几千年的古代就开始了。英语中的"brand"单词来源于古挪威文字"brandr",意思是"烧灼,打上烙印",这是古代庄园主或畜牧业者用来标明自己对牲畜所有权的一种方式。中国古代的手工匠也有在自己的作品(或商品)上雕刻自己姓名或者其他标记的传统,以标明其正宗、质地和信誉,如明末杭州的张小泉剪刀,就是为了防止假冒伪劣。

品牌的这种最初意义上的保护和归属功能直到今天都没有改变过,我们甚至可以说,它仍然是品牌最核心的因素之一。

---

① ［美］凯文·莱恩·凯勒著:《战略品牌管理——创建、评估和管理品牌资产》,北京:中国人民大学出版社,2004。

2006 年 4 月,据《新闻晨报》、《北京青年报》等多家媒体报道,穿戴仿冒品牌的衣服或者使用假冒的名牌背包走出国门,很可能在海关被没收或者罚款。作为时尚和品牌的国度,法国和意大利的品牌保护力度最大。与此同时,以阿迪达斯、LV、CK 等为代表的 19 家国际著名品牌在中国联手启动了针对假冒伪劣产品的维权行动。2005 年,北京秀水商厦的经营者秀水豪森公司等 5 家商户更是因为出售侵权商品被 Burberry 等 5 家国际品牌公司推向法庭,并最终以败诉惨淡收场,并承担 10 万元的连带赔偿责任。

时至今日,品牌在原有的保护和归属的防御性功能之外,更在历史的演进中增添了进攻性的功能,即外向型的与消费者(或者从更广泛的意义上说包含非营利性组织在内的目标细分市场)沟通的功能。强有力的品牌不仅能够维护原有的市场不被侵蚀,而且能够在进入新的市场时攻城略地。通过品牌的符号以及各种象征联想意义或故事传奇的强大沟通力和销售力,它能够蚕食鲸吞竞争对手的市场份额。品牌已经不再仅仅是一个简单的图形图像符号,更不是远古的那一块烙印。

对于中国大城市的消费者而言,星巴克(Starbucks)一定是很熟悉的名字。星巴克在它短短的 30 多年的发展历程中,演绎了一个品牌创建的神话。1971年从西雅图的一家咖啡零售店起家,星巴克开始了它销售咖啡体验的品牌之旅。现在想知道星巴克在全球到底开了几家咖啡店并不是一件容易的事情,因为它大约每 8 个小时就有一家新店开张。仅在中国内地,星巴克每天都有新店开张。星巴克之所以能够轻而易举地进入每一个新的市场,并取得成功,靠的就是星巴克品牌强大的沟通力和销售力。从产品的层面上来看,全世界的咖啡都是同质产品:无外乎水、咖啡豆、牛奶或者咖啡伴侣等原料的组合搭配,但是从品牌的层面上来看,星巴克之于咖啡爱好者是一种其他竞争对手所不具有的独特的咖啡消费体验———一种精神和情感上的愉悦和快感。从这个意义上讲,说星巴克创造了一种"咖啡宗教"一点也不过分。

(二)品牌定义

虽然品牌是营销学甚至管理学、广告学业界和学界的一个热点词汇,但是对于它的定义一直以来众说纷纭,莫衷一是,可谓有"一千个哈姆雷特"。这一方面显示了研究者从各自学科背景和不同从业经验的角度出发下定义时所造成的视野偏差;另一方面也显示了品牌概念内涵和外延的丰富性,从而给不同研究领域的人以研究的可能性。当然,这反过来也说明了品牌研究热的现状。

面对林林总总的品牌定义,我们不打算对其一一罗列(况且也很难做到)。我们这里仅对有代表性的部分定义作一下简单评价,然后给出我们的定义。

1. 关于品牌定义的论述

美国营销大师菲利普·科特勒(Philip Kotler)在其《营销管理》(第 11 版)一书中,引用美国市场营销协会(AMA ：American Marketing Association)的定义如下:"品牌是一种名称、术语、标记、符号或设计,或是它们的组合运用,其目的是借以辨认某个销售者或某群销售者的产品或服务,并使之同竞争对手的产品和服务区别开来。"他还认为,品牌作为一个复杂的符号标志,能够传达 6 层意思:属性、利益、价值、文化、个性和使用者。

我国学者叶海明在《品牌创新与品牌营销》一书中指出:"品牌是指企业为满足消费者需要,培养消费者忠诚,用于市场竞争,而为其生产的商品或劳务确定的名称、图案、文字、象征、设计或其相互协调的组合。"

美国学者凯文·莱恩·凯勒(Kevin Lane Keller)在《战略品牌管理——创建、评估和管理品牌资产》(英文影印版第二版)中给出的品牌定义是:"因此,品牌是一种产品,但是这种产品多了其他一些维度(dimension)以在某些方面将其与其他设计出来满足同种需要的产品区别开来。"

大卫·阿诺德(David Arnold),美国哈佛大学商学院品牌专家,在其《品牌保姆手册——13 个名牌产品推广重建范本》中提到:"品牌是一种类似成见的偏见。"

同样从认知心理学的角度给品牌下定义从而与大卫·阿诺德不谋而合的还有我国学者王新新和何佳讯。王新新在《新竞争力——品牌产权及品牌成长方式》一书中认为:"品牌作为标识,代表了同种产品之间的差异或特征,然而这种差异和特征并不纯粹是客观的,而是在顾客(主体)对产品(客体)的认知关系中形成的。"何佳讯则在《品牌形象策划——透视品牌经营》中提到:"品牌是消费者如何感觉产品以及感觉到什么。"

早在 20 世纪 50 年代就推广"品牌形象"的广告大师大卫·奥格威(David Ogilvy)认为:"品牌是一种错综复杂的象征,它是品牌属性、名称、包装、历史声誉、广告方式的无形的总和。品牌同时也因消费者对其使用的印象,以及自身的经验而有所界定。"[①]

我国著名的品牌研究专家余明阳在《品牌学》一书中提供了另一个崭新的视角:"品牌是在营销或传播过程中形成的,用以将产品与消费者关系利益团体联系起来,并带来新价值的一种媒介。"

2. 对品牌定义的评价

尽管我们这里所列举的定义仅仅是种类繁多的品牌定义的"冰山一角",但

---

① 转引自万后芬等编:《品牌管理》,北京:清华大学出版社,2006,第 5 页。

它们基本上代表了人们看待品牌的几种常见视角。这些品牌定义或多或少存在一些差异，但都从不同领域和角度触及了品牌内涵的一些共性，尽管程度有别，却没有优劣之分。

首先，品牌的外在形式表现为一系列符号设计、包装、色彩等视觉要素或者其组合。它们是品牌有形的物质构成要素，也是早期意义上的品牌一词的内涵，体现了品牌涵义的历史延续性。我们谁都不会否认可口可乐的流线体字母拼写和大红的底色是其品牌不可或缺的一部分，但是我们谁都明白，可口可乐品牌远不止这些表面要素。在品牌研究的早期，很多学者都是在这一角度下定义和开展研究的，因此它的接受程度最为广泛。随着研究的深入和时代的发展，人们发现，品牌除了外在表现形式之外，还有更丰富的内涵。

其次，这些概念也论及到了品牌的区别性特征。品牌能够为消费者所认同，能够将自身与其他不同品牌相区分，起关键作用的就是这种差异性特征。这种差异性特征可以追溯到品牌诞生之初，也一直是品牌战略所追求的目标之一。它可以是外在的有形的，如包装设计，也可以是内在的无形的，如品牌个性或形象。它还可以是客观存在的，如甲品牌比乙品牌质地柔软，也可以是主观想象出来的，如消费者主观上认为甲品牌代表了成功或卓尔不凡。

法国作为葡萄酒的国度诞生了很多国际知名葡萄酒品牌。人们传统上认为，法国的品牌葡萄酒口味醇正，回味绵长，口感极佳。然而对知名品牌的和普通的葡萄酒进行的口味盲试却发现了与传统观念不符甚至相反的结果。盲试时，研究者发现被试指认的口味很好的葡萄酒大多是不知名的。在参照组中，当被告知葡萄酒的品牌名称时，他们"品尝"出了品牌葡萄酒的好口味，即使他们被告知的品牌名称是错误的。类似的测试也广泛发生在止痛药、饮料等其他产品领域，其结果基本相似。品牌的差异常常是人们幻想出来的结果。

再次，品牌是在与消费者发生关系的过程中建立起来的。这种关系包括消费（使用）关系、价值关系（物质利益或精神利益）和认知关系。离开与消费者的关系，品牌将不复存在，无论企业做出怎样的努力。从根本上说，企业或组织创建、维护和管理品牌的目的就是要建立和巩固这种关系，引导其向良性方向发展。反过来讲，它既是目的，也是手段。正是在这层意义上，我们说品牌归消费者所有，而不是企业或某个人。在品牌创建和管理的过程中，要始终坚持以消费者为中心的导向。

又次，品牌还包括一系列无形要素。这些要素可以是品牌的形象和个性，可以是品牌发展历史中积累下来的信誉和传奇故事所附着的感情色彩，也可以是广告风格所沿袭下来的品牌联想，甚至可以是消费者说不清道不明的一种感觉和情绪。外在的有形要素容易创建和模仿，但品牌内在的精神气质却难以

"克隆",因此这些无形要素是品牌的核心竞争力。无形要素虽然很难以量化衡量,却能够给品牌和企业带来巨大的收益和竞争优势,这就是我们常常谈到的品牌资产或品牌权益(Brand Equity)。有关品牌资产的内容,我们将在第五章详细讨论。

3.我们给出的品牌定义

在以上讨论的基础上,我们认为,品牌是消费者对企业、产品或服务在营销传播过程中传达的视觉要素、消费利益和价值观念等信息所形成的一种独特的综合认知关系。简单地说,品牌就是企业、产品或服务与消费者之间的关系。

对于这个定义,我们阐释以下几点:

(1)该定义是完全从消费者的视角阐述的,是绝对的消费者导向,强调品牌是消费者的认知关系。这就转变了在品牌管理和品牌战略实施过程中的企业导向思想倾向。企业导向的品牌战略以企业为中心,在实施过程中,大多考虑企业的资源、能力、产品、环境等要素,而较少考虑消费者是如何看待品牌的,所以常常会出现一边是企业热火朝天地创建和推广品牌,而另一边却是消费者闻所未闻或索然无趣的冰火两重天现象。企业导向的视角认为企业拥有品牌,而消费者导向的视角刚好相反,认为消费者拥有品牌,或者至少是消费者和企业一起共同塑造了品牌。本书采用以消费者为中心的品牌理念。

(2)品牌是在营销传播过程中形成的。在这个过程中,可以是传统上的产品和服务,也可以是一个企业组织,如零售业巨头沃尔玛。就像我们在开篇案例中谈到的那样,一个人、一种理念也可以品牌化,我们这里考虑到大多数情况,并出于教学简便的需要,将品牌化的东西限定在企业、产品和服务上。营销传播过程中有很多手段可资利用,不仅可以用来进行营利性的商业营销传播,也可以进行非营利性的公益观念的"营销"传播。

(3)品牌的内涵不仅涉及到消费者对企业、产品或服务的名称、标记、符号或图形文字等视觉要素的认知,也涉及到对消费利益(如物质利益和/或情感利益)和价值观念(如承担社会责任、保护环境、追求卓越等)等信息的认知。这表明,品牌是一个复杂的象征和隐喻体系,即符号或其组合及其背后蕴涵的深层的与消费者沟通的种种意义。因此,品牌具有能够给企业组织带来持续收益的无形资产。

(4)品牌是一种独特的综合认知关系。首先,这种独特性表现为一种区别性特征,能够将一个品牌与另一个品牌区别开来。它可以表现为视觉上的特殊,也可以表现为理念上的特殊。其次,这种认知关系是一种综合评价。它可能包含了消费者过去的消费经验或体验、媒体的广告宣传、亲朋好友的口碑、企业所承担的社会责任甚至是有关品牌的各种负面信息。最后,品牌体现为一种心理认知关系。这种关系的建立、发展、维护和修正等过程与品牌创建、发展、维护和修正的过程是同一的。这种关系是正性的还是负性的以及它们的程度，它的牢固程度如何，它的拓展能力和抗风险能力怎样等因素直接影响到这个品牌的价值。正是在这层意义上，可口可乐公司的总裁曾自信地夸下海口："如果可口可乐在全球的工厂被一场大火烧个精光，凭借着可口可乐这个品牌，就可以东山再起，全世界不知道有多少银行排队等着送钱呢！"

二、品牌的分类

依据不同的标准和目的，品牌可以分为不同的类型，而且随着时代的发展，新的品牌类别还会不断出现。即使在一个品牌类别内部，按照不同的标准和目的还可以进一步细分。我们这里简单介绍几种常见的品牌分类标准和类别。

(一) 按照品牌所属行业

传统上，人们对于行业的划分是工业、农业和第三产业。相应地，品牌也可以分为工业品牌、农业品牌和第三产业品牌，如德州仪器公司（TI）、金乡大蒜、麦肯锡咨询公司等。行业分类的标准过于宽泛，出于具体目的的需要，人们常常进行再次细分，如在工业品牌中，可以划分出重工业和轻工业或化工业或纺织业等类别，在第三产业品牌中还可以划分为交通运输业、酒店服务业、旅游业等类别。值得注意的是，第三产业随着近些年的发展，细分的程度加大，也更为复杂。此外，高科技行业的品牌创建活动也此起彼伏，如火如荼。

(二) 按照品牌影响范围

品牌有区域性，其影响力在地理区域上表现为区域品牌、全国性品牌和国际品牌。区域品牌只在某些区域与消费者发生关系，超出了这些区域，消费者知之甚少。这可能是因为其他区域的消费者没有消费该品牌的习惯，也可能是企业出于实力、风险或营利等方面的考虑不想扩张到其他区域，如杭州知味观小吃、单县羊肉汤等。全国性品牌和国际品牌受到的关注和研究比较多，常常伴随着大量的广告和攻关宣传活动。出于竞争和营利的需要，现在有区域品牌全国化、全国性品牌国际化的发展趋向。

(三) 按照品牌市场地位

品牌在市场上的地位是不同的。据此可以划分为强势品牌和弱势品牌。强势品牌是指那些具有很强的营利能力、很大的市场份额、良好的发展前景和很牢固的消费群体的品牌。它们常常还具有其他的一些能力和特征，如科研开发、沟通、抗风险、高美誉度等等。弱势品牌则正好相反，在诸多方面面临着困境。曾经的强势品牌可能会随着时间的推移沦落为弱势品牌，当然也会有相反的情况发生。品牌战略所要解决或有助于解决的问题就是如何使品牌从无到有，从弱势到强势，维持强势或变得更强。依据市场地位还可以将强势品牌细分为领导品牌和追随品牌。

(四)按照品牌满足需要的层次

美国心理学家马斯洛(Abraham H. Maslow)认为人的需求分为生理需求、安全需求等 5 个不同层次。现实中，不同品牌满足消费者不同的需求层次，据此可以将品牌划分为必需品品牌和奢侈品品牌。在这两者之间还存在着大量的品牌难以简单地将其划分为必需品品牌或是奢侈品品牌，但它们确实满足了不同层次的需求，如中产阶级或是学生阶层。一个普遍存在的误解是只有昂贵的东西才是品牌。近两三年来，中国的奢侈品品牌消费正暗潮涌动。

百达翡丽(Patek Philippe)无愧是全球钟表行业的第一品牌，其每块表的平均售价为 13000 至 20000 美元。作为瑞士硕果仅存的独立制表商，百达翡丽坚持追求完美的制表传统。从 1839 年建厂以来，在漫长的 160 多年间，百达翡丽公司也不过生产了约 60 万只表。百达翡丽以奢华著称，常饰以黄金和钻石，贵气逼人，一些珍藏的手表不断刷新各大拍卖行的纪录。1930 年出厂的一款 Henry Graves 袋表更是拍出了 1100 万美元的天价。1953 年生产的一只白金镶钻万年历男表，在香港 97 春季拍卖会上以 530 万港币成交，破了万年历手表最高成交价和亚洲手表拍卖最高价两项纪录。在百达翡丽表的顾客名单里共有 100 多名国王，54 位王后，还有很多世界名人，如爱因斯坦、居里夫人、柴科夫斯基等。百达翡丽的定制名表常常历经数年的时间才能完成。作为奢侈品，百达翡丽的广告口号是："没有人能拥有百达翡丽，只不过为下一代保管而已。"更多关于百达翡丽品牌战略的信息，请参见最后一章。

(五)其他的品牌分类形式

除此之外，还有其他的一些品牌分类标准和形式也相当有用。按照品牌的属性分，有公司(组织)品牌、产品品牌、服务品牌、城市品牌、机构品牌、个人品牌、理念品牌等，如宝洁、潘婷、南方航空、浪漫之都大连、中国邮政、央视主持人李咏、艾滋病防治(红丝带)等。按照品牌的所有权分，有生产商品牌、销售商品牌和零售商品牌。按照品牌的国别分，有本土品牌、国外品牌和合作品牌。按照品牌之间的谱系分，有母品牌和子品牌，如娃哈哈与娃哈哈纯净水。按照品牌在公司中的地位分，有主品牌和亚品牌，如可口可乐碳酸饮料与水森活纯净水。要穷尽品牌的分类方式是很难的，也没有必要，重要的是根据需要和目的选择合适的分类。

三、品牌的构成要素

对于品牌的构成要素,占压倒性优势的观点包括两部分,一是外在的具象的视觉特征,二是具象所蕴涵的抽象意义。我们认为这种理解其实是不全面的,它们只是品牌的内容要素。重新回到我们的定义上来,品牌作为消费者对企业、产品或服务的认知关系,应该包括 3 个部分的构成要素:主体要素、客体要素和内容要素。下面试论述之。

(一)主体要素

主体要素指的是消费者,他是认知关系产生的能动主体,尽管实施品牌化的一系列活动大多由企业和媒体来完成,但这些活动最重要的是要得到消费者的认可才能奏效。消费者可能是个人、家庭、团体、组织或机构,甚至一个政府,但是具体到认知关系时,肯定都是"人"来完成的,甚至这个人从来不可能转化为现实的购买者(而仅仅参与认知评价)。当我们谈论或研究品牌时,综合也中和了所有消费者的看法,它是抽象的、共同的,如 IBM 是国际顶尖计算机品牌。当单个的消费者面对某一具体品牌时,它是具体的、有差异的,如小李不喜欢IBM。消费者常常被认为具有隐蔽、广为分散且相互之间没有联系的特征。

(二)客体要素

客体要素指的是被品牌化的东西,即企业、产品或服务。如果从更广泛的意义上讲,还可以包括公益组织、个人或某个城市。一句话,凡是被品牌化的东西,都是客体要素。创建品牌的过程就是把一个默默无闻的客体要素在消费者心目中树立一种良性的牢固认知关系。没有客体要素,品牌就失去了载体和依托。

(三)内容要素

有了主体要素和客体要素还不够,就像有了读者和报纸并不代表就获取了信息一样。消费者还必须对客体要素的物质形态和意识形态进行认知,即具象的和抽象的两类。具象的如企业的厂址和规模、领导人风采、商标设计、包装色彩、产品形状质地、价格、使用的宣传媒介、广告的风格、服务人员的形象、促销活动等等,抽象的则包括购买体验、消费体验、广告传达的价值观念、品牌故事的寓意、信誉、个性、企业文化以及其他象征意义等等,消费者对这些要素的认知直接决定了客体要素是否能够成为一个品牌。而品牌一旦建立起来,也时刻向消费者传达着这些信息。

总之,对品牌而言,这 3 种要素缺一不可,都是品牌的有机组成部分。"大宝是一个品牌"其实意味着消费者(主体要素)对化妆品产品(客体要素)的商标

（"大宝"）、包装设计、使用体验、口碑效应等（内容要素）的独特的综合认知关系。

第二节　品牌战略

一、战略

战略（Strategy）一词原是古代军事用语，意指对战争全局的谋略，以克敌制胜。它常常指根本性的长远的关乎整体局势得失的谋划和部署，与具体的短期的关乎部分成败的战术相对。毛泽东曾经说过："在战略上要藐视敌人，在战术上要重视敌人。"如持久战是一种战略思想，而特定时期实行的游击麻雀战则是一种战术。战略决定战术，诚如清代陈澹然在他的《寤言二迁都建藩议》中写的那样："自古不谋万世者，不足谋一时；不谋全局者，不足谋一域。"

1965年，美国学者安索夫（H. I. Ansoff）在其《企业战略论》中首先将战略一词应用在组织经营管理中。此后，战略被广泛应用于社会、政治、文化、教育、科技等各个领域，如科教兴国战略、农村发展战略等。当前企业间竞争空前激烈，商场即战场，战略也成为经济管理中最核心的词汇之一。

尽管如此，人们对于战略也还没形成统一的定义，不过大多数定义基本上都涉及到了战略最核心的思想：如设立企业长远的发展目标、制定经营管理方针、对企业资源的分配进行决策、应对不确定的内外部环境、谋求持久的竞争优势等。下面是两个具有代表性的战略定义：

战略（Strategy）是对开发核心竞争力并获得竞争优势的整套承诺和行动的整合和协调。[①]

战略（Strategy）是一个组织长期的发展方向和范围，它通过在不断变化的环境中调整资源配置来取得竞争优势，从而实现利益相关方的期望。[②]

因此，我们认为战略（Strategy）是组织为取得竞争优势而在外部环境和内部资源之间寻求最佳适应性的一整套长远性、根本性和全局性的谋划和行动。根据迈克尔·A. 希特的观点，竞争优势（Competitive Advantage）就是指竞争对

---

① [美]迈克尔·A. 希特等著，吕巍等译：《战略管理——竞争与全球化（概念）》，北京：机械工业出版社，2005年版，第6页。

② [英]格里·约翰逊等著，王军等译：《战略管理》，第六版，北京：人民邮电出版社，2006，第7页。

手无法模仿或者因为成本太高不能模仿的优势,因而一家公司可以获取超额利润。因为外部环境和内部资源始终处于不断的变化中,两者的相互适应是持续变动的,所以战略也是一个动态的变化过程,不是僵死的教条或方案。

二、品牌战略

(一)品牌战略定义

通过以上关于品牌和战略的论述,品牌战略(Brand Strategy)可以被认为是:"组织为取得竞争优势而充分利用外部环境和内部资源创建、维护和发展品牌的一整套长远性、根本性和全局性的谋划和行动。品牌战略的直接目标是建立、维护、巩固和发展消费者对企业、产品或服务的独特的综合认知关系。"

(二)对定义的阐释

(1)品牌战略的目的同样是为了组织获得竞争优势(出于分析和论述的方便,在本教材中主要以企业指代组织,特别是商业企业)。竞争优势可以让企业获得高于行业平均水平的超额利润。超额利润(Above-average Returns)是指一项投资的利润超过投资者预期能从其他相同风险的投资项目可获得的利润。[①] 尽管也有学者声称"品牌将死"和"战略将亡",更多的业界经营和学界专家认为品牌战略是企业获取相对持久的核心竞争力的一种有效方式。

(2)品牌战略也需要企业整合外部资源和内部资源,特别是要使内部资源、能力和目标适应外部环境,或者对资源和能力加以延伸,创造新的机会和市场以适当改变外部环境。实现外部和内部的最佳适应和匹配是各企业追求的理想境界。

(3)品牌战略是一项事关全局的长期系统工程。大卫·奥格威在《奥格威谈广告》一书中谈到:"我们坚信每一则广告都必须被看成是对品牌形象这种复杂的象征符号贡献,被看成是对品牌声誉所做的长期投资的一部分。"

(4)品牌战略的实施包括品牌创建、维护和发展等活动,在整个过程中,为实现目标,必然涉及到对这些活动的计划、组织、协调、控制、评估和修正等管理活动。管理是"一个协调工作活动的过程,以便能够有效率和有效果地同别人一起或通过别人实现组织的目标"[②]。因此,从不太严格的意义上,品牌战略过

---

① [美]迈克尔·A.希特等著,吕巍等译:《战略管理——竞争与全球化(概念)》,北京:机械工业出版社,2005年版,第4页。

② [美]斯蒂芬·P.罗宾斯等著,孙健敏等译:《管理学》,北京:中国人民大学出版社,2004,第7页。

程也是对品牌战略实施进行管理的过程。前者强调实施与操作,后者强调控制与评估,实际上是从不同角度对同一过程的认识。

(三)品牌战略过程

就像我们前面论述的那样,品牌战略是高屋建瓴的谋划和行动,是一个动态的过程。这个过程可能是从无到有地创建一个品牌,也可能是维护和发展已建立起来的品牌,甚至可能是终止某个品牌以调整整个品牌家族之间的谱系关系。我们试以创建新品牌为例,来展现完整的品牌战略过程包含的主要内容。

品牌名称与品牌商标:为一个产品创建品牌,首先需要解决的问题是给这个产品取一个不同凡响的名字。这包括商标注册、名称、拼写、符号、颜色、图形图案以及它们怎么体现在产品的包装设计上等因素。通常状况下,品牌命名会经过论证和调查,一旦确定下来,它们中的核心因素会采用标准化原则。第二章将对此展开详细论述。

品牌认知与品牌联想:虽然品牌命名可能会涉及到消费者调查,但是命名之后,广大消费者的品牌认知关系才真正展开。品牌认知能够产生价值。消费者如何看待自身与产品之间的关系、如何建立品牌联想、企业通过什么方法获得较高的品牌认知等问题将在第三章详细论述。

品牌定位:接下来或者与此同时,企业需要知道它们希望消费者知晓什么内容,想要在其心目中为产品或企业树立怎样的形象和位置。品牌定位需要了解哪些因素,以及采用什么样的策略定位更加有效以便使品牌增值等内容将在第四章给予阐述。

品牌营销传播:无论品牌采用怎样的定位,必须推广出去方能奏效。这就需要企业利用各种现存的或开发新的营销传播渠道来达到这一目的。当前各种营销传播渠道的整合是占主流地位的推广模式。第五章是关于品牌推广方面的知识。

品牌资产及其评估:品牌战略的成功实施在创建品牌的同时,也赋予了品牌以无形资产,它能够形成强有力的沟通和拓展市场的能力,带来超值回报,是企业核心竞争力的重要组成部分。创建怎样的品牌资产、如何评估以及构建怎样的评估体系等问题我们留给第六章解决。

品牌扩张:构建一个品牌并不是一劳永逸的事情,面对已经成功构建的品牌,企业仍然需要实施监测,根据外界环境和自身的实际情况对品牌战略进行调整。品牌延伸还是推出新品牌? 收购品牌还是进行品牌托权? 是挽救一个弱势品牌还是让它销声匿迹? 如何理顺公司多元化经营中的品牌关系谱系? 如何进行品牌创新? 这些问题将构成我们第七章的主要内容。

　　品牌国际化战略：从各种角度考虑，如利润回报、国内市场和资源有限性、全球经济一体化进程等等，成功品牌的国际化之路是必然的。怎样实施品牌的国际化战略？有没有成功的模式和失败的教训供借鉴和参考？采用标准化还是定制化？我们将在第八章中对这些问题给予回答。

　　2005年5月，联想集团宣布其完成了对IBM全球个人PC（个人电脑）业务的收购，包括研发、采购、销售等相关技术，收购金额为12.5亿美元。有关人士认为，这是联想集团打造国际化品牌的一个重要里程碑，也标志着IBM从20世纪80年代辛苦打造的PC机品牌最晚在五年之后逐渐淡化。联想集团创始人柳传志曾说过："联想集团要迈向国际化，需要的是品牌、市场规模和技术专利，这3点在并购了IBM个人计算机业务后都拥有了！"但是联想集团并不想维持IBM的"高贵血统"，因为在美国，个人计算机已经沦落为日用品，IBM的高品质承诺在美国市场上只能是自娱自乐。在2006年的都灵冬季奥运会上，到处闪耀的是Lenovo标识，而不是IBM。与此同时，联想集团——全球第三大个人电脑生产厂商——开始了在全球45个国家和地区销售个人电脑的攻势。

　　品牌的危机管理：再强大的品牌，即使时时对其进行监测和控制，也会有百密一疏，出现危机的时候。如果对其处理不当，将会危机品牌的生存和延续。这方面既有惨痛的教训也有欣慰的战果。第九章将论述品牌危机管理的有关问题。

　　品牌战略与组织战略的整合：品牌战略从来都不是孤立的。它必须和组织内其他的战略相辅相成，相得益彰。组织中的战略种类繁多，层次不一。第十章我们就与品牌战略关系密切的组织其他战略展开论述。

　　品牌战略的组织运用：作为本教材的终结篇，我们将提供两个品牌战略在组织中运用的案例，以期给读者一个品牌战略运用的全貌。

本章小结

　　当前，传统的质量、价格竞争已经让位给品牌竞争，品牌成为企业逐鹿市场的制高点。本章对品牌战略的实施做一个梗概介绍。

　　汉语"品牌"一词是意译外来词，它的涵义从古至今也在不断发展变化，最初具有保护性和归属性功能，今天的品牌则是营销的利器，具有很强的进攻性功能。

　　关于品牌到底是什么的问题，我们重点回顾了几个有代表性的定义，并给予评价，这些旨在让学生对品牌的各种关注视角有一个了解。在此基础上我们认为，品牌是消费者对企业、产品或服务在营销传播过程中传达的视觉要素、消费利益和价值观念等信息所形成的一种独特的综合认知关系。简单地说，品牌就是企业、产品或服务与消费者之间的关系。接着我们对该定义进行了四点阐释。

品牌的分类方式很多,我们重点介绍了其中的 4 种:按照品牌所属行业、影响范围、市场地位、满足需要的层次如何进行分类。最后我们简单提及了一下品牌的其他分类方式。

按照我们对品牌定义的视角,我们将品牌的构成要素划分为主体要素、客体要素和内容要素 3 大要素。主体要素指认知关系的消费者,客体要素指企业、产品、服务等任何被品牌化的所有东西,而内容要素指的是为主体要素所认知的客体要素的物质形态和意识形态,它又分为具象和抽象两类。

战略是组织为取得竞争优势而在外部环境和内部资源之间寻求最佳适应性的一整套长远性、根本性和全局性的谋划和行动,它是一个动态的变化过程。据此,品牌战略可以被认为是:"组织为取得竞争优势而充分利用外部环境和内部资源创建、维护和发展品牌的一整套长远性、根本性和全局性的谋划和行动。品牌战略的直接目标是建立、维护、巩固和发展消费者对企业、产品或服务的独特的综合认知关系。"

完整的品牌战略过程主要包括以下内容:品牌命名、品牌认知、品牌定位、品牌推广、品牌资产与评估、品牌维护与发展、品牌的国际化战略、品牌的危机管理、品牌战略与组织战略管理的整合。在品牌战略实施过程中,各部分内容基本上都有所交叉,但大致可以体现为这样一个连续的流程。本书基本上按照这样一个过程来谋篇布局。

由于各章内容都是分开讲解品牌战略过程的某一个环节的,而现实中却不是支离破碎地实施的,我们在教材的最后专门编写了两个品牌战略在组织中应用的案例,以期给学生一个完整的印象。

思考与训练

1.有没有想过将自己打造成一个品牌? 如果想,是什么领域里的品牌? 又需要做哪些工作才能使得自己成为品牌?

2.现实生活中,你是否有认牌购买行为? 为什么?

3.什么是品牌? 它包括哪些要素?

4.很多人认为品牌就是商标、设计以及背景图案等符号组合,你认为呢?

5.完整的品牌战略过程包括哪些内容?

推荐读物

1.万后芬等编:《品牌管理》,北京:清华大学出版社,2006。

2.〔英〕马特·黑格著:《品牌失败经典 100 例》,北京:机械工业出版社,2004。

3.〔美〕大卫·A.艾克等著:《品牌领导》,北京:新华出版社,2001。

4.〔英〕苏珊娜·哈特等著:《品牌圣经》,北京:中国铁道出版社,2006。

5.薛可著:《品牌扩张:延伸与创新》,北京:北京大学出版社,2004。

6.曾朝晖著:《跨国品牌失败案例》,北京:中国人民大学出版社,2005。

第二章　品牌名称与品牌商标

导入语

　　品牌命名和商标注册是一系列品牌战略与决策的起点。

本章要点

　　在市场经济条件下,品牌竞争是技术、质量、人才、营销等多方面竞争的集中体现。品牌名称是品牌最重要的信息之一,本章从品牌名称作为经济领域的一种文化现象入手,分析品牌名称和商品名称以及品牌名称和产品实体间的联系,着重介绍了品牌命名的方法并在品牌商标方面展开讨论。学习完本章,你应该了解和掌握以下要点:

　　◆品牌名称与商品名称的关系及差异;

　　◆成功品牌名称的特征;

　　◆商标的分类和注册。

开篇案例

Acer(宏基)名称的命名[①]

　　被誉为华人第一国际品牌、世界著名的宏基(Acer)电脑 1976 年创业时的英文名称叫 Multitech,经过 10 年的努力,Multitech 在国际市场上小有名气。但就在此时,一家美国数据机厂商通过律师通知宏基,指控宏基侵犯该公司的商标权,必须立即停止使用 Multitech 作为公司及品牌名称。经过查证,这家名为 Multitech 的美国数据机制造商在美国确实拥有商标权,而且在欧洲许多国家都早宏基一步完成了注册登记。商标权的问题如果不能解决,宏基的自有品牌 Multitech 在欧美许多国家将寸步难行。在

---

① 资料来源:www.globrand.com

全世界，以"～tech"为名的信息技术公司不胜枚举，因为大家都强调技术（tech），这样的名称缺乏差异化；同时又因雷同性太高，在很多国家都不能注册，导致无法推广品牌。因此，当宏基加速国际化脚步时，就不得不考虑更换品牌。宏基不惜成本，将更改公司英文名称及商标的工作交给世界著名的广告公司奥美（O&M）广告。为了创造一个具有国际品位的品牌名称，奥美动员纽约、英国、日本、澳大利亚、中国台湾省分公司的创意工作者，运用电脑从4万多个名字中筛选并挑出1000多个符合命名条件的名字交由宏基相关人士讨论，前后历时七八个月，终于决定选用 Acer 这个名字。

宏基选择 Acer 作为新的公司名称与品牌名称，出于以下几方面的考虑：

1. Acer 源于拉丁文，代表鲜明的、活泼的、敏锐的、有洞察力的，这些意义和宏基所从事的高科技行业的特性相吻合。

2. Acer 在英文中，源于词根 Ace(王牌)，有优秀、杰出的含义。

3. 许多文件列举厂商或品牌名称时，习惯按英文字母顺序排列，Acer 第一个字母是 A，第二个字母是 C，取名 Acer 有助宏基在报章媒体的资料中排行靠前，增加消费者对 Acer 的印象。

4. Acer 只有两个音节，四个英文字母，易读易记，比起宏基原英文名称 Mutitech，显得更有价值感，也更有国际品位。

宏基为了更改品牌名和设计新商标共花费近100万美元。应该说宏基没有在法律诉讼上过多纠缠而毅然决定摒弃平庸的品牌名 Multitech，改用更具鲜明个性的品牌名 Acer，是一项明智之举。如今，Acer 的品牌价值超过1.8亿美元。

第一节　品牌名称

一、品牌名称和商品名称

品牌名称是品牌构成要素中可以用文字表达并能用语言进行传递与交流的部分。

品牌名称不同于商品名称。商品名称是以其自然属性和功能来命名的。例如飞机、汽车、电视机、空调器、电冰箱、洗衣机、香皂、苹果、梨、土豆、大米、食油等等，都是商品(产品)的名称。不管是谁生产的，是用什么技术和方法生产的,只要是同一种自然属性和功能,都用同一种名称来称呼。美国生产的汽车、德国生产的汽车、法国生产的汽车、日本生产的汽车,都称之为汽车。以自然属性和功能来命名,若作为品牌商标通常不能通过注册成为注册商标。

品牌名称则不同,它不是一种自然属性,而是一种社会属性、人文属性。在市场经济日益走向发达与成熟的条件下,品牌名称更突出地表现为一种经济属性、企业属性。品牌名称是经济领域中的一种文化现象。

同一种商品(产品)由不同的企业进行生产,就会有不同的品牌名称以相区别。同样是小汽车这种商品,就有美国的福特、通用,德国的奔驰、宝马、大众,日本的丰田、本田、马自达,法国的标致、雪铁龙、雷诺,中国的红旗、奇瑞、吉利等等不同的品牌名称。甚至同一个企业生产的同一种商品,由于某些特色的不同,也可以用不同的品牌名称以示区别。成立于1837年的宝洁公司(P&G)目前在中国内地生产销售的洗发护发类产品就有海飞丝、飘柔、潘婷、沙宣、伊卡璐等多个品牌名称,该公司在个人清洁类产品中也有舒肤佳、玉兰油、激爽等品牌为消费者所熟知。当然,同一企业生产不同种类的产品也可采用同一品牌名称。例如中国的海尔集团生产的冰箱、空调器、洗衣机、手机及其他产品,用的都是海尔的品牌名称。荷兰的飞利浦公司生产的各种不同类型的产品,如电视机、音响、电咖啡壶、电动剃须刀、灯泡等,都用飞利浦这个同一品牌名称。由此可见,品牌名称的经济属性是非常清楚的,且大都与特定的企业相关联。

二、品牌名称和产品实体间的联系

品牌名称是品牌的代表。任何品牌都有一个名称,而且这个名称和它所代表的品牌有一种内在的联系,体现了品牌的个性和特性。不同企业所提供的同一种类型的产品或服务,人们很难一下子把它们区分开来,而品牌却很容易将它们加以区分。因此,产品是实体,品牌及其名称则是象征,可以使消费者产生很具体、很独特的认知和联想,而正是这种联想描述了品牌——它做了什么或它是什么。一提到"奔驰",人们就联想到德国产的豪华小汽车;一提到"波音",人们就在脑海中浮现出美国飞机的身影;一提到"雀巢",就会使人联想到瑞士的速溶咖啡,"味道好极了"。同样,一提到国内的一些著名的品牌名称,也会令人们立刻联想到它所代表和象征的优秀产品和服务。例如:长虹——彩电,美的——空调,小天鹅——洗衣机,格兰仕——微波炉,燕京——啤酒,两面针——牙膏,新浪——网络门户运营商,阿里巴巴——网络贸易平台等。

品牌名称是品牌最重要的信息来源之一,可以提供该品牌最基本的核心要素。德国的一家公司为其新开发的炊具生产线起名为"黑钢"。这个名称表达了这样的含义:干净、结实、耐用,在使用者心目中树立了良好的感性形象。品牌名称所代表的品牌,给消费者以整体印象和基本评价。好的品牌名称,使人们能够很快对该品牌所代表的产品质量、技术、售后服务等方面有一个总体的概念。因此,好的品牌名称本身是一笔巨大的无形资产,它会给企业带来丰厚的回报。劳斯莱斯代表了高贵、豪华的轿车;海尔、IBM 代表了优质的服务;柯达、富士代表了高质量的胶卷;英特尔、微软代表了电脑硬件与软件的技术前沿等等。品牌名称会给人们带来相关信息,而且长期影响人们对产品和企业的看法以及具体的购买行为。因此,不能仅仅把品牌名称当作无关紧要的代号、符号,而应进一步挖掘品牌名称这一重要信息所代表和象征的丰富内涵。知名品牌更是如此。

三、品牌名称的民族性和国际化

品牌又是一种文化现象。文化是有很强的民族性和国别性的,显示出不同的民族、国家的特色和差异。品牌所反映的文化内涵也就必然带有不同民族和国家的文化色彩,品牌名称有其鲜明的民族性、国别性。一个民族或国家的语言文字、历史传统、风俗习惯、宗教信仰以及其他一些特点,都会在品牌名称上反映出来。

中华民族有五千年的文明史,形成了独具特色的方块汉字,因此中国企业的品牌也带有强烈的中华文化特色。从同仁堂、全聚德、荣宝斋、张小泉、王老吉等老字号到现代企业的方正、金山、孔府家酒、双星、永久、吉利、金利来、红双喜等等,都体现了中国以汉族为代表的历史传统、地方风俗、民族特色及其独特的文化氛围。

欧美各国以拼音文字为特点,如 Xerox(施乐)、Philips(飞利浦)、Siemens(西门子)、Nestle(雀巢)、Heinz(亨氏)、Hennessy(轩尼诗)、Levi's(李维斯)等。欧美拼音文字所形成的品牌名称,也反映了欧美各国的历史传统和文化特色,有的也带有浓厚的民族或地方色彩。

品牌是市场经济的产物。市场是开放的、无边界的,没有地界、省界,也没有国界和民族界限。市场作为人们经济交流的方式,作为商品交换关系的总和,总是在发展中不断扩大其活动范围。因此,我们看到不仅有一国内部地区与地区之间的市场交换,而且有日益发达的国家与国家之间的商品交换。在当今世界逐步走向经济全球化的过程中,不同国家和地区之间的贸易往来和经济交流更加频繁。伴随着越来越多的跨国投资和全新市场的开发,也产生了越来越多的跨国公司和国际品牌——在很多行业,品牌原产地已变得不再重要。因此,为了适应多个市场的需求,品牌名称也越来越具有国际性,以求在不同的国家和地区都能够畅行无阻。

品牌名称的国际性，通常有两种情况：一种是该品牌名称可以直接通行于全世界，不会产生重复或歧义。如美国的 Kodak(柯达)、日本的 Sony(索尼)、芬兰的 Nokia(诺基亚)等。我国的企业在国际化的进程中也注意到了这方面的问题，如 TCL、康佳(Konka)、海信(Hisence)、苏泊尔(Supor)、搜狐(Sohu)等。另一种情况是，有的品牌名称在开拓国际市场时，要根据不同国家或民族的具体情况相应地加以改变。中国方块汉字的品牌名称，到欧美市场上一般需改换成拼音文字(并非汉语拼音的简单转换)，有时甚至品牌含义也需改变。例如中国常见的"孔雀"、"菊花"等品牌名称，表示吉祥、典雅、美好的意思；而在某些国家，这些名称恰恰是不吉祥、不美好、不雅的称谓，因而必须改为该国、该地认为美好、雅致的其他名称才行。同样，某些欧美国家的品牌名称运用到中国来，也须符合中国消费者的审美情趣，以获得更大的市场认可。可口可乐(Coca-cola)、百事可乐(Pepsi-cola)应为传神之作，其他如雅芳(Avon)、海飞丝(Head&Shoulds)、潘婷(Pantene)、高露洁(Colgate)、可伶可俐(Clean & Clear)、必胜客(Pizza Hut)、宝马(BMW)等等，都把品牌名称不同程度地中国化了，从而有利于迅速打开和扩大该品牌在中国内地的市场。

第二节　品牌命名的方法

名称比市场营销活动中的其他因素更具永久性。包装、价格、广告的主题通常比名称更易改变。在为品牌命名的过程中，不管是提出名称备选方案，还是从中作出选择，其程序都应是系统性的，尽可能客观。不管是谁从事这一工作，都需要根据一系列标准来找出备选方案并评估选优。

一、成功品牌名称的特征

(一)容易认知和记忆

(二)暗示了产品类别

(三)支持标识物和标识语

(注：标识物是和品牌相关的视觉物，通常被简单地称为吉祥物，事实上它几乎可以是任何东西。例如山德士上校，中国的儿童喜欢叫他肯德基爷爷，还有金霸王电池的那只老是因电力充沛而拿冠军的兔子，甚至还有百威啤酒的蚂蚁、著名的可口可乐玻瓶造型以及人人心中都存在的"万宝路的世界"。标识物自身能够创造认知并引发联想，认知和联想将在第三章中详述。而标识语可以

理解为是持续时间较长的广告语或广告口号。)

(四)引发公司所渴望的品牌联想

(五)与众不同,并能受到法律保护

二、品牌名称的选择过程

(一)提出备选方案

在提出备选名称清单前,应知道哪些单词或词组能描述产品。举例来说,一家音像出租服务公司,向顾客提供挑选和送货业务,现在为它取名字,可供选择的参考词语目录可能包括:快速、传送、广泛选择、方便、容易、友好、电影、音像、出租、胜任、家居选择、捷运、目录订货等等。这个清单能通过目标顾客的词语联系调查得到扩展,例如"音像捷运"或者"电影快递"等组合。

另外,任何一组描述事物的词语都可作为备选名词的来源,例如:动物——美洲豹、灵狮、小猫,植物——橡树、红玫瑰,人物类型——少女、船夫,形容词——快速、整洁等。这些词汇可能给品牌带来某种隐喻,隐喻是运用表示某种含意的字或词来表达一个概念,暗示两种概念的相似。隐喻是一种能非常简洁地表达出复杂思想的方法。

当然,与运用名称建立渴望的品牌联想相对,还有一种命名方法,即使用不会让人产生任何联想的名称,Kodak、TCL 即属此列。

总之,在选择名称的品牌备选方案中应考虑以下要点:

(1)你所选的公司名称应该预示出稳健与诚信;

(2)可能的话,你的产品名称应该包含与该产品有关的字眼;

(3)避免带有负面形象或涵义的产品名称;

(4)令人愉悦的品牌名称一般会有较好表现。

英国联合利华公司的力士(Lux)是当今世界最有名的香皂品牌,力士品牌之所以在全球风行,除了它大量利用国际影星做广告树立品牌形象外,该品牌名称典雅高贵的优美含义也为它的发展起了很大的推动作用,可以这么说,初期的力士能成功完全依赖其杰出的命名创意。

利华公司 19 世纪末向市场推出了一种新型香皂,一年中先后采用过猴牌(Monkey)与阳光牌(Sunlight)作为品牌名称。前者与香皂没有任何联系,显得不伦不类,且有不洁的联想;后者虽有所改进,但仍落俗套。第一年里,香皂的市场销路一直不好。1900 年,公司在利物浦的一位代理人建议了一个令人耳目一新的品牌名称:Lux,立即得到公司董事会的同意。名称更换之后,产品销量大增,并很快风靡世界,时间不长就成为驰名世界的品牌。虽然香皂本身并无多大的改进,但 Lux 给商品带来的利益是巨大的。Lux 是一个近乎完美的品牌名称,它是西方国家拉丁字母品牌命名的经典之作,备受业内人士推崇。它几乎能满足优秀品牌的所有优点。首先它只有三个字母,易读易记,简洁明了,在多数国家的语言中发音一致,易于在全世界传播。其次它来自古典的 luxe,具有典雅高贵的涵义;同时它在拉丁语中是"阳光"的意思,用作香皂品牌,令人联想到明媚的阳光和健康的皮肤,甚至可以使人联想到夏日海滨度假的浪漫情调。另外,它的读音和拼写令人潜意识地联想到另外两个英文单词 Lucky(幸运)和 Luxury(精美华贵)。无论作何种解释,这个品牌名称对产品的优良品质起到了很好的宣传作用,它本身就是一句绝妙的广告词,但其中文名称力士未见有英文名称这般出彩。

(二)它易记吗

品牌名称的一个重要方面是它的可认性,它能被记住吗? 如果名称非同寻常,有趣味,有含意,感情化,易发音,易拼写,并且包含有视觉形象,将对记忆和认知有帮助。通常品牌名称应简单明了,琅琅上口。心理学及消费者行为方面的大量调查研究表明,记忆可被以下因素加强:

(1)如果一个名字与众不同或非同寻常,它就能引人注意,并增强人们的好奇心。"查理"作为一个女性香水的品牌名称就显得较为独特。

(2)如果一个名字含有某些有趣的东西,如押韵、一语双关,或幽默、俏皮等,它的可记性可能得以增强:Coca-Cola 的名字中闪烁着趣味的火花,腾讯 QQ 又何尝不是如此呢?

(3)如果一个名字能树立具体形象或画面,例如 apple 电脑和 puma 运动鞋。通常认为较具体的视觉形象比抽象的概念更易获取记忆通道,因为视觉形象提供了更多更强的联想。

(4)如果一个名字有意义。一项研究表明,如果名称表达了某种含意,它的可记性就会得到加强,如立白和汰渍洗衣粉的品牌名称。Compaq(康柏)品牌来自个人电脑行业最重要的兼容性(compatibility)和质量(quality),letters(字母)也比 economy(经济)更适于作活页纸生产公司的产品品牌名称。

(5)如果一个名字有感情色彩。著名的搜索引擎 Google 将其中文名称定为"谷歌"。Google 对其的释义是"谷歌,是播种与期待之歌,亦是收获与欢愉之歌。以谷为歌,象征着收获的喜悦,也表达了一种勤恳求实的态度,以及对返璞归真的向往。它同时也想传达出中国人对幸运、吉祥的企盼。"

(6)如果一个名字是简单的,就像前文提及的 Lux 香皂,Sony(索尼)电子也是如此。一个名称的拼写和发音越困难,那么它的可记性和使用性就越差。

（三）它暗示了产品类别吗

品牌名称在顾客关于产品类别的认知过程中,经常扮演重要的角色。"农夫山泉"、"农夫果园"被认为是健康的天然饮用水和果汁饮料。当然,如果名称越是描述某一类产品,那么这个名字就越难向其他产品扩展。娃哈哈品牌在向儿童服装领域扩展时消费者较易接受,但要向市场推广娃哈哈白酒恐怕就没有那么容易了。

（四）名称和标识物和标识语相关吗

标识物和标识语是命名过程中的重要考虑因素。一些名称如鳄鱼就暗示了强有力的标识物,而其他描述性差的名称则起不到这样的效果。

纽约的苹果银行提供了有关苹果的联想:有益的、简单的——暗示了一家友好的,充满趣味的,与众不同的银行,而且它还与公司的标识物(苹果),标识语(我们为您好),以及促销广告标题(请从我们分行拿走您的收获) 相互配合。

（五）它暗示了理想的品牌联想吗

本田轿车的 Civic(思域)品牌意味着符合市民意愿,耗油少且适宜在城市驾驶,飘柔和空中客车所表明的品牌含义分别使人联想到头发柔顺和安全舒适。中国汉字富有深刻的内涵和底蕴,美加净个人护理用品、康佳彩电、吉利汽车的品牌名称都含有丰富美好的寓意,有的还暗喻产品功能,对市场开发有较大的帮助。

确定由候选名称树立的品牌联想,可以选出一定数量的目标听众进行词语联想调查,向其朗读备选词语,或者将名称打在屏幕上,问他们想到什么。理想的联想应是确实的、可信的、让人舒服的,不让人产生虚假感。

（六）名称独特且能获得法律保护吗

品牌名称应有独特的个性和风格,不与其他品牌名称相混淆,才能发挥品牌名称的独到魅力,给消费者以鲜明的印象与感受,同时也更易通过商标注册的认定并获得法律保护。可口可乐作为全球著名品牌,为了避免品牌受到侵害做了最大的努力以寻求世界范围的法律保护,但依然无法阻止百事可乐和非常可乐等产品对"可乐"这一用语的使用——它被认定表明饮料使用了可乐果的榨汁。

第三节　品牌商标

一、什么是商标

从字面解释，商标是商品的标记或标识。为什么商品要做标记？是为了以示区别。为什么要区别？是因为不同的市场主体(企业)都希望自己所生产或经营的商品在市场上能被人们所认识和接受。因此，商标是市场经济发展到一定阶段的产物，是产权主体明晰化和市场竞争明朗化的产物。

商品生产的最初阶段并没有商标。当商品生产发展到一定阶段，同一种商品出现了众多的生产者和经营者，为了表明自己生产和经营的商品质量优良和独具特色，有的生产者和经营者就在自己生产或经营的商品上做记号或刻印标志，以示与其他生产者或经营者的同类商品相区别。这可以说是商标的雏形。在中国和世界其他国家和地区，这种商标的雏形都可以追溯到几百年甚至几千年以前。

工业革命使机器大工业代替了手工生产，市场竞争日趋激烈，使得对商品标记的法律规范提到议事日程，这也是现代意义商标的真正起点。19世纪初，法国出现了世界上最早的有关商标的法律条文，19世纪中叶法国出现了最早的专门成文的商标法，即1857年制定的《关于以使用原则和不审查原则为内容的制造标记和商标的法律》。19世纪六七十年代，英国、美国、德国、日本也相继颁布了各自的商标法。随着跨国贸易的发展，1883年的《保护工业产权巴黎公约》和1891年的《商标国际注册马德里协定》使商标制度步入了国际化的轨道。

中国自1904年(清光绪三十年)颁布第一部商标法以来，后经北洋政府、国民党政府又制定过若干个商标法，1949年中华人民共和国成立以后，1950年颁布了《商标注册暂行条例》，1963年公布了《商标管理条例》和实施细则，1982年全国人大常委会通过了《中华人民共和国商标法》，1993年和2001年又对商标法进行了修正并重新公布，从而使商标制度在中国逐步建立并走上正轨。[①]

商标一般采用文字、图形或者文图组合等形式作为其显著特征，以便识别与相互区分。我国商标法第八条规定："任何能够将自然人、法人或者其他组织

---

① 本书附录《中华人民共和国商标法》。

的商品与他人的商品区别开的可视性标志,包括文字、图形、字母、数字、三维标志和颜色组合,以及上述要素的组合,均可以作为商标申请注册。"商标是市场经济发展到一定阶段的产物,是用以区别不同的生产经营者所提供的不同商品或服务项目的显著标记,是品牌的重要组成部分和集中体现。在现代商标制度下,商标一般都应按一定法定程序进行注册,成为注册商标,以取得法律的认可和保护。

二、商标的分类和功能

(一)商标分类

商标可以按照不同的特点或要求进行分类。

1. 按商标法的规范进行分类

我国商标法第三条规定:"经商标局核准注册的商标为注册商标,包括商品商标、服务商标和集体商标、证明商标;商标注册人享有商标专用权,受法律保护。"

(1)商品商标。商品商标是使用于商品上的商标。它是商品生产者对其制造的商品所采用的以区别于其他生产者同类商品的标志,也是最常见、最普遍的商标。商品种类繁多,每种商品又有众多生产者进行生产与制造,同一种商品可以有许多个不同的商标,因此商品商标数量庞大。国际分类将商品商标分成 34 个大类,但是商品是由企业生产的,企业对其生产的不同商品既可以用不同的商标,也可以用同一商标。这样,商品商标就呈现出多样化的复杂局面。

(2)服务商标。服务商标是使用于服务上的商标。它是提供服务的经营者为其所提供的服务与其他经营者提供的服务加以区别而使用的标志。例如旅游服务、邮电服务、广告服务、金融保险服务、餐饮服务、修理安装服务等等。国际分类中将服务商标分成 11 个类别。

(3)集体商标。"本法所称集体商标,是指以团体、协会或者其他组织名义注册,供该组织成员在商事活动中使用,以表明使用者在该组织中的成员资格的标志。"

(4)证明商标。"本法所称证明商标,是指由对某种商品或者服务具有监督能力的组织所控制,而由该组织以外的单位或者个人使用于其商品或者服务,用以证明该商品或者服务的原产地、原料、制造方法、质量或者其他特定品质的标志。"

2. 按商标表现方式分类

(1)文字商标。文字商标是以文字表现的商标。包括中文文字商标和外文文字商标。文字商标不论采用何种字体,都应使人易于辨认。文字商标虽然有不同字体的表现形式,有视觉效果,但作为语言文字,则都可以用声音表达出来。

(2)图形商标。图形商标是以图形表示的商标。它不采用语言文字,因此不能用声音表达,只能凭视觉来辨识。早期的商标多以图形表示。图形商标涉及天文、地理、风景、名胜、动物、植物、人物、器具、抽象图形等各种视觉元素。

(3)组合商标。把文字与图形或其他商标要素组合而成的商标。例如海尔品牌商标,既有拼音交字"Haier",又有中文"海尔",还有两个小男孩的图形。

此外,商标还可按其他一些标志进行分类。如按商标是否具有法律保护的专用权可分为注册商标和未注册商标,只有注册商标才构成品牌资产;按商标的知名度高低可分为驰名商标和一般商标;按商标使用范围和目的不同,可分为统一商标和分商标;按商标申请人国籍不同,可分为本国商标和外国商标等等。

图 2-1　中国驰名商标,注册商标,文字、图形组合型的商品商标,商标名称:传化,使用商品:洗涤剂、洗衣粉,类别:第 03 类;

图 2-2　中国驰名商标,中华老字号,注册商标,文字型的商品商标,商标名称:胡庆余堂,使用商品:药品,类别:第 05 类;

图 2-3　注册商标,文字、字母组合型的服务商标,商标名称:Merchant Marco Hotel,服务项目:酒店,类别:第 42 类;

图 2-4　非注册商标,文字、图形组合型的集体商标,商标名称:Hybrid(混合动力),2006 ONESHOW 中国青年创意竞赛浙江大学城市学院学生入选作品。

图 2-1

图 2-3

图 2-2

图 2-4

(二)商标功能

商标作为品牌形象的重要载体,具有多方面的功能。

1．识别功能

商标作为商品或服务的具体标记或标识，是为了使人们易于辨认它、识别它，使之在市场上具有显著性，便于商品或服务的营销。这种识别功能主要表现在两个方面：一是商标所有人的识别，即揭示商标所体现的商品或服务的来源，提供这一商标所体现的商品或服务的生产者和经营者。例如，长虹彩电的商标来源于长虹集团，南航的服务商标来源于南方航空公司等等。二是消费者的识别。商标是消费者区分与识别商品或服务的生产者或经营者的最有效手段，也为消费者挑选商品和服务提供了最重要的条件。识别商品与服务，是品牌商标最基本的功能，商标对消费具有引导作用。

2．广告功能

商标既然对商品和服务有明显的标识作用，因此它也是广告宣传的良好载体。商标是最直接、最有效的广告工具和手段，也可以说，商标本身就是一种最好的广告方式。广告宣传的方式是多样的，但广告宣传的核心内容应该是品牌商标。通过各种广告形式和手段，让消费者认识商标、区别商标、熟悉商标、喜爱商标，把商标与它所体现和代表的商品或服务联系起来，不断提高商标及其所代表的商品与服务的知名度和美誉度，启示和激发消费者的购买欲望直至形成购买行为。

3．评质功能

商标本身不代表质量，但是商标作为市场经济的一种现象，它总是与商品与服务的质量有着内在的联系。一是标志质量，即品牌商标可以标志某种商品和服务的质量。一般来说，知名度、美誉度高的品牌，往往标志着较高的产品质量和服务质量。二是评价质量，即消费者对品牌商标所体现和代表的商品或服务进行经验评价。商品和服务的质量如何，价格如何，质价是否相称，消费者通过群体经验都会有一个大体相同的认识。消费者对商品和服务质量的评价，也是通过商标表示出来的。此外，社会各界和政府职能部门还可以通过商标对商品和服务的质量进行监督和检查。

4．激励功能

商标对企业的进步有重要的激励和促进作用。一是激励和促进企业的技术进步和质量提高。企业要在竞争的环境中立于不败之地，根本还在于企业技术的不断进步，产品质量的不断提高，从而取得消费者的信赖，使其品牌商标在消费者心目中树立起良好的形象。二是激励和促进企业全方位地开拓市场，成为开拓市场的先锋。在高质量、高技术的基础上通过品牌商标的广告宣传和营销活动，在激烈的市场竞争中抢占市场阵地，扩大市场份额，提高市场占有率，使之成为市场中强势的品牌商标。

三、注册商标是法律认可的品牌标识

在现代市场经济条件下，商标只有通过注册才能取得法律认可和法律保护。根据《中华人民共和国商标法》（以下简称《商标法》），在我国实行自愿注册与强制注册相结合的原则，对药品、烟草等产品必须强制注册，对多数产品实行自愿注册即是否注册由商标所有人或使用人自行决定。

商标注册是商标所有人对其所设计的商标向法律规定的机构提出申请，经过一定的法定程序审批认可获得商标权的过程。在我国，国家工商行政管理局下设的国家商标局是法定的商标主管机关。商标注册是一种法律行为，也是一个法制运行过程。商标只有经过注册成为注册商标，才能得到法律的保护。

注册商标就是经过法定程序、取得商标专用权的商标。商标专用权，简称商标权，指注册商标权人对经过商标主管机关核准注册的商标所享有的专有权。其内容包括专有的使用权、禁止权、转让权、许可使用权等。商标专用权是一种财产权，属于知识产权范畴，是工业产权的一个重要组成部分。商标专用权具有独占性、时间性、地域性等特征。"申请注册的商标，应当有显著特征，便于识别，并不得与他人在先取得的合法权利相冲突。商标注册人有权标明'注册商标'或者注册标记。"注册商标作为一种法律认可的商标，可以依法排除其他企业在相同或类似商品上使用与该注册商标相同或近似的商标，也可以依法进行转让或者使用许可。注册商标有利于消费者认牌购物，也有利于企业实施品牌战略。

在全球经济一体化的今天，商品与服务在不同国家和地区之间流通与转移极为普遍。商标不仅可以在一国之内注册，而且可以在国外注册，这就出现了涉外商标和商标的国际注册。

我国《商标法》规定，允许外国人或外国企业在中国申请商标注册，我国出口的商品或服务也可以而且应该到外国申请注册。这种互相到别的国家申请注册的商标，就是涉外商标。到国外注册商标同样是为了求得所在国的承认并受到法律保护。

商标国际注册，又称马德里商标国际注册。它是依据《商标国际注册马德里协定》及其实施细则建立的马德里联盟成员国间的注册体系，通过国家商标局申请商标国际注册，并通过国际局延伸到各成员国家的注册方式。1891 年，由法国、比利时、西班牙、瑞士、突尼斯等国发起，在西班牙的马德里签订了《商标国际注册马德里协定》（简称《马德里协定》），并于 1892 年生效。之后经过 6 次修改，中国于 1989 年 10 月正式成为《马德里协定》成员国，并开始办理商标国际注册。商标国际注册为在国外注册商标开辟了新的途径，通过国家商标局

申请商标国际注册，即可由国际局延伸到各有关国家。

马德里商标注册具有省时、省力、省钱的优点，商标注册提交一次申请，使用一种语言即法语，交一次费用，一年之内完成。申请人指定保护的国家的商标主管机关如果在一年内不作出驳回的声明，该商标即可在该国受到法律保护。国际局通过审查之日起，商标的国际注册即发生法律效力。

四、驰名商标战略

驰名商标是一个法律概念，需要取得法律认可。知名度高、信誉高是驰名商标必备的条件。《商标法》第十四条规定"认定驰名商标应当考虑下列因素：（一）相关公众对该商标的知晓程度；（二）该商标使用的持续时间；（三）该商标任何宣传工作的持续时间、程度和地理范围；（四）该商标作为驰名商标受保护的记录；（五）该商标驰名的其他因素。"

驰名商标的信誉是建立在该商标所代表的商品或服务的优异质量及其长期稳定性、高技术含量、适应消费者心理的市场需求的基础上的。我国于 1985 年加入《保护工业产权巴黎公约》以后，开始了驰名商标的认定和保护工作。1989 年，同仁堂商标被认定为是首个中国驰名商标，到 2006 年 11 月驰名商标总数已达 900 多件。驰名商标一经法定机构依照法定程序认定以后，可以受到比一般商标更多的法律保护。

表 2-1　中国最具价值驰名商标排行榜

中国品牌研究院发布（2006 年 1 月 10 日）

红塔山	46.866亿元	卷烟
五粮液	44.337亿元	白酒
联　想	43.531亿元	计算机
海　尔	39.523亿元	电冰箱
东　风	39.116亿元	汽车
长　虹	37.284亿元	电视机
万　科	36.225亿元	不动产出租、不动产管理
娃哈哈	36.011亿元	饮料
张　裕	34.339亿元	葡萄酒
格兰仕	32.117亿元	微波炉

本章小结

在市场经济环境下，营销观念不断更新，竞争更突出地表现为品牌竞争。提高品牌知名度，塑造品牌良好形象，是品牌竞争的关键。而品牌命名和商标注册是一系列品牌战略与决策的起点。

品牌名称是品牌构成中可以用文字表达并能用语言进行传递与交流的部分,品牌名称不同于商品名称。商品名称是以其自然属性和功能来命名的,品牌名称却较多地表现为一种社会属性和人文属性。在市场经济日益走向发达与成熟的条件下,品牌名称又突出地表现为经济属性和企业属性。品牌名称是经济领域中的一种文化现象,品牌名称是品牌最重要的信息来源之一,可以提供品牌最基本的核心要素。由于品牌名称比市场营销活动中的其他因素更具永久性,因此在品牌命名的过程中,要尽量做到简短明了、易读易记,同时个性突出,能够使消费者较易获得认知并引发有益的联想。

商标是市场经济发展到一定阶段的产物,商标一般采用文字、图形或者文图组合等形式作为其显著特征,是用以区别不同的生产经营者所提供的不同商品或服务项目的显著标识,是品牌的重要组成部分和集中体现。品牌商标可以按不同的特点或要求进行分类:按商标使用对象的不同,可分为商品商标、服务商标、集体商标和证明商标;按商标表现方式的不同,可分为文字商标、图形商标和组合商标;按商标是否具有法律保护的专用权,可分为注册商标和未注册商标;按商标的知名度高低可分为驰名商标和一般商标;按商标使用范围和目的不同,可分为统一商标和分商标等等。商标具有识别功能、广告功能、质量评价功能和激励促进功能。

品牌商标注册能够获得法律的保护,是形成品牌资产的重要前提。在现代商标制度下,商标一般都应按一定法定程序进行注册,成为注册商标,以取得法律的认可和保护,从而有利于消费者认牌购物,也有利于企业实施品牌战略。商标不仅可以在一国之内注册,而且可以在国外注册,这就出现了涉外商标和商标的国际注册。

驰名商标是一个法律概念,需要取得法律认可。知名度高、信誉高是驰名商标必备的条件。驰名商标的信誉是建立在该商标所代表的商品或服务的优异质量及其长期稳定性、高技术含量、适应消费者心理的市场需求的基础上的。驰名商标一经法定机构依照法定程序认定以后,可以受到比一般商标更多的法律保护。

思考与训练

1. 如何理解品牌名称是经济领域的一种文化现象?

2. 品牌名称与商品名称有何区别,品牌命名应掌握哪些要点?

3. 通过学习《商标法》了解商标注册的全过程。为什么要进行商标注册,商标成功注册要具备哪些条件?

4. 什么是注册商标,注册商标权人享有的商标专用权包括哪些内容?

5. 查找资料并分析中国驰名商标和中国名牌的异同。

推荐读物

1.[德]安德雷亚斯·步霍尔茨等著:《营造名牌的二十一种模式》,北京:中信出版社,1999。

2.屈云波编著:《品牌营销》,北京:企业管理出版社,1996。

3.余鑫炎主编:《品牌战略与决策》,大连:东北财经大学出版社,2001。

4.文武文编著:《方法——国际著名广告公司操作工具》,北京:中国线装书局,2003。

第三章　品牌认知与品牌联想

导入语

　　品牌认知和品牌联想是塑造品牌形象的重要组成部分,也是重要的品牌资产。

本章要点

　　本章在介绍品牌认知和品牌联想概念的基础上,重点分析了品牌认知和品牌联想产生价值的方式以及获得认知和产生联想的具体方法。通过本章学习,应该掌握以下知识要点:

　　◆什么是品牌认知,品牌认知有哪些不同的程度或层次?

　　◆品牌认知产生价值的方式和获得认知的方法。

　　◆什么是品牌联想?

　　◆品牌联想产生价值的方式和产生联想的方法。

开篇案例

"怕上火喝王老吉",开创凉茶蓝海①

　　王老吉凉茶由广州医药集团有限公司属下广州王老吉药业股份有限公司出品,品牌创立于清道光八年(1828 年),是广州地区的老字号。作为岭南养生文化的一种独特符号的凉茶,在两广的大街小巷里沉淀 100 多年后,2005 年突然飘红全国,一年销售额达 30 亿元。短短数年时间,王老吉销售额激增 400 倍。面对王老吉咄咄逼人的攻势,可口可乐收购香港传统凉茶馆"同治堂"旗下品牌健康工房,以期对抗王老吉。国内的一些中药企业,对凉茶市场也是虎视眈眈,准备加入凉茶市场的竞争。

---

　　① 资料来源:brand.icxo.com

"王老吉"这一沿用 100 多年的品牌名称，具有悠久的历史和地道的本土文化特征，好念、好写、好记，很容易传播。"王老吉"颇有返璞归真意味的品牌名称与凉茶的产品属性无疑也是相当匹配的。以现代的营销观念审视"王老吉"的品牌名称，我们发现它具有以下特征。

第一，区隔竞争对手，王老吉因其品牌名称独特而与其他品牌形成鲜明的区隔，在消费者的记忆中抢先占位；不以凉茶两字作品牌名的后缀，在两广以外的市场推广中节省了"凉茶是什么"的传播成本，使一个区域品牌得到了全国市场。

第二，品牌名称以产品创始人的名字命名，并不遗余力地把创始人"王老吉"塑造成凉茶始祖。同时，凉茶是以中草药为原料的保健饮品，有"预防上火"和"降火"的作用，这种实实在在的功效是凉茶与其他饮料相比的核心优势。"上火"是中国人可以真实感知的一种亚健康状态，通过中医和现代媒体的传播，消费者对"上火"的认知相对清晰。王老吉的功效正好满足了这个未被切割的饮料市场，加上充裕的宣传推广费用，线上线下、高低结合的媒体投放策略使王老吉的知名度不断提升，市场由南到北不断扩张，王老吉已成为"凉茶"的代名词，这种品牌印记的形成成为其他品牌难以跨越的壁垒。

第三，"王老吉"三个字无论拆开还是合在一起，都非常吉祥，迎合了中国消费者的审美观和消费观。

第一节　品牌认知

一、什么是品牌认知

品牌命名是获得良好品牌认知的重要环节之一。品牌认知是消费者认出、识别和记忆某品牌是某一产品类别的能力，从而在观念中建立起品牌与产品类别间的联系。比如 Epson（爱普生）是 SEIKO（精工）的子品牌，但 Epson 一般作为打印机品牌，而 SEIKO 作为手表品牌为消费者所熟知。

品牌认知有一个由浅入深的变化过程，品牌认知在品牌资产中的角色依赖于获得认知的程度。具体可由品牌认知金字塔来表示，在图 3-1 中，最底下一层是"品牌无意识"，即对某品牌无任何了解，处于完全不认知状态。对品牌有所认知的程度可分成 3 个层次：

其一，品牌识别，是品牌认知的最低程度，处于"品牌无意识"的上面一层。

在测试中,给被测试者某一产品类的一系列品牌名称,要求将产品类别与品牌联系起来,但不必十分强烈。它是一种有提示的需要帮助的记忆和识别。有无品牌识别对消费者选择品牌非常重要。在品牌竞争时代,如果没有品牌识别,几乎不会有任何购买决定的产生,更不会发生购买行为。

图 3-1　品牌认知金字塔

其二,品牌记忆,它比品牌识别要高一个层次,处于"品牌识别"之上。它是建立在消费者自主记忆的基础上的。被测试者得不到一系列品牌名称的提示,是一种得不到帮助的记忆,即自我记忆或自主记忆。品牌记忆是比品牌识别更高一个层次的品牌认知。有品牌记忆必定是消费者很熟悉的品牌,能够明晰地存在于消费者记忆中的品牌具有更强大的品牌位置。

其三,品牌深入人心是品牌认知的最高程度,在图中处于金字塔的顶端。深入人心的品牌是消费者最熟悉、最认同甚至最喜爱的品牌。它是被测试者在无任何提示的情况下,脱口而出所回答出的第一个品牌,也是衡量某个品牌"心理占有率"和"情感占有率"的最重要的指标。"心理占有率"指回答"举出这个行业中你首先想到的一家公司或品牌"这个问题时,提名该企业或品牌的顾客在全部顾客中的比例。"情感占有率"指回答"举出你最喜欢购买其产品的一家公司或品牌"这一问题时,提名该企业或品牌的顾客在全部顾客中的比例。当然,可能会有紧跟其后的另一个或几个品牌。在中国,方便面总是和康师傅、统一联系在一起。美国消费者在表达复印 copy 的含义时,有时甚至用 Xerox(施乐)直接代替。这种品牌在消费者心目中印象最深、影响最大。深入人心的品牌无疑在消费者心目中处于一种特殊的位置。

消费者在购买商品或服务时,面对众多品牌,他们往往选择自己最熟悉、最喜欢的品牌。因此,能被人们记住的品牌,尤其是深入人心的品牌,在消费者的购买决策中起着至关重要的作用。

二、品牌认知产生价值的方式

(一)品牌认知是品牌联想的前提和基础

品牌识别是与消费者交流工作的第一个基本步骤。对于一个新产品或新服务,需要特别关心是否能够得到识别。没有识别,几乎不会有任何购买决定产生。而且,如果没有达到品牌识别的程度,消费者想要了解新产品的特点和优点是很困难的。品牌识别建立起来以后,剩下的工作就是将其与一些新的联

想相连,比如说产品的某个特性,并逐渐形成记忆。就像在脑海中新建一个文件夹,再把相关的内容充实进去。

(二)熟悉产生好感

对品牌识别的研究还发现,品牌的反复出现可能影响人们对品牌的好感。识别可以提供品牌一种熟悉感,这种熟悉是有价值的,尤其对那些价格较为低廉的日用消费品,如口香糖、香皂、纸巾等,熟悉有时已足以促使作出购买决定,特别是对性能缺乏有效评价时。

(三)有实力的感受和信号

品牌认知可能给消费者提供品牌或相关企业有实力的信号,这在进行大宗采购的生产者市场和对耐用消费品的购买者来说都可能是非常重要的。一个对品牌的具体事实所知甚少的买家,品牌认知可能导致这样的推测:该企业是有实力的;大企业才会用广泛的广告宣传对品牌进行支持;甚至产生这一品牌很成功的印象——因为别人都用它。在大宗的复杂购买决策过程中,如果一个品牌作为替代的选择在提出之前完全不为人知是不可想象的。品牌认知带来的熟悉度和有实力的感觉可能导致完全不同的决定。在广泛的分析后没有明显的赢家时,不论是选择住宅用商品房还是选择一家广告服务提供商,品牌认知的力量可能是至关重要的。

(四)进入被消费者考虑的系列名单

消费者在商品的选购过程中,往往会在一组品牌中进行选择,一般都会有三四个供考虑的对象。如何在众多的品牌中被选入这个被考虑的系列并最终产生购买行为,品牌记忆和深入人心可能发挥了重要的作用。出现在脑海中的第一家公司拥有最大的优势,而一个缺乏印象的品牌可能不会有什么机会。这种情形非常普遍,因为在人们去商店进行购买活动前常常已作出了选择什么品牌的决定。试想一下你要去超市购买速溶咖啡,或者去社区药店购买治疗感冒的非处方药,结果会怎样呢?当然,消费者也会记得一些他们很不喜欢的品牌,但一般而言,对那些没有记忆的品牌往往不在被考虑的系列中。

综上所述,品牌认知可以给产品带来附加值从而提升其竞争能力。相关研究还表明,品牌的知名度和美誉度联系紧密,且呈一定的正相关;同时,高度的品牌认知,也是在行业内品牌延伸的成功基础。不过对新产品而言,认知固然重要,但其本身却并不能创造销售量,认知并未给消费者提供足够的购买理由。

三、获得认知的方法

品牌认知必须在商品或服务具有稳定质量的前提下,通过广告媒体和公共关系进行宣传和传播，使之为广大消费者所知晓。因此，要提高品牌认知程度，需要进行资金投入，并且要研究如何提高宣传效果，以较少的费用获得较高的认知程度。品牌认知包括识别和记忆两个方面，在获得一致公认的品牌名称以外，还需将其和产品类别联系起来。

（一）引起注意

品牌认知的信息应该独具一格，与众不同；能引起人们的特别注意，使人难忘；和竞争品牌差异明显；而且这种注意要与品牌所代表的商品或服务项目联系起来。"娃哈哈"饮品、"农夫果园"果汁、"蒙牛"牛奶等等，都是很快就能引起消费者注意的品牌。

（二）突出标识

品牌认知的信息要求品牌的标志和标识物鲜明醒目，给消费者以强烈的印象。如麦当劳的"M"形金色拱门和麦当劳大叔的形象，三菱公司的菱形组合标志，三九集团的"999"标志等都很有特色，如果能够不断加深识别印象，就可通过标识的视觉传达而联想到品牌及其所代表的产品。

（三）出语不凡

标识语要能打动人心，给受众以亲和力和认同感。春兰空调的"只要你拥有春兰空调，春天将永远陪伴着您"，给人一种温馨和温暖的意境。丰田汽车在进入中国市场的初期以"车到山前必有路，有路必有丰田车"开辟市场，印象深刻。

（四）重复宣传

品牌认知由识别到记忆直至深入人心，需要多次重复，长期宣传。识别需要重复，记忆需要重复，深入人心更需要重复。只有反复宣传，才能为人们所熟悉。此外，提高品牌认知程度还可以通过开展公关活动、品牌延伸、特色包装、举办展览、专项推销等等多种形式来扩大品牌的影响，提高其认知度。

很多人都熟悉的"恒源祥，羊羊羊"，它曾经成就了一个品牌。2005年12月恒源祥成为北京2008年奥运会赞助商之后，这句沿用了10年的广告语试图改成"恒源祥，牛牛牛"再战市场，一时间争议四起。[①]

正方认为10年的坚持让大家记住了恒源祥，但随着社会外部环境的变化，恒源祥的原来定位以及品牌的概念已经很陈旧了。老字号虽然有着深厚的文化积淀，但是它同时也意味着"老"，恒源祥的一次顾客调查显示，很多年轻消费

① 资料来源：brand. icxo. com

者认为"恒源祥"的品牌形象是一个 45 岁以上的有责任心的男人。将广告语改成"牛牛牛",能够留住恒源祥流失得最快、且企业最需要抓住的 30 岁至 40 岁之间的年轻一族。

反方认为"恒源祥,羊羊羊"将"恒源祥"这三个字与"羊"联系在一起,使它不仅仅代表绒线,而且将其品牌与羊产业联系在了一起,拓展了恒源祥的品牌外延。而"牛牛牛"的运用,品牌本身并没有被注入活力,同时可能使恒源祥与羊产业的关联度降低,造成一定的理解偏差。广告语改变后,也未必能如企业所愿吸引年轻消费者购买。

第二节　品牌联想

一、什么是品牌联想

品牌联想是指人们的记忆中与品牌相连的各种事物。一个品牌可以同一种事物相联系,也可能同许多种事物相联系。与品牌相联系的各种事物,都对品牌产生一定的想象力,从而加深品牌在消费者心中的印象。一个品牌的正面联想愈多,其对市场的影响力就愈大。一些著名品牌往往在消费者心目中有很多的联想和想象,通过品牌联想和其目标消费者形成一系列的联系。这种联想和想象通过一些有意义的方式组织而成。例如,麦当劳品牌经研究有 20 个主要的联想和 30 个次要的联想。这些联想被组成有意义的组群,如孩子集合、服务集合和食物集合等,从而有利于品牌形象的形成。一提到麦当劳,消费者尤其是孩子们的心中就会出现金拱门、麦当劳大叔、牛肉汉堡、炸薯条、麦香鸡等形象,还有麦当劳玩具、麦当劳娱乐场、麦当劳竞赛、麦当劳生日聚会等等。一提到海尔,人们就会想到优良的家电产品质量、周到迅捷的星级服务、诚信为本的企业文化等等。品牌的根本价值常在于其联想的集合对人们的意义。

品牌联想虽然反映在人们的意识中,但它却是客观存在的,并具有强大的作用力,它帮助消费者得到信息,造成消费者对品牌特定的感觉,有利于确立品牌个性与强化品牌形象,从而建立强有力的市场竞争优势,也有利于品牌的进一步发展。

二、品牌联想产生价值的方式

品牌联想可以创造价值,且联想的集合具有明显的资产价值,因为联想往往能给消费者提供购买的理由。品牌联想有以下创造价值的方式:

（一）帮助得到信息

　　一个品牌联想，对于消费者来说可以创造一个简洁的信息，可以总结出一系列的事实和规范，还可以影响到信息的回忆。提及海飞丝这个洗发水品牌，就使消费者联想到"头屑去无踪"，品牌联想帮助消费者获得有关的信息，对购物选择提供方便，否则消费者购物因缺乏信息而变得十分困难。

（二）区别品牌

　　品牌联想有助于把一个品牌与其他品牌区别开来，它也是品牌定位时差异化的重要依据，不同联想是提供这种区隔的重要基础。一个良好定位的品牌必将占据一个由强劲的联想所支持的有竞争力并吸引人的位置，比如提供"友好的服务"或者"科技使生活更美好"。一些行业和产品如酒、香水、化妆品、时装等，市场上众多的竞争品牌对于消费者来说是难以区分的，而品牌联想却能在品牌区隔中担当极其重要的角色。例如同是白酒，茅台品牌的联想是高贵的国酒，五粮液是高雅的优质酒，二锅头就让人联想到它是普通老百姓尤其是北京地区普通市民爱喝的好味道酒。成功有效的联想可能会成为竞争对手无法逾越的障碍。

（三）影响购买行为

　　品牌联想往往涉及到产品特征或和目标消费者的个性特征相关联，这就能为消费者购买某一品牌提供一个特别的原因或理由，同时促进品牌个性的形成。高露洁牙膏、中华牙膏以使牙齿洁白而享有盛誉，佳洁士则以防龋齿为其主要卖点，冷酸灵牙膏因能减轻过敏症状而备受青睐。

（四）创造积极的态度与感觉

　　一些品牌联想能在宣传和使用过程中创造出积极的态度和感觉，使人们喜爱它并能传递到品牌上，把联想的感觉与品牌联系起来。长虹彩电以军转民高科技形象和以产业报国为己任的爱国形象，使消费者积累起对这一品牌的喜欢和厚爱。海尔电器以圆满周到的服务赢得了广大消费者的心，使消费者逐渐形成"用海尔品牌放心"的思维定势，在此基础上也认可了海尔较高的定价策略。此外，品牌联想还为品牌发展和品牌延伸提供了基础，通过品牌联想与新产品之间创造一种合适的感觉，从而使消费者乐于购买扩展的新产品。HONDA（本田）就成功地将品牌从摩托车延伸到了摩托艇、割草机直至汽车产品上面。

　　品牌联想还通过在品牌中表现出信誉和自信来影响购买行为并成为决定因素，利用著名人物的声望和号召力往往能使品牌很快风靡开来。名人代言在品牌推广中的成功案例数不胜数且富有成效。NBA球星乔丹代言知名运动品牌 Nike(耐克)之"just do it",影星郭富城代言服饰品牌美特斯邦威"不走寻常路",以及歌星周杰伦代言中国移动子品牌动感地带"我的地盘我做主"皆属此类。用知名运动员代言新的运动品牌还能给消费者提供新产品从技术能力到设计水准的"专业保证",当然企业理所应当已经具备了这些能力。

三、产生联想的方法

品牌的经营者并不会对所有的联想都感兴趣。实际上,只是对联想中直接或间接影响到购买行为的因素感兴趣,主要原因取决于这些因素是否强劲且被目标消费者所共享。产品特征和消费者利益属于持久的感性范畴,是一种重要的联想。联想还涉及到产品的价格和其具体使用的过程、使用产品的人的类型、物流以及销售服务等方面,而另一些则可能反映出产品用来表达的生活方式、社会地位、职业角色等事实。国家和地域的联想有时也让品牌受益匪浅,如德国的汽车和法国的时装,来自草原的"伊利"牛奶和"鄂尔多斯"羊绒服饰,北京的"全聚德"烤鸭以及南方地区的"江南布衣"女装和"王老吉"凉茶。

下面我们看看来自台湾的左岸咖啡的品牌联想。从什么地方运来寄售的咖啡最有高级感？策划小组最后提供了 4 个场所作为尝试的概念:①

◆空中厨房。来自空中厨房专门为头等舱准备的咖啡。

◆日式高级咖啡馆。来自优雅、精致的日式咖啡馆的咖啡。

◆左岸咖啡馆。来自巴黎塞纳河左岸一家充满人文气息的咖啡馆的咖啡,一个诗人、哲学家喜欢的地方。

◆唐宁街 10 号。来自英国首相官邸厨房的咖啡,平日用来招待贵宾。

经过分析,左岸咖啡馆的咖啡被认为价值最高,消费者愿意为此支付最高价钱。在品牌名称被认定为左岸的同时,17 岁到 22 岁的年轻女性被选择作为目标对象,她们诚实、多愁善感,喜爱文学艺术,但生活经验不多,喜欢跟着感觉走。相对于产品质量而言,她们更寻求产品以外的东西,寻求情感回报和使她们更感成熟的东西,寻求了解并能够表达内心需求的品牌。左岸咖啡馆被试图塑造成为在她们的想象中的一种"真实"。它和消费者的关系,就像一本喜爱的书、一册旅游摘记,在你享受一片独处空间时,它随手可得,带你到想去的地方。左岸咖啡馆能够满足你随时可能冒出的一点精神欲望。于是左岸咖啡的电视广告是一位女孩的旅行日记,平面广告是一系列发生在咖啡馆的短篇故事,电台则在深夜播放着诗般的咖啡馆故事,渲染着一种"愉快的孤独感"。左岸咖啡

---

① 资料来源:www.globrand.com

也是法国电影节的赞助商之一,与雷诺、标致、夏奈儿、迪奥等法国品牌同在赞助商之列。

左岸咖啡馆使得一杯塑料杯装的咖啡饮料成为了名副其实的高级品牌。

(一)产品特征

最有用的定位策略就是将一个对象与产品特征联系起来,USP 仍然是市场中最有效的武器之一,只要竞争对手还没有意识到或发现它。虽然从本质上说,市场中的同类产品并没有很大的不同,但你必须强调产品的特征。一旦这个特征是有意义的,联想便立刻成为购买该品牌的原因。同是豪华轿车,奔驰汽车突出其乘坐的舒适性,宝马汽车向消费者述说"驾驶的乐趣",沃尔沃汽车则不断地强调其安全性。这些特征已然成为品牌传统,要想发展新的联想可能已徒劳无功。

试图将一个品牌的几个特征联系起来是很有吸引力的,前提是这几个特征能够互相支持。然而,兼顾太多产品特征的定位策略可能是模糊的且互相矛盾的,导致这一情况的原因部分是由于顾客接收一个涉及多个特征信息的能力是有限的。其结果可能是目标消费者不明确或者给信息的有效传达带来困难。

(二)消费者利益

大多数的产品特征和消费者利益两者之间通常是一一对应的。防止蛀牙既是佳洁士的产品特征同时又是消费者的利益。但是一个持久的联想究竟是产品特征还是消费者利益有时非常关键。当佳洁士出现在脑海中的时候,消费者想到的是它的配方或工作情况,还是孩子们使用之后不再有蛀牙呢?这一区别在品牌联想的发展中是很重要的。你想让消费者获得的是"理性"的利益,还是"心理上"的利益呢?

不同的产品类别可能有不同的选择,"理性"的利益与产品特征紧密相连,并且可能成为"理智"的决定过程的一部分。而"心理上"的利益通常是观念形成过程的最终结果,关系到购买或使用这一品牌时产生的感觉。著名的"Miller时间"将米勒啤酒与工作一天后的舒适休息联结在一起,产品与酒精的联系被工作回报的概念所替代,从而与大众取得了积极的联系。

(三)产品价格/使用者及其使用过程

市场定位时通常会考虑产品和品牌的定价,然后再将该品牌的产品同相似价格的产品区分开来。高定价有时对消费者意味着"高品质",对企业则意味着可能获得高附加值。但品牌必须同时提供信誉保证、质量优势或是确实的身份体验。

将品牌与使用者及其使用过程和场景联系起来也是产生联想的常用方法

之一。找到典型的消费者代表或者意见领袖，无论是邻家女孩还是火箭队的高中锋姚明，抑或是皮尔斯·布鲁斯南(007 的扮演者)。美国的贝尔(Bell)电话公司将长途电话同情侣之间的交往联系起来，雪花啤酒则通过球迷欢庆畅饮的场景使品牌与运动产生关联，并提供了大量饮用的暗示。

(四)竞争者

绝大多数的定位策略都会显现一个或多个竞争对手。某些情况下，竞争对手可能会成为长久的参照物，对抗定位和比附定位皆缘于此。其一，竞争对手可能拥有一个强有力的、很具体的想象，可以用作传递另一与之有关信息的桥梁。如果一个人想知道某个地方在哪，说这个地方挨着某标志性建筑比描述能到达这个地方的各个街道容易多了。其二，有些时候让消费者认为你的产品是如何的并不重要，重要的是你的产品强于你的竞争对手或和它是一样的。

与竞争者的联想在西方一般通过做比较广告来实现。而定位观点的提出者艾·里斯和杰克·特劳特在《定位》一书中认为，品牌有时甚至需要给他们的竞争者重新定位。我们来看下面的一个小案例。

智慧(Wise)薯片给品客(Pringle's)重新定位。

品客薯片在抢占了高达 18% 的市场后，老品牌智慧用一个典型的重新定位战略进行了反击。它在电视上对消费者说："智慧的成分是：土豆、植物油和盐。品客的成分是：脱水土豆、甘油一酸酯和甘油二酸酯、抗坏血酸、丁基羟基苯甲醚。"品客的销量随即大跌，从 18% 可观的薯片市场占有率直线下降到 10%。

人们对品客抱怨最多的是它吃上去像硬纸片，这正是你希望消费者在看到"甘油酸酯"和"丁基羟基苯甲醚"之类的词之后作出的反应。里斯和特劳特认为喝一杯 H_2O 的味道永远比喝一杯水要来得差。

本章小结

品牌资产是品牌所赋予的价值，是由品牌形象所驱动的一种无形资产，品牌资产的形成，关键在于消费者看待品牌的方式而产生的消费行为。在产品大量同质化的买方市场，企业面对竞争要获得市场，求效益，求发展，需要投资于品牌形象，使消费者取得对品牌的认同和亲近，从而对品牌所标示的商品和服务进行购买和消费。这种投资，并不形成实物资产，而是形成无形资产，品牌认知和品牌联想是塑造品牌形象的重要组成部分，也是重要的品牌资产。

品牌认知是消费者识别和记忆某品牌是某一产品类别的能力，并在观念中建立起品牌与产品类别间的联系。品牌认知在品牌资产中的角色依赖于获得认知的程度。品牌认知有不同的程度或层次，由低到高形成品牌认知金字塔的次序是:品牌无意识——品牌识别——品牌记忆——深入人心。在品牌竞争时代,如果没有品牌识别,几乎不会有任何购买决定的产生,更不会发生购买行为;品牌记忆是比品牌识别更高一个层次的品牌认知,能够清晰地存在于消费者记忆中的品牌具有更强大的品牌位置;品牌深入人心是品牌认知的最高程度,消费者在购买商品或服务时,面对众多品牌,他们往往选择自己最熟悉、最喜欢的品牌。因此,能被人们记住的品牌,尤其是深入人心的品牌,在消费者的购买决策中起着至关重要的作用并给产品带来附加值从而提升品牌的竞争能力。

品牌认知必须在商品或服务具有稳定质量的前提下,通过广告媒体和公共关系进行宣传和传播,使之为广大消费者所知晓。因此,要提高品牌认知程度,需要进行资金投入,并且要研究如何提高宣传效果,以较少的费用获得较大的认知程度。品牌认知包括识别和记忆两个方面,在获得一致公认的品牌名称以外,还需将其和产品类别联系起来。

品牌联想是人们记忆中与品牌相连的一切事物。一个品牌的正面联想愈多,其对市场的影响力就愈大。品牌联想虽然反映在人们的意识中,但它却是客观存在的,它帮助消费者得到信息,造成消费者对品牌特定的感觉,有利于确立品牌个性与强化品牌形象,从而建立强有力的市场竞争优势,也有利于品牌的进一步发展。

品牌联想的集合可以创造价值,因为联想往往能够给消费者提供购买的理由。同时品牌联想也是品牌定位时差异化的重要依据,一个良好定位的品牌必将占据一个由强劲的联想所支持的有竞争力并吸引人的位置。品牌联想创造价值的方式是:帮助得到信息、区别品牌、影响购买行为、创造积极的态度与感觉。品牌的根本价值常在于其联想的集合对人们的意义。产品特征和消费者利益属于持久的感性范畴,是一种重要的联想。联想还涉及到产品的价格和产品的具体使用过程、使用产品的人的类型以及产品用来表达的生活方式、社会地位、职业角色等事实,国家和地域的联想有时也让品牌受益匪浅。

思考与训练

1.在一次品牌认知度测试调查中,出现了下列测试结果,读读它们各属于何种品牌认知度:

(1)在给被测试者提供的一种产品类别的 10 个品牌中,有 3 个品牌没有获得任何反映。

(2)在提供给被测试者的另一产品类别的 12 个品牌中,被测试者能够把其中的 7 个和产品类别联系起来。

（3）在对被测试者不提供任何信息的情况下，个人电脑品牌第一个提到的是联想，微波炉品牌第一个提到的是格兰仕，冰箱品牌第一个提到的是海尔，啤酒品牌第一个提到的是青岛。这是什么认知程度？

2.品牌认知如何影响消费者的购买决策？

3.如果你在销售一个面向学生群体的 mp3 播放器，品牌获得认知的途径有哪些，品牌有何种联想有待开发？

4.品牌联想和品牌形象的关系是什么？

5.品牌联想对品牌个性的形成起到什么作用？

推荐读物

1.［美］艾·里斯、杰克·特劳特著，王恩冕等译：《定位》，北京：中国财政经济出版社，2002。

2.屈云波编著：《品牌营销》，北京：企业管理出版社，1996。

3.余鑫炎主编：《品牌战略与决策》，大连：东北财经大学出版社，2001。

第四章 品牌定位

导入语

    如何让消费者在眼花缭乱的同类产品中选择自己的品牌？贪大求全的营销传播策略只会让消费者眩晕，只有以凸显自身优势，明确目标市场为基础的品牌定位才能够让消费者识别和选择自己的品牌。

本章要点

    自 1969 年，美国营销专家里斯和特劳特首次提出"定位"概念以来，定位理论一直盛行不衰，被奉为经典。本章将以品牌定位作为核心理念，首先介绍它的来源、概念以及意义，然后阐述对品牌定位形成起决定作用的要素。需要注意的是，盲目的定位将给企业带来失败的苦果。由于品牌调整、市场格局变化、消费者需求转移等原因，原有的定位会显得不适应新的市场环境，并且给营销传播带来阻碍。在此情况下，企业必须对品牌进行再定位。通过本章学习，你应该了解和掌握以下要点：

◆品牌定位的概念、来源及意义。

◆品牌定位的决定要素。

◆品牌定位需要注意什么问题。

◆品牌再定位及原因。

开篇案例

宝洁洗发水：总有一款适合您

    宝洁公司的系列洗发水产品在中国可谓家喻户晓。宝洁公司的洗发水产品成功的原因在于，各款洗发水通过功能定位细分市场，抓住了有各种不同需求的消费者："海飞丝"洗发水定位于去头屑，于是产品包装使用海蓝色，让人联想到令人神清气爽的大海，"头屑去无踪，秀发更干净"等广告语也是强化去头屑这一定位；"飘柔"，草绿色的包装给人以青春美的感受，"含丝质润发素，洗发护发一次完成，令头发飘逸柔顺"等广告语，深化了消费者对"飘柔"飘逸柔顺效果的印象；"潘婷"用了杏黄色的包装，给人以营养丰富的视觉效果，使用周慧敏、全智贤、林志玲、刘亦菲、林心如等好似不食人间烟火的女明星代言，告诉消费者她们美丽的头发全靠潘婷滋养；"伊卡露"则主要定位于染发。至此宝洁拥有了一套完整的美发护法染发的产品系列。宝洁公司用不同的品牌细分市场，成功地满足了各种需求的消费者，可以说，洗发水消费者很少有人没有用过宝洁公司的产品。

第一节　品牌定位

1969 年，美国营销专家艾·里斯和杰·特劳特在文章《定位是人们在今日模仿主义市场所玩的竞赛》中，首次使用"定位"一词。1972 年，两人在《广告时代》杂志上发表关于定位的系列文章，引起了极大的关注。1979 年，两位专家又合作出版了论述定位的著作《广告攻心战略——品牌定位》，提出了品牌定位的概念。品牌定位的理念由此在世界范围内盛行。

一、品牌定位的概念

在现代市场的竞争压力下，企业如果一味迎合消费者，频繁地调整营销策略，反而容易陷入产品同质化的漩涡当中，难以引起消费者的关注。因此，为了让消费者在琳琅满目的同类产品中识别和选择自己的产品，在长时期内拥有市场竞争优势，品牌定位成为现代营销中一项必不可少的工作。

品牌定位是营销传播中的前期决策。品牌定位这个概念包含了两个层面的含义。第一，赋予品牌特殊的意义，并在营销传播的过程中强化品牌含义，使消费者牢记这一品牌；第二，树立该品牌与同类品牌相比独特的个性。因此，品牌定位策略在现代营销中的运用，就是为了使消费者对该品牌在脑海中进行记忆、识别，进而促成购买的目的。

品牌定位备受关注的原因，是它给现代市场营销面临的困境指明了新出路。不同品牌的同类产品大量涌现，但是同质化现象严重，同时，消费者的需求出现了个性化趋势。这种矛盾的状况迫使企业在火热的大规模生产中冷静下来，调整思路：与其追求产品全能，不如从特定的目标市场下手，根据市场的需求，设计产品和品牌营销策略，从而俘获消费者的心，并在他们头脑里形成清晰的、不可取代的印象。

下面是一个品牌定位的成功案例——沃尔沃汽车。

一位汽车评论家曾说:"你若是追求身份,不妨去买辆奔驰;如果你要张扬个性,可以试试法拉利;对于想在碰撞中不受伤害的人士来说,沃尔沃应该是不错的选择。"

沃尔沃(Volvo)是 20 世纪 20 年代成立的一家瑞典汽车公司。正是由于它几十年间牢牢把握住安全这一定位,并投入大量的费用进行安全方面的产品研究和开发,使得沃尔沃品牌深入人心,受到全世界的欢迎。

沃尔沃的创始人从公司创建之初就在强调汽车的使用安全。1926 年,在售出第一辆汽车之前就对沃尔沃轿车进行了首次撞击试验。在斯德哥尔摩至哥得堡的公路上,一辆沃尔沃与一辆美国的轿车进行了正面撞击试验。结果,进口的美国车几近成为一堆废铁。沃尔沃公司在汽车安全上的研发花费了大量的心血,并且为汽车工业奉献了许许多多的革新发明,如 40 年代的安全车厢、60 年代的三点式安全带,90 年代的防侧撞保护系统。近年来沃尔沃屡获大奖,如麦克王子道路安全奖、欧洲碰撞四颗星奖、英国房车赛总冠军等。

在营销方面,沃尔沃的宣传推广仍然以汽车的安全性能为主题,沃尔沃在世界各地包括中国举办汽车特技驾驶和安全侧撞表演,向世人证明沃尔沃无人能及的安全性能。

抛开汽车的速度、材料等诸多指标,沃尔沃紧扣安全的主题进行定位,做足文章,使它在全球激烈的汽车市场竞争中站稳脚跟,并被消费者牢牢记住。

二、品牌定位的意义

从沃尔沃的案例中可以看出,定位不仅要使产品在市场站稳脚跟,还要让品牌在消费者脑海中占据不可动摇的一席之地。好的定位应该做到以下两点:

首先,品牌有一个明确区分于其他同类产品的竞争优势,品牌特征契合消费者的某种诉求。

其次,消费者对品牌优于其他品牌的评价,促使消费者记忆并购买该品牌。因此,假如品牌的特征不够鲜明,或者这一特性不能满足顾客的诉求,无法使顾客作出良性评价,那么品牌定位就是失败的。

定位的理论最初应用于产品定位,现在则延伸到含义更广的品牌定位上。品牌定位赋予了产品联想和价值。例如耐克的品牌定位带给我们的联想是个性十足,无所畏惧。而这种联想并非产品实体所决定,而是品牌的定位决策者创造的。事实上,耐克与其他知名品牌在产品实体上并无太大差异,然而,耐克杰出的创意和充满想象力的品牌定位,使之成为全球最受欢迎的体育品牌。因此,在产品专利难以创造和保持,同行之间互相模仿的现状下,为品牌赋予超越产品实体差异的独特的联想与价值,让消费者感受到品牌的魅力,这就是品牌定位的意义所在。

第二节　品牌定位的决定要素

　　品牌定位并非随意为之。为了使品牌在市场和消费者心目中树立一个鲜明独特的形象,在品牌定位的决策过程中,需要对消费者、行业对手和品牌自身进行全方位的评估,从而实现完善准确的定位。品牌定位的决策过程中,必须考虑以下这些要素:目标市场、消费者心理、竞争对手、品牌特性等。通过对这些要素的思考,找出与同类产品相比的特性,形成定位决策。

一、品牌特性

　　品牌特性是消费者购买该品牌而不是其他品牌的依据。品牌的特性分为与产品实体有关的特性,如原材料、设计、颜色、功能等,很多品牌为这些特性申请了专利;以及与产品实体无关的特性,如价格、给消费者带来的心理感受和体验、象征的社会地位等。品牌依据某种突出的特性进行定位。

（一）依据产品实体特性进行定位

　　很多品牌都依据产品实体与众不同的特性进行定位,例如新开发的材料、时尚的设计、颜色等。这种定位对于这种属性特征的阐述使该品牌从同类产品中脱颖而出,获得消费者的青睐。

　　农夫山泉是以水的品质来进行定位的成功案例之一。1998 年以前,全国性的纯净水品牌有两个:娃哈哈和乐百氏。其他的中小纯净水生产企业数不胜数。为了能在中国的水市场中站稳脚跟,农夫山泉在广告宣传中,强调自己的优势——天然水。事实证明,差异定位是农夫山泉的制胜法宝。纯净水一般以自来水为原料,经过净化后就能达到出售的标准,天然水的水源必须是符合一定标准的地表水、泉水、矿泉水,取水区域内要求环境清幽、无任何工业污染。千岛湖是国家一级水资源保护区,而农夫山泉来源于千岛湖水面下 70 米 pH值(酸碱度)最适宜的那一层。因此农夫山泉在早期的广告语"农夫山泉——千岛湖的源头活水","农夫山泉有点甜",紧扣天然水这一产品属性,给消费者留下了深刻的印象。它的成功定位也使这个名不见经传的瓶装水产品迅速成长为最受消费者欢迎的品牌。

　　在 2006 年热卖的 LG 黑巧克力手机,则是以时尚的外形设计征服了消费者。评论者认为,该手机的功能并不突出,但是纯黑钢琴烤漆抛光处理的机身,看起来就像一块黑巧克力,在方向键以及手机外围以镀铬饰条包围,就像是巧克力包装上的锡箔,再搭配红光触控式功能键,整体质感一流。这一高贵的外型成为LG公司营销宣传的核心,使其在中国、英国等国家和地区取得了骄人的市场业绩。

(二)依据产品的功能定位

产品某种杰出的功能也常常成为产品定位的依据。例如达克宁治脚气软膏。在脚气产品市场上,西安杨森的达克宁一直处于领导地位,对消费者而言,达克宁和"治疗脚气"就是同一个概念,一有脚气,马上想到达克宁。这主要是达克宁的广告语"杀菌治脚气,请用达克宁"所起的作用。广告语陈述了产品的功能——杀菌,给消费者带来的利益是治疗脚气。短短10个字,让消费者牢牢记住了达克宁的功能和品牌。

(三)依据产品的附加特征进行定位

依据附加特征进行定位,是根据价格以及给消费者带来的体验、感受,象征的社会地位等元素进行定位。

在同类产品中相对低廉的价格经常是品牌定位的导向。因为价格对于消费者有着无可取代的吸引力。神舟电脑是以价格进行定位的成功案例之一。从2001年8月第一台神舟电脑正式下线开始,神舟电脑就定位于极高性价比的平民电脑,"××××元,××电脑抱回家",这句知名度极高的广告语,让神舟避开了与同行的技术与硬件的竞争,以突出价格的优势打动人心,紧紧抓住了渴望以低廉价格拥有电脑的消费者群体。

消费者的体验需求是消费者希望产品能够带来感官和心情上的愉悦。农夫山泉当年推出的农夫果园果汁产品,可以说是以体验需求为导向的品牌定位。

农夫山泉进入果汁市场之前,果汁领域已有一些知名品牌:统一的"鲜橙多",康师傅的"每日C",以及可口可乐的"酷儿",汇源的"真鲜橙",此外还有许多二线厂家。对于后来者农夫果园来说,这些果汁饮料多把重点放在女性市场,强调橙汁中的维生素C能让人美丽,这些品牌纷纷选择当红女星做品牌形象代言人。相似的定位和推广让众多产品在消费者眼中没有区别。

为了从雷同的营销推广中脱颖而出,农夫果园采用了一种新的诉求:"农夫果园,喝前摇一摇",把产品同一个具体动作联系起来,加深了消费者记忆的关联度。有零售店主反映,有的孩子一来,直接说要"摇一摇"的饮料。消费者把"摇一摇"视作农夫果园的代名词,就像以往人们一说"有点甜",就想起农夫山泉。农夫山泉以一个动作"摇一摇",给饮用果汁的人带来快乐的心情,也打破了果汁饮品单一定位于产品功能的模式。

包括化妆品在内的很多种类的产品乐意以体验需求作为导向进行定位,强调使用后给人带来的愉悦和令人兴奋的效果。这种定位没有生硬地向顾客兜售产品的特性和功能,但是它传递了某种情绪和意识,顾客喜欢这种品牌营造的气氛,从而成为品牌的追随者。

消费者的象征性需求是消费者希望产品能够帮助他们实现某种角色和形象,满足他们对期望的团队和阶层的归属感。以象征性为导向的品牌定位一般是钟表、珠宝、汽车等产品。例如浪琴女士手表。以"优雅是一种态度"为宣传口号的浪琴手表在不同的国家与地区邀请气质优雅的女星作为当地的代言人,例如早些时候的奥黛丽·赫本,世界体操皇后霍尔金娜,以及香港明星刘嘉玲,台湾明星林志玲等。这些代言人的公众形象是高贵、理智、优雅的,渴望拥有同样气质的女士则是浪琴手表的潜在消费者。

国内著名休闲服装品牌美特斯邦威,也可以看作是以象征性需求为导向进行定位的案例之一。它的成功与请周杰伦作代言人,以及"不走寻常路"的广告语密不可分。周杰伦在公众面前表现出来的特立独行的性格,以及酷酷的外表,受到众多青少年的追捧和模仿,而"不走寻常路"则道出了青少年对于叛逆不羁、独立自由的生活方式的向往。美特斯邦威的广告向这样一群青少年暗示:穿上美特斯邦威,你的外表和行为将更酷。这种以象征性需求为导向的定位使美特斯邦威从国内休闲服品牌竞争激烈的局面中脱颖而出,大获成功。

二、目标市场

目标市场也是形成定位的决策之一。人们的年龄、身份、民族、生活方式、兴趣、爱好等千差万别,因此为了使营销传播更具针对性,避免资源的浪费,对某一特定的目标市场的定位显得尤其重要。例如,定位于工薪阶层和定位于高收入阶层的品牌在营销传播的各个环节都应该与各自的目标市场相呼应。品牌定位中的某一目标市场应该具有某种相同的人口特征和生活方式特征,而要选择目标市场,首先应根据特定的指标细分市场。

(一)细分市场

市场细分理论是 20 世纪 50 年代美国营销专家温德尔·斯密首先提出来的。它是指企业根据自身的条件和营销意图把消费者按不同的标准划分为较小的,有着相似特点的子市场的做法。

企业进行市场细分是因为在现代市场条件下,消费者人数众多,特征以及需求各不相同,企业试图满足所有消费者的需求是不可能完成的任务。因此,企业细分市场,利用自己的产品优势,满足特定消费者的需求,才是现代企业的生存之道。

消费者的年龄、需求、购买习惯、居住地等特征的不同,都是细分市场的依据。企业根据这些特征对消费者进行分类,并对不同的群体制定不同的营销传播方案,这样营销传播瞄准特定的目标,传递的信息就更精确,效果会更好。

由于消费者人数众多,特征各异,因此营销者需要按照某种标准划分人群。通常,市场细分的主要标准是:地理特征、人口特征、心理特征等。

1. 地理细分

地理细分是根据消费者生活居住区域来细分市场。不同国家,不同省市的消费者可能在生活方式、宗教信仰等很多方面都有差异。因此,这种划分方式是企业最常采用的标准。例如日本的日清方便面在亚洲市场上根据不同的国家推出不同的方便面。在印度,日清推出口杯式面条。由于印度人不像东亚人一样使用筷子,因此日清在印度出售的面条长度要短一些。再者,很多印度人都是素食者,而且印度人喜欢浓重的口味,因此日清在印度的方便面用蔬菜代替肉类,口味也更加香浓。

2. 人口细分

人口细分是根据消费者的年龄结构、男女比例、家庭构成、收入、职业、受教育程度、宗教信仰等因素对市场进行划分。其中,年龄、性别、收入是最常见的细分标准。

知名感冒药品牌快克下的小快克感冒片就是以人的年龄结构为导向细分出儿童市场并获得成功的案例。企业根据儿童市场推出剂量小、安全性高的感冒药,解决了孩子和成人吃相同剂量的感冒药的问题,小快克也成为了国内儿童感冒药的领导品牌。

3. 心理细分

心理细分是根据消费者的社会阶层、生活方式以及兴趣、观点、习惯等因素来划分市场。美国营销专家菲利普·科特勒认为,人们的消费行为变化分为 3 个阶段。首先是量的消费阶段,然后是质的消费阶段,最后是感情的消费阶段。而第三个阶段,消费者特别在意品牌对自己的感情的满足。

英国 DTC 公司是根据人们的心理特征进行市场细分并获得成功的经典案例之一。英国 DTC 公司是全球最大的钻石供应商。DTC 的广告语"钻石恒久远,一颗永流传"让钻石成为爱情这一永恒信仰的见证。然而之前,钻石只是象征地位身份,与高档服装相呼应的配饰。20 世纪 40 年代,DTC 开始考虑制定钻石市场营销策略,并赴美国进行调查研究。通过调研,DTC 意识到,钻石不仅能与高档服装搭配,人们还把它当作爱情的象征。钻石因此被赋予超越商业价值的永恒和浪漫的涵义。DTC 创造性地开发了钻石作为情侣信物的新的市场，为 DTC 的耀眼的钻石事业增添了最有魅力的一笔。

（二）选择目标市场

在根据人口、心理、地理等特征进行细分市场之后，企业要从中选择品牌的目标市场，并对市场进行综合评估，再根据公司的能力和目标对目标市场制定针对性的营销传播方案。

宜家是来自瑞典的具有独特风格和品牌形象的家居用品零售商，宜家的品牌定位为大众提供买得起的家具，目标客户年龄主要集中在 20 岁到 45 岁之间，目标消费者锁定为既想要高格调又付不起高价格的年轻人。宜家商场的总体设计充满了娱乐购物的情趣。轻松、自在的购物氛围是全球的宜家商场的共同特征。宜家鼓励顾客在卖场"拉开抽屉，打开柜门，在地毯上走走"，很多人喜欢在宜家的沙发上坐坐。来到宜家，人们憧憬着高格调生活。而高格调生活的低成本来自于实行消费者自行提货、自行运输、自行组装的策略。

尽管宜家家具的样式简单，风格单一，可能不符合其他年龄段消费者的胃口，但是由于它定位明确，受到了世界各国年轻人的喜爱。目前宜家家具连锁商店已遍布全球四十几个国家，宜家早已成为全球最大的家居用品零售商，是全球最具价值品牌之一。

三、竞争对手

根据同行中的竞争对手进行定位，也常是品牌定位的决策要素。在市场处于相对饱和的状态下，新入行者如果没有创新，却试图瓜分市场份额，成功的可能性不大。而此时针对竞争者的薄弱环节，创造优势，开辟空白市场，常常能够帮助品牌异军突起。这种定位策略适合一些初出茅庐的新品牌，也适合试图重新洗牌、另起炉灶的领导品牌的跟随者。在竞争局面难以突破的局面下，处于挑战地位的品牌应该关注领导品牌的营销传播策略，针对其忽略的地方和自身的独特优势，制定定位策略。采用这种策略要求决策者有突破常规的思维，犀利独到的市场眼光，能够发现竞争对手的软肋所在。

下面是根据竞争对手定位获得成功的一个案例。

2005 年，中旺集团旗下的五谷道场非油炸面广告播出开始，上演了行业内无名小辈挑战老江湖的好戏。

在五谷道场出山之前，方便面普遍被认为是像肯德基和麦当劳的汉堡包一样的垃圾食品，具有管饱不管好，油炸后营养损失大，油腻，防腐剂过多等弊病。韩国、日本等国已经有成熟的非油炸方便面市场，然而中国方便面市场仍以油炸方便面为主,非油炸方便面还是市场空白。

在油炸方便面市场的老格局无法打破的情况下,五谷道场另辟蹊径,利用水磨和非油炸工艺,以"五谷为养,修身之道"的健康理念,推出非油炸方便面,并于2005年11月份在央视一套黄金时段打出"拒绝油炸,留住健康"广告。

尽管在方便面企业的集体声讨下,2006年五谷道场的广告语已变为缓和许多的"非油炸,更健康"。但是五谷道场成功地掀起了方便面行业的革命,在消费者心目中,非油炸等于健康,非油炸等于五谷道场。在没有对手的情况下,五谷道场轻松成为非油炸方便面市场的领导者。看到五谷道场的甜头后,后来者肯定会纷纷跨入这一市场。但要撼动五谷道场的地位,恐怕需要花费相当大的力气。

当然,决定品牌定位的决策还有其他一些因素。在定位过程中,可以把一些因素结合起来考虑。但是要注意的是,不管使用哪一种决策,定位思路一定要清晰明了,定位主题言简意赅,避免主题繁杂,主旨混乱。用简单的话语赋予品牌生命力与魅力,这就是品牌定位的艺术所在。

四、品牌定位中容易出现的问题

在对消费者、市场和自身特点进行科学评估后,形成的品牌定位策略,为品牌经营指明了方向,能够使品牌在市场竞争中掌握主动,处于有利位置。但是,定位过程中也容易因为考虑不周全而出现问题。

如果定位思路混乱,对消费者、市场评估有误,或者定位既不突出优势,又频繁更改主题,那么品牌可能难以引起消费者的注意,甚至招来反感。

非常可乐就是一个定位混乱的典型案例。1998年6月,娃哈哈集团隆重推出非常可乐,并定位于"中国人自己的可乐"。但是这句广告语更像是带有狭隘的民族主义倾向的口号,抛开这个口号,非常可乐没有在配方、包装上的突破,口味与两大可乐相差很多。由于非常可乐在可乐文化成熟的城市市场难以渗透,因此它以农村市场作为主攻的目标市场。尽管最初在没有对手的农村市场取得了成功,但是后来由于两大可乐下乡,非常可乐的市场占有率呈下降趋势。

2006年非常可乐决心进城,推出"非常咖啡可乐",目标直指城市消费者。其实咖啡可乐是可口可乐2006年1月在法国推出的新产品,还未在中国上市。非常可乐力图抢先推出这一产品,改变自身形象,抢占城市市场。但是形象乡土、口味不正是城市消费者对非常可乐的印象,非常可乐力图通过咖啡的洋气改变自身的土气恐怕比较困难。在没有改进可乐的情况下,咖啡可乐带给人们的可能只是"奇怪的搭配,更加不正宗"的印象。

此外,定位中容易出现的问题还有,由于疏于考虑企业的资源条件和成本效益比而造成的品牌定位过高或过低；放弃原有市场位置，盲目定位与领导品牌对抗等等。这些问题都将给企业带来利益的损害。因此品牌定位的决策过程一定要全面地考察，慎重地作出决定。

第三节　品牌再定位

品牌定位完成以后，在一段时期内一般都不会更改。持久性、连续性的定位才能保证营销传播顺利进行。但是在营销传播过程中，品牌可能会遭遇市场格局的变化，原有的定位会显得不适应新的市场环境，并且给营销传播带来阻碍。在此情况下，品牌有必要进行再定位。

一般说来，当出现以下情况时，企业可以考虑品牌再定位策略：

1. 市场格局的变化。原有定位遭到竞争对手的模仿，市场占有率下降。

2. 品牌自身出现变更，推出新产品或新的品牌，品牌战略重心转移。

3. 消费者的需求发生变化。例如消费者更关注环保产品，不含防腐剂、高脂肪的食品等，环保意识和健康意识增强。

4. 相关的政策法规出现变化。例如国内很多市场开始实行准入制，对产品的质量、安全等要求更加严格。

5. 原有定位失效，定位模糊，定位范围过宽或者过窄。

当然，还有其他一些不可预测的偶然原因。针对以上出现的情况，企业应该对市场、消费者进行重新调查和评估，并对品牌进行重新定位。以保持或恢复企业在原有市场的竞争优势，或者顺利进入新的市场。例如我们在第三章开篇案例中提到的"王老吉"就是将自己重新定位为"预防上火的饮料"而在一夜之间红遍大江南北。

一个地域性品牌，由于目标市场从特定地域转移到全国，从凉茶行业转移到饮料行业，因此对品牌进行再定位。它的再定位契合了中国人心目中"上火"的中医概念，以凉茶"预防上火"特性填补了饮料市场的空白，从而使一个适合在炎热季节饮用的药品饮料，迅速变为一年四季都畅销的饮料。2004 年夏，肯德基在广东、广西、福建的 200 家餐厅正式开始售卖王老吉凉茶，成为洋餐厅里唯一与可乐同饮的中国品牌。

类似成功的再定位曾经在可口可乐品牌上出现过。1886 年，可口可乐作为药品诞生，作用是治疗头痛，名气一般。后来可口可乐重新定位为"提神醒脑的饮料"，终于走出药店，进入饮料市场，写就饮料界的神话。

要注意的是品牌再定位并不意味着品牌更新,对原有定位的全盘否定。而是通过对新情况的评估,重新考察与思考原有的定位。已有的独特优势应该保留,不具备竞争力或与新的法规政策不符合的部分应该更改。通过再定位,保持品牌的成长与稳定。

本章小结

从"定位"概念提出至今,它已经经历了 30 多年的营销历史变迁,从最初的产品定位发展到今天的品牌定位,它始终是现代市场营销最核心的概念之一。

品牌定位是为了使消费者对品牌进行记忆、识别和选择所作的决策,是营销传播中的前期工作。品牌定位的意义在于赋予品牌与竞争对手相比独特的个性。但这一独特性必须为消费者所认同,契合其需求,促进其购买,从而赢得竞争优势。

成功的品牌定位需要重点考虑品牌特性、目标市场特征和竞争对手等决定因素。品牌特性是消费者购买该品牌而不是其他品牌的依据。品牌的特性分为与产品实体有关的特性,如原材料、设计、颜色、功能等;以及与产品实体无关的特性,如价格、给消费者带来的心理感受和体验、象征的社会地位等。品牌依据某种突出的特性进行定位,如产品功能、实体或附加特征等。

目标市场是企业或品牌所"瞄准"的消费其产品或服务的现实与潜在人群。目标市场不同,对品牌特性的需求也不尽相同。为了更好地满足和引导其需求以成功为品牌定位,有必要根据其人口特征、心理特征或地理特征等因素对市场进行细分,并选择适当的目标市场。

竞争对手也是品牌定位需要重点考虑的关键因素。竞争对手的市场地位、品牌特性、产品质量等因素都对一个组织或公司是采用领导者、跟随者还是"拾遗补缺"者等品牌定位决策产生重大影响。扬长避短、科学合理的品牌定位能使品牌在竞争中处于有利地位。

显然,品牌定位不是一件容易的事情,如果处理不好,就容易出现思路混乱、定位不符合消费者需求、定位模糊、不符合文化差异等误区。在实施品牌定位的过程中,要谨防这些问题的出现。

品牌定位也不是一成不变的。它虽然需要稳定(不能变化太快)以供消费者认知,但如果外界环境变化了,如市场格局变化、消费者需求变化、法规变化等因素,原有的品牌定位会失效,需要重新定位。

思考与训练

1.假如王老吉凉茶今年夏天将进入浙江省各个肯德基餐厅。请你为王老吉进入肯德基设计一套营销传播方案,使越来越多的人在肯德基选择饮用王老吉凉茶。

2.想象你最喜欢的体育用品品牌。设想你是一个新兴体育用品企业的CEO,并为你的品牌制定两份定位计划。你的定位决策中一份是功能性的,一份是体验性的。

3.目前,中国的家庭构成、住房面积都在发生变化。假如你是一家家具产品连锁企业的营销经理,你的企业试图实施新的营销策略与宜家抗衡,并占领中国的二线城市市场。请你依据前面所述的人口特征进行调查,并根据这些特征提出你针对宜家的品牌定位策略。

4.请仔细观察几个国内最出名的果冻品牌广告,并分析这些品牌的目标市场分别是什么?你能否从中找出一个他们忽略的要素推出一种市场前景广阔的新的果冻?

5.目前中国的淡水资源正处于严重污染的现状。你认为这对中国的水市场有何影响?如何将消费者的环保诉求运用到品牌定位中去?

推荐读物

1.〔美〕艾·里斯、杰克·特劳特著,王恩冕等译:《定位:有史以来对美国营销影响最大的观念》,北京:中国财政经济出版社,2002。

2.邓德隆等著:《定位:中国实践版》,广州:广州出版社,2002。

3.白光编著:《21世纪名牌商标战略定位:你想选择哪条路》,北京:中国经济出版社,1999。

第五章　品牌营销传播

导入语

　　品牌营销传播主要是通过广告、赞助、促销等形式来传递、分享品牌内涵。整合营销传播使所有的营销传播活动用一个声音说话,它能帮助品牌在消费者心目中树立一个清晰的形象。

本章要点

　　营销传播特别是整合营销传播是现代市场营销的重要部分,它的主要形式包括广告、赞助、促销、电子商务等,很多的营销传播都是发生在品牌层面上的。整合营销传播是把各个营销传播要素整合起来,使这些营销传播活动在不同的时间和传播媒介中表现出一致的品牌信息。在20多年的发展过程中,整合营销传播理论发生了一些变化和扩展,变化的主要原因是信息技术的发展和推广,以及高层管理越来越关注对营销传播投资回报的衡量。通过本章学习,你应该了解和掌握以下要点:

　　◆品牌营销传播的含义。

　　◆品牌营销传播的主要方式。

　　◆整合营销传播的概念。

　　◆整合营销传播的意义。

开篇案例

"啊呀呀":独具个性的营销传播

　　提到"啊呀呀"时尚品牌专卖店,大家肯定不陌生。如今从大城市到小县城,到处可觅它的踪影。很多女孩习惯了去"啊呀呀"这样的小饰品专卖店购买饰品,然而在"啊呀呀"出现之前,经营此类产品的多是杂货铺和小摊小贩,小饰品款式老土,没有品牌。

　　面对这样一个待开发的处女地,啊呀呀(香港)国际管理公司嗅出了巨大商机。在毫无阻力的情况下,公司顺利进入小饰品市场。

2002年底,让人耳目一新的时尚饰品专卖店——"啊呀呀"(AYAYA)在北京开张。由于饰品齐全、款式新颖,价格又都在10元以下,开业当天,小店几乎被挤破门槛。

第一家店的成功给啊呀呀公司扩张市场注入了信心。到了2003年,"啊呀呀"已在全国遍地开花。然而,"啊呀呀"的巨大成功也催生了一批仿冒者,一夜之间,与"啊呀呀"面目相似的饰品店大量涌现出来。为了保持"啊呀呀"的领军地位,并进一步扩大知名度。"啊呀呀"不但在产品的质量和款式上下功夫,在营销策略上,也从单一的广告、促销转向整合营销传播。

2004年,"啊呀呀"采用时尚明星作为品牌形象代言人。公司选择了当红明星蔡依林,并在上海举行盛大的新闻发布会。与此同时,啊呀呀公司不失时机地在全国各大城市举行声势浩大的促销活动:凡是活动期间购买啊呀呀商品,一律赠送"啊呀呀2004蔡依林上海演唱会"海报。当蔡依林在上海、北京举办个人演唱会时,"啊呀呀"抓住时机,独家冠名,并在新浪网等网络媒体上进行了"地毯式"媒体轰炸。

2005年"超级女声"红遍全国,"啊呀呀"也不甘落下这场绝好的时尚盛宴,独家赞助"超女们"身上佩戴的饰品。数十万甚至上百万的"玉米、盒饭、笔迷"们,也正是"啊呀呀"的目标顾客群。

2006年,"啊呀呀"冠名赞助上海东方卫视的知名娱乐节目——娱乐新天地,并配有"啊呀呀"的主题曲,进一步宣传和巩固了"啊呀呀"在目标群体中"最时尚、最新鲜"的印象。

2005年初,"啊呀呀"全球加盟连锁计划开始启动,"啊呀呀"正式登陆国际市场。至此,"啊呀呀"作为中国目前最具规模和影响力的女孩个人用品连锁机构,将其经营发展与国际接轨。

"啊呀呀"通过把不同的时间,不同的媒体渠道开展的营销活动整合起来,传递了一致的品牌信息。这种整合营销传播的效果比当初使用单一的营销手段要好得多。

整合营销传播从20世纪80年代开始在美国雀巢等企业中运用,90年代开始受到广泛关注。在中国尽管并非所有的企业都有能力或者乐意采用整合营销传播方式,但是我们看到很多知名的大公司都钟情于整合营销传播,而且越来越多的公司开始采用这一方式,整合营销传播已经成为一种趋势。

第一节　品牌营销传播的过程与方式

一、品牌营销传播

企业在进行营销活动的同时,相关联进行传播活动。过去,这种传播活动被认为是站在企业的立场上进行的以广告或者促销为中心的传播活动。现在学者们用营销传播这一概念对营销和相关的传播活动进行了概括,并认为营销传播是企业与消费者的对话。营销传播的理念强调了与消费者的沟通,并注重消费者的反应。

在产品的营销传播过程中,广告部门、销售部门、公关部门各尽其能以达到各自的目标。尽管各部门的营销传播方式和目标各有差异,但是有一个词可以概括所有的营销传播活动,那就是品牌。对于很多企业而言,营销传播都是在品牌的层次上进行的。因此本章所要集中讨论的,就是品牌层次上的营销传播。品牌在营销传播的各种形式中都发挥着作用。在销售中,品牌的口碑能让批发商、零售商和消费者倾向于购买;在新产品的推广中,品牌的美誉度也会有所帮助。优秀的品牌不但给消费者提供了便捷,也给产品的营销传播带来了方便。

品牌营销传播是由营销这个商业活动和传播这个思想传递活动组成的。营销和传播并非彼此孤立,而是相互渗透的。营销传播实际上是通过品牌的定位将品牌内涵传递给目标消费者,并通过各种营销方式促成消费者购买。

下面我们通过耐克的欧洲行销策略的案例来具体了解营销传播的方式与过程。

1981年春,耐克进入欧洲,在荷兰阿姆斯特丹设立了欧洲第一家球鞋专卖店。耐克进军欧洲的原因在于巨大的市场。它发现,如果依照美国人的购鞋模式,去改变欧洲人的购买习性,市场潜力应可再扩大为原来的3倍。

耐克在欧洲的主要对手是如日中天的阿迪达斯(Adidas)。当时德国品牌阿迪达斯不但是欧洲老大更是全球霸主。阿迪达斯的创始人阿迪·达斯勒是运动员出身,非常了解运动员的要求。1954年,世界杯足球赛德国队出征穿的是阿迪达斯足球鞋并大获全胜,阿迪达斯运动鞋声名鹊起。此后阿迪达斯顺利成为很多国家指定用鞋,同时阿迪达斯在奥运会、世界杯等重大赛事上发布新产品,引来无数媒体的免费报道。然而当时阿迪达斯在媒体广告上的花费并不多。

20 世纪 80 年代,雄心勃勃的耐克的欧洲策略锁定阿迪达斯为头号竞争对手。耐克无意模仿阿迪达斯,并从调查中发现欧洲人辨识耐克的两项重要元素:"美国"与"跑步",最后将其定位为"欧洲的美国运动鞋"。在英国,跑步已蔚然成风。耐克礼聘英国知名度极高的奥运径赛金牌得主布瑞登·福斯特职掌英国分公司的经营大权。随后与阿斯顿·乌伊拉足球队签约成为球鞋赞助商,该球队后来赢得了欧洲杯足球锦标赛冠军。耐克同时签下了英国颇富争议性的国宝级板球选手伊恩·柏汉为品牌代言人。代言球队和球星为品牌在坊间创造了许多热门话题,让耐克不断地在英国及欧洲曝光。相比阿迪达斯,耐克的赞助更有深度,当运动员或球队取得冠军时,耐克必定检视所有过程是否与品牌绑在一块。耐克希望品牌代言人的个性必须强烈得能制造话题,甚至刻意惹出一些小麻烦,引起媒体及社会大众的高度注意。耐克目的性地塑造代言人形象,并培养他们成为群众的英雄,这些英雄们的形象即等同于耐克的形象。

耐克在欧洲的销售成长归功于媒体广告。耐克大幅增加与顶尖运动员签署代言人及赞助合约,同时搭配行销活动,扩大品牌触达消费者的广度与深度。此举造成了消费者非常正面的响应:如果这些顶尖球星都认为耐克是好鞋,那么我也应该穿耐克。

MTV 全球电视频道是耐克最重要的传媒,也是该频道的特大号广告主。MTV 是欧洲青少年及年轻的成年族群最热火的电视节目,耐克超现实的广告表现手法一炮而红,广受欢迎。

此外,耐克另一个营销传播方式则是巧妙地运用各种事件活动造成震撼性话题。例如:1984 年洛杉矶奥运会期间,耐克大胆地策划了一项"都会活动",在全球各大都会城市的摩天大楼悬挂巨幅户外广告,不但获得媒体的争相报道,更赢得了年轻人的一致赞赏。

1986 年耐克将广告代理权转移到威登肯尼迪广告公司,"Just Do It"广告主题开始大放光彩。此时耐克开发出革命性的气垫鞋。广告公司建议以"革命性新产品"的角度诠释耐克全新的制鞋科技,并以披头士的老歌《革命》为背景音乐,发展出一系列撼人心弦的广告表现。之后,签下 NBA 超级巨星乔丹为气垫鞋代言人,并以"空中飞人乔丹"为新产品命名。此外网球金牌顽童阿加西和 NBA 火爆浪子查尔斯·巴克利也是耐克的广告明星。耐克通过一系列广告片及球星,诠释"Just Do It"的主题,在全球超过 80 个国家同步播放。耐克在美国本土获得巨大成功。耐克已不单是运动鞋,同时也是大受欢迎的休闲鞋。

"Just Do It"在欧洲市场亦获得空前的成功。耐克曝光率大增,由于对媒体的充分利用,1990 年耐克在欧洲的销售增长了 100%。欧洲年轻小伙子开始模仿美国式的休闲穿着去上学、工作。耐克成为当之无愧的全球运动鞋霸主。[①]

从耐克的案例中可以看出,耐克通过媒体、赞助、事件等各种有创意的营销传播活动,成功地在欧洲打开了市场,并赢得了挑剔的欧洲人的青睐。可以说,各种营销传播手段的运用是耐克获得成功的主要原因。下一节的内容将详细介绍品牌营销传播的一些主要方式。

二、品牌营销传播的主要方式

在日常生活中,很容易见到各种营销传播方式。以肯德基为例,肯德基定期在电视媒体上以趣味横生的广告发布新产品,在街头发送优惠券,肯德基还在自己的网站上推出电子优惠券,供会员使用。此外肯德基还赞助各种文体活动,慈善公益活动。例如曾在无锡的餐厅举办"温馨母亲节"活动,让每一位前来就餐的儿童送一枝康乃馨给母亲,在北京支持和参与中国儿童少年基金会开展的"零钱慈善"公益活动,肯德基的名字被镌刻在设于八达岭长城的"中国儿童慈善功德碑"上。

与耐克一样,肯德基运用了各种营销手段,以期望在消费者心目中树立形象,影响消费者行为。实践证明,通过促销、赞助、广告等营销传播方式,肯德基获得了成功。下面我们来看一看具体有哪些主要的营销传播方式。

(一) 广告

很多企业会选择电视广播、报纸杂志和户外广告牌等来投放广告。传统的大众媒体传播方式能够吸引数量庞大的受众,这些广告能够重复地向受众发布信息,强有力地干预受众的意见,并且,媒体广告还可以采用艺术表现力来感染受众,因此受到了广告主的青睐。我们可以观察到通过大众媒体广告一炮走红的品牌不在少数。

21世纪初,基于电脑技术的网络广告也逐渐获得人们的关注,在线广告和电邮广告被认为对于目标消费者更具有针对性,并且网络广告的互动性和可在线购买产品的特点也是它的优势。现在很多品牌会选择同时在传统媒体和网络上发布广告,以获得更好的传播效果。

(二)一对一销售

即公司销售人员口头说服中间商或消费者购买公司的产品或服务。例如某品牌一款新的洗涤用品准备在上海大型超市上市,那么企业的销售人员会拜访包括家乐福、欧尚、华联、联华等在内的零售商,说服他们在已有的洗涤用品

---

① 耐克案例资料来源:叶正纲.《耐克行销欧洲秘史》,中国品牌营销管理网。

中加入这一新产品。为了使新产品迅速打开市场,企业将向各个超市提供包括优惠、折扣、试用在内的促销辅助。这种一对一销售的特点是,销售人员可以和客户保持长时间的联系,甚至更深的交往,发展为友谊关系,这对于销售有促进作用。此外,在这种营销传播模式中,销售人员还可以及时得知顾客的反应,以即时调整策略。

(三)促销

即采用一些营销手段促使消费者购买产品,促进产品迅速销售。促销可以是针对中间商的,也可以是针对消费者的。常见的促销形式有免费试用、赠品、优惠券、换购、折扣、表演活动等。在有时尚风向标之称的上海港汇广场的一楼中央和大楼门口,耐克、美宝莲、探索频道、都市丽人杂志等国内外著名品牌都曾在此举办文艺表演、抽奖和发放赠品等促销活动,吸引了大量消费者的注意。

(四)活动赞助

即品牌赞助某项活动。例如"蒙牛酸酸乳"赞助湖南卫视《超级女声》,隆力奇赞助央视的青年歌手大赛等。类似于奥运会这种的重大国际体育赛事,很多品牌会不惜巨资争夺对其的赞助权。例如北京 2008 年奥运会的赞助权竞争就十分激烈,有消息称,海尔竞争北京奥运会白色家电赞助商时,宣称耗资逾 2 亿元,其中大部分是以现金支付。阿迪达斯争夺"北京 2008 合作伙伴"称号,花费就高达 13 亿元。最后美国 UPS 公司、海尔集团、搜狐公司、青岛啤酒和燕京啤酒有幸进入赞助商名单。而阿迪达斯、中国移动等 10 家企业成为北京奥运会的合作伙伴。

(五)卖点展示

即在卖点张贴海报、展示商品等方式吸引消费者购买的促销手段。例如在电影院门口张贴电影海报是吸引观众观看电影的重要促销手段。

(六)公共关系

公司通过产品发布会等形式来宣传产品或服务,使产品信息见诸新闻报道。一般说来,产品发布会上企业发布的信息对于记者具有较高的新闻价值,使记者乐于报道。例如,苹果电脑公司推出新款 iPod,数天之内,这一新闻就传遍全球。公共关系营销的优势在于吸引媒体对新产品免费宣传,这是它与广告的区别。需要注意的是,在这种发布会之前,事先必须准备产品资料,并向记者发放,以便记者了解发布会的背景。

除了上述一些主要的营销传播方式之外,还有资料库营销、电话营销、电视营销等方式。然而,尽管有的企业结合采用了几种营销方式,效果却不尽如人意。例如有的企业的市场部门正在与广告公司商讨针对消费者的传播程序,而与此同时,销售部门却在针对流通渠道制定传播程序。由于缺乏沟通,尽管各部门各尽其责,但是传播的声音却显得杂乱。这是因为各个营销传播手段被分隔独立策划,缺乏全面的考虑。那么如何能够使品牌的营销传播效果最大化?这就是下一节要讲述的内容:整合营销传播。

第二节　整合营销传播

现在,我们处于一个信息爆炸的时代,人们获取信息的方式绝大部分来自大众传播媒体。同时,由于信息技术的突飞猛进,信息传播的手段和渠道日益增多,营销传播手段也随之增多。因此,如何使消费者在纷繁的信息中,锁定企业传达的品牌信息,如何让各种传播方式传递鲜明一致的品牌形象,这就是整合营销传播所要研究的问题。

不论在发达国家还是在发展中国家,很多行业的商品都处于饱和或临近饱和的状态,商品竞争非常激烈。通过产品差异化、新技术或者降价手段来保持优势并不能持久,因为模仿者容易效仿你的技术与营销手段,并后来居上。因此,采用整合营销传播战略,全方位塑造品牌优势,才是品牌持续发展,扩大优势的有效方法。

一、整合营销传播的概念

整合营销传播的理论的研究者和传播者已经提出了很多观点,以下是流传较广的定义。

IMC 理论的发源地——美国西北大学梅迪尔新闻学院的研究组在 20 世纪 90 年代初把 IMC 定义成:“IMC 把品牌等与企业的所有接触点作为信息传达渠道,以直接影响消费者的购买行为为目标,是从消费者出发,运用所有手段进行有力的传播的过程。”

整合营销传播之父唐·舒尔茨(Don E. Schultz)教授对这个概念作了如下的补充:“IMC 不是以一种表情、一种声音,而是以更多的要素构成的概念。IMC 是以潜在顾客和现在顾客为对象、开发并实行说服性传播的多种形态的过程。IMC 的目的是直接影响听众的传播形态,IMC 考虑消费者与企业接触的所有要素(如品牌)。IMC 甚至使用以往不被看作是传播形态、但消费者认为是传播形态的要素。概括地讲,IMC 是为开发出反映经过一定时间可测定的、有效果的、有效率的、相互作用的传播程序而设计的。”

美国南卡罗来那大学营销学资深教授 Terence A shimp 认为,"整合营销传播是一种营销传播过程,它包括计划、创造、整合以及营销传播各种形式(广告、促销、公共事件等)的运用,这种营销传播手段随着时间传递给品牌的目标消费群体和潜在顾客。整合营销传播的目的在于最终影响或直接影响目标消费群的行为。整合营销传播将所有顾客\潜在消费者可能了解品牌的渠道都看作潜在的信息传播渠道,并充分利用所有顾客\潜在消费者能够接受的传播方法。整合营销传播要求所有品牌的传播媒介和传播信息都传递一致的信息。另外,整合营销传播过程进一步使营销者必然以顾客\潜在消费者作为决定的出发点,他们以此决定传播信息和传播渠道(媒介)的类型,以做到最好地告知、说服消费者并引致消费者的行动"。

21 世纪学者较为一致的观点认为:整合营销传播是业务的战略过程,可以利用此过程设计、发展、执行以及评估品牌传播方案。此方案对于消费者、客户和其目标中的或相关的内部及外部观众来说,通常应该是可以协调权衡的,且具有说服力。

尽管学者从不同的角度诠释了整合营销传播,但是从中可以看出整合营销传播的基本特征还是一致的。

二、整合营销传播的基本特征

根据人们广泛接受的观点,学者总结出整合营销传播的 5 大关键特征。它们分别是传播过程始于消费者,使用各种方法与消费者接触,营销传播要素协同发挥作用,和消费者建立联系,最终影响消费者的行动。

(一)传播过程始于消费者

整合营销传播在决定使用哪种传播形式上,不是采用从企业直接到消费者的方式,而是采取始于消费者到企业的方式,根据消费者的需求决定合适的传播方式。

(二)使用各种方法与消费者接触

在"啊呀呀"的案例中,公司采用选择当红明星作代言,赞助演唱会、超级女声、娱乐星天地等活动和节目,并使用平面媒体、网络媒体与终端宣传相结合的方式。这些方式使品牌信息全方位地把潜在消费者包围起来。如果只用单一的平面媒体来宣传信息,那么与消费者接触的机会和范围将大大缩小。

下面我们再来看一看移动的一个品牌——动感地带是如何使用各种形式与消费者接触的。

国内的年轻人特别是大学生都非常熟悉动感地带。除了动感地带相对低廉的话费标准,以及频繁的优惠活动,无孔不入地与消费者接触也是年轻人选择这一品牌的主要原因之一。

为了吸引 15～25 岁年轻人的注意,动感地带选用了周杰伦作为代言人,并将品牌的传播同周杰伦的演唱会和商业活动联系起来,让使用动感地带的人群能够抢先一步听周杰伦的新歌,并且能够以优惠价格买到演唱会门票。动感地带利用周杰伦的人气和号召力在年轻人当中树立了时尚、有型的品牌形象。

对于大学生群体,动感地带不但在各高校建立营业厅,而且还赞助高校的"街舞大赛"等颇受欢迎的文体活动,进一步对目标群体形成包围之势。

与此同时,动感地带还开辟了会员俱乐部。在会员俱乐部里,有专题性的会员聚会(时事政治类、新业务体验类、漫画卡通类、彩信制作类等);有"为未来打算"系列介绍会(行业介绍类、留学信息类等);有 M-zone 专场演唱会,电影观摩,参与性强的游戏大赛和球类比赛等;有组织或赞助适合年轻人的交流计划(M-zone 商务夏令营、海外文化交流会等)和探索活动(登山、潜水等);也有针对 M-zone 客户的积分计划。这些俱乐部活动让客户乐在其中。

动感地带还与麦当劳结成战略联盟,推出优惠的动感套餐,获得了双赢的局面。动感地带的营销传播方式还不止这些,它还创办了《动感地带》杂志,内容迎合年轻人的口味,并征用读者投稿,在各营业厅免费赠阅。进一步扩大和巩固了品牌的影响力。

为了推广动感地带品牌,移动专门开通了动感地带电话专线,并针对年轻人的特点重新设计和规划了相应的服务流程和操作接待方式。动感地带的网站并非传统的信息发布性网站,而是一个适合年轻人的互动娱乐交流社区,里面丰富多彩的主题讨论、游戏空间以及定期的会员活动,吸引了很大一批线下用户的长期光顾。从以上案例,我们清楚地看见,动感地带利用众多的营销传播方式与工具,以期全方位影响它的目标消费群体。现在看来,动感地带的营销传播策略取得了成功。当然,对于很多公司来说,并没有中国移动如此雄厚的财力,因此,它们会根据消费者的需求和成本来选择适当的营销传播方式。

(三)营销传播要素协同发挥作用

在"啊呀呀"的案例中,我们看到公司的所有营销活动都向消费者传递了一个女孩个人用品专家的品牌形象。而在动感地带的案例中,各种令人眼花缭乱的营销传播方式也传递着一个品牌信息"时尚、个性、创造性"。因此,不难看出,整合营销传播要求品牌所有的传播要素必须协调地传递一个信息,也就是"用一个声音说话"。

(四)和消费者建立联系

整合营销传播中的各种营销传播方式都是为了和消费者建立关系。良好的关系能够使消费者重复购买并建立消费者对品牌的忠诚度。留住顾客,鼓励顾客再次消费,这种持久的关系比寻找一个新的客户更能给企业带来利润。有一些企业会通过为消费者提供面对面的服务来培养品牌与消费者的关系。例如雅芳、倩碧等彩妆、护肤品牌经常走进校园举办讲座。在讲座中,化妆师和造型师传授给学生们保养皮肤、化妆以及服饰搭配的知识,并现场给学生化妆,为学生打造适合不同场合的妆容和着装风格。这些活动深受渴望美丽的女大学生的欢迎,不但使品牌在消费者脑海中留下良好的印象,也拉近了品牌与消费者日常生活的关系。

(五)最终影响消费者的行动

成功的营销传播不仅为消费者树立了一个清晰、正面的品牌形象,最关键的是能够促成消费者购买的行动。在终端货架上,消费者看到企业的品牌,如果仅仅心生好感,而扭头购买其他品牌的产品,那么营销传播也是失败的。下面我们可以看一看宝洁公司在 2000 年推出的润妍洗发水,尽管营销高手宝洁公司费尽心思推出这一品牌,但是却遭遇了滑铁卢。

润妍是宝洁公司在中国本土推出的第一个,也是唯一的一个原创品牌。因此,无论宝洁公司总部还是宝洁(中国)高层都对"润妍"寄予了厚望,满心希望这个原汁原味倡导"黑发美"的洗发水品牌,能够不负众望在中国市场一炮而红,继而成为宝洁向全亚洲和世界推广的新锐品牌。宝洁公司为这个新品牌的推广倾注了极大的心力和大量的推广经费。为了扩展"润妍"的产品线,增加不同消费者选购的空间,润妍先后衍生出 6 个品种以更大程度覆盖市场,可是市场的反映却大大出乎宝洁的意料。

据业内的资料显示,润研产品在 2001 到 2002 年间的销售额大约在 1 个亿左右,品牌的投入大约占到其中的 10%。两年中,润妍虽获得不少消费者认知,但据有关资料,其最高市场占有率,不超过 3%——这个数字,不过是飘柔市场份额的 1/10。

2001 年 3 月,一份对北京、上海、广州和成都女性居民的调查也显示,在女性最喜爱的品牌和女性常用的品牌中,同样是定位黑头发的夏士莲排在第 6 位,而润妍榜上无名,同样是宝洁麾下的飘柔等四大品牌分列 1、2、4、5 位。

宝洁公司花大力气推出润妍与当时的市场形势有关。1997 年,重庆奥妮洗发水公司根据中国人对中药的传统信赖,率先在全国大张旗鼓地推出了植物洗发全新概念,迅速取得了极为显著的市场份额。其后,夏士莲着力打造黑芝麻黑发洗发露,利用强势广告迅速对宝洁的品牌形成新一轮的冲击。

在"植物"、"黑发"等概念的进攻下,宝洁旗下产品被竞争对手贴上了"化学制品"、"非黑头发专用产品"的标签。为了改变这种被动的局面,宝洁从 1997 年调整了其产品战略,决定为旗下产品引入黑发和植物概念品牌,提出了研制中草药洗发水的要求,并且邀请了许多知名的中医,向来自研发总部的技术专家们介绍了传统的中医理论。

在新策略的指引下,宝洁按照其一贯流程开始研发新产品。先做产品概念测试,找准目标消费者的真正需求,研究全球的流行趋势。为此,宝洁公司先后请 300 名消费者进行产品概念测试。

经过长达 3 年的市场调查和概念测试,宝洁公司终于在中国酝酿出一个新的产品:推出一种全新的展示现代东方女性黑发美的润发产品,取名为"润妍",意指"滋润"与"美丽"。在产品定位上,宝洁将目标人群定位为 18～35 岁的城市高阶女性。宝洁认为,这类女性不盲目跟风,她们知道自己的美在哪里。融传统与现代为一体、最具表现力的黑发美,也许就是她们的选择。

产品研制出来后,宝洁公司并没有马上投放市场,而是继续请消费者做使用测试,并根据消费者的要求,再进行产品改进。最终推向市场的"润妍"倍黑中草药润发露强调专门为东方人设计,在润发露中加入了独创的水润中草药精华(何首乌),融合了国际先进技术和中国传统中草药成分,能从不同层面上滋润秀发,特别适合东方人的发质和发色。

宝洁还通过设立模拟货架让消费者检验其包装的美观程度。即将自己的产品与不同品牌特别是竞争品牌的洗发水和润发露放在一起,反复请消费者观看,然后调查消费者究竟记住什么,忘记什么,并据此进行进一步的调整与改进。

在广告测试方面,宝洁让消费者选择她们最喜欢的广告。公司先请专业的广告公司拍摄一组长达 6 分钟的系列广告,组织消费者来观看;然后请消费者选择她们认为最好的 3 组画面;最后,根据绝大多数消费者的意见,将神秘的女性、头发芭蕾等画面进行再组合。广告片的音乐组合也颇具匠心,现代的旋律配以中国传统的乐器古筝、琵琶等,进一步呼应"润妍"产品的现代东方美的定位。

在润妍广告的最终诉求上体现的是:让秀发更黑更漂亮,内在美丽尽释放。即润妍信奉自然纯真的美,并认为女性的美就像钻石一样熠熠生辉。

在推广策略上,宝洁公司认为,杭州是著名的国际旅游风景城市,既有浑厚的历史文化底蕴,富含传统的韵味,又具有鲜明的现代气息,受此熏陶兼具两种气息的杭州女性,与"润妍"要着力塑造的既现代又传统的东方美一拍即合。于是，宝洁选择了从中国杭州起步再向全球推广，并在"润妍"产品正式上市之前，委托专业的公关公司在浙江进行了一系列的品牌宣传。例如举办书法、平面设计和水墨画等比赛和竞猜活动等等，创新地用黑白之美作为桥梁，表现了现代人对东方传统和文化中所蕴含的美的理解，同时也呼应了润妍品牌通过乌黑美丽的秀发对东方女性美的实现。

从宝洁的产品研究与市场推广来看，宝洁体现了它一贯的谨慎。但在 3 年的准备时间里，宝洁似乎在为对手创造蓄势待发的机会。奥妮败阵之后，联合利华便不失时机地将夏士莲"黑芝麻"草本洗发露系列推向市场，借用了奥妮遗留的市场空间，针对大众人群，以低价格快速占领了市场。对于黑发概念，夏士莲通过强调自己的黑芝麻成分，让消费者由产品原料对产品功能产生天然联想，从而事半功倍，大大降低了概念传播难度。而宝洁在信息传播中似乎没有大力强调它的首乌成分。并且，宝洁每年固定 6％左右的利润率也成为润妍的障碍。一方面，润妍沿袭了飘柔等旧有强势品牌的价格体系，另一方面，经销商觉得没有利润空间而消极抵抗，也不愿意积极配合宝洁的工作，致使产品没有快速地铺向市场，甚至出现了有广告却见不到产品的现象。

由于种种原因，尽管使用了多种营销传播手段，润妍还是成为宝洁的心痛。2001 年 5 月，宝洁收购伊卡璐，表明宝洁在植物领域已经对润妍失去了信心，也由此宣告了润妍的消亡。2002 年 4 月，在经历了中国市场两年耕耘后，润妍全面停产，逐渐退出市场，润妍的营销传播也以失败告终。[①]

三、整合营销传播的效果

之所以越来越多的品牌选择整合营销传播，是因为它具有以下一些效果：

(一)信息传递明确

由于整合营销传播要求所有营销传播方式用一个声音说话，因此品牌传达给消费者的信息就更加清晰明确。这样，高度整合的营销传播使消费者花在寻找品牌上的时间减少，更多的目标客户被吸引过来，营销传播效率更高。

(二)传播效果优化、交易费用减少

相比起企业的各个部门各自为政地使用营销传播手段，合理地减少或整合营销传播程序能够优化传播效果。同时营销传播组织和活动的整合，程序的简化能够减少生产或交易中的流通成本。

---

① 润妍案例资料来源：李海龙.《"润妍"失利背后的一个鲜为人知的错误》，全球品牌网。

四、整合营销传播的误区

（一）所有的营销传播活动都要直接促成消费者的行动

营销传播促成消费者购买是衡量整合营销传播成功与否的最终标准，而不能以此苛求每一步营销传播活动。有的营销传播活动会使消费者产生一个正面的态度、良好的印象，而有的诸如促销等营销活动则更直接促使消费者产生购买行动。

（二）使用的营销传播手段越多越好

整合营销传播要求的是整合营销传播手段的整合与协调，并非手段越多越好。企业利用有限的资源，选择最合适的营销传播方式，发挥最大的效果，才是整合营销的作用所在。

五、整合营销传播的新突破

自 20 世纪 80 年代中期美国西北大学 medill 学院第一次定义整合营销传播以来，这个术语的含义已经发生了很大的变化，并且还将继续变化下去。唐·舒尔茨认为，整合营销传播最主要的变化是信息技术的发展和推广，另一个变化是高层管理越来越关注对传播投资回报的衡量。

（一）信息技术的发展和推广

信息技术不仅包括计算机、软件和数字化等内容，也包括网站、电子邮件等新的传媒方式。信息技术的发展与推广使企业能够通过电子邮件、网站等形式更加简单、快捷地与消费者沟通和交易。此外，在计算机技术的支持下，企业获得不断更新的消费者信息数据库，使企业能够使用更精确的传播方式将信息传递给目标群体。

（二）对传播投资回报率评估的日益关注

在衡量生产、物流、经营等方面的投资回报率评估系统已实现和运行以后，高层管理者的目光投向了传播活动。整合营销传播需要一套衡量传播投资回报率的程序和系统，来评估一项传播项目的成果。尽管投资回报率评估是一个难题，但是研究者们正在努力将整合营销传播与信息技术结合起来开发测量传播成果的方法。

本章小结

在媒体异常发达并越来越成为营销必不可少的手段和助推器的当代，企业的营销与传播活动日益紧密交织在一起。营销传播被认为是企业与消费者的对话。

品牌营销传播活动的方式多种多样,常见的主要方式包括广告、一对一销售、促销、活动赞助、卖点展示和公共关系等。但无论哪一种手段,创造性运用以及开创新的营销传播手段都是至关重要的。

营销传播活动方式尽管多样,却不能各行其是、各自为政,需要对其进行整合以形成合力,共同为品牌的营销传播贡献力量,传达一致的共同的品牌"声音",谋求效果的最大化。这就是整合营销传播的概念,它是指业务的战略过程,可以利用此过程设计、发展、执行以及评估品牌传播方案。此方案对于消费者、客户和其目标中的或相关的内部和外部观众来说,通常应该是可以协调权衡的,且具有说服力。

整合营销传播的主要特征有传播过程始于消费者;使用各种形式的方法与消费者接触;营销传播要素协同发挥作用;和消费者建立联系;最终影响消费者的行动。整合营销传播的效果有两点:信息传递明确,传播效果优化并减少交易费用。

整合营销传播的误区包括:所有的营销传播活动都要直接促成消费者的行动,以及使用的营销传播手段越多越好。

由于信息技术的发展,整合营销传播的含义也发生了变化,其中最主要的变化是信息技术在整合营销传播活动中的发展和推广,另一个变化是高层管理越来越关注对营销传播投资回报的衡量。

思考与训练

1.进入雅芳(AVON)直销店并登录它的网站。请仔细观察 AVON 化妆品牌的营销传播活动,并回答以下问题。

A. 雅芳(AVON)目前采用了几种营销传播方式,分别是什么?

B. 据你了解,雅芳(AVON)是如何致力于与消费者建立长久稳定的关系的?

2.假设你是你所在大学的话剧社负责人,你要为话剧社的一场演出作宣传,请列举你将采用的营销传播方式。

3.选择一个你喜欢的品牌,并解释这个品牌是如何进行整合营销传播的,并指出它的每一项营销传播活动对消费者有何影响。

4.假设你所在的城市要在香港进行旅游宣传,你已为你的城市设计了广告,列举出将广告信息传递给目标受众的方法,并且指出它们共同传递的信息是什么?

5. 整合营销传播的一个特征是最终影响消费者的行为。现在有很多沉溺于网络的青少年，请你设计一个公益广告，不能是简单的"上网不利于身心健康"的宣传，你的广告希望能达到良好的效果。

推荐读物

1.［美］唐·舒尔茨等著，吴磊等译：《新整合营销》，北京：中国水利水电出版社，2004。

2.申光龙著：《整合营销传播战略管理》，北京：中国物资出版社，2001。

3.［美］特伦斯·A.辛普著：《整合营销传播：广告、促销、与拓展（第六版）》，北京：北京大学出版社，2005。

4.［美］理查德·J.塞米尼克著，徐惠忠等译：《促销与整合营销传播》，北京：电子工业出版社，2005。

第六章　品牌资产及其价值评估

导入语

　　要么与众不同,要么走向灭亡。

　　　　　　　　　——美国著名管理学大师、《追求卓越》一书的作者汤姆·彼得斯

本章要点

　　品牌是一种消费者从认识到认同的过程,认识是在无意识的过程中形成的差别化;认同是已经接受并认可。而这种过程通常是在认知的不断建构中形成的,认知包括认识、理解、情感介入、情感互动和形成归属感,因此,品牌建构的过程,是消费者在认知、体验之后形成信仰归属的过程,这也是人和产品之间互动、升华的过程。在这个过程中,品牌形成了自己的核心价值与品牌资产,并最终在消费者心目中安家落户。通过本章学习,你应该了解和掌握以下要点:

　　◆什么是品牌资产? 品牌资产的定义是什么?

　　◆如何构筑品牌资产? 积累品牌资产的渠道又有哪些?

　　◆如何测定品牌资产的价值?

　　◆品牌资产价值评估的含义是什么?

　　◆哪些方法可以衡量品牌资产?

开篇案例

慧聪:将品牌变成资产

　　2003年12月,慧聪国际在香港创业板成功上市,成为国内信息服务业首家上市公司。不断飘升的股价将这家成立于1992年的商务资讯服务机构的中高层管理者一夜之间推到了百万富翁的行列,甚至有几位跨入了千万富翁的大门。

　　短短12年,慧聪公司取得了骄人的成绩。慧聪公司总裁郭凡生所倡导的知识经济梦想随着公司的上市而终于变成现实,但是在公司赢得广大

股民和投资者的信心之前,他必须将慧聪公司打造成一个值得信赖的有发展前途的品牌。

事实上,经过十多年的积累,特别是在其独特的经营管理理念的指导下,慧聪有限公司已经发展成为中国首席商务资讯服务商。目前,公司拥有员工 2600 人,在全国超过 20 家分支机构、百万家稳定客户和上千万信息应用用户,在规模、收入、用户量和服务方式等方面都是国内信息服务行业和 B2B 电子商务服务提供商首屈一指的品牌。慧聪公司(网站)提供大约 50 多个行业的综合性商务信息服务和个性化信息定制服务,并提供多种网上交易模式。

2006 年 5 月,慧聪网与环球资源达成战略伙伴关系,双方结成中国最大的 B2B 服务商,这意味着慧聪公司为"制造"下一批百万富翁作好了准备。尽管慧聪公司未来的发展面临种种挑战和困境,但其前景依然为人们所看好,或者可以套用郭凡生的话:"一家公司的价值和竞争力与它创造百万富翁的数量和速度成正比。"更确切地说,慧聪将公司品牌变成了资产。

第一节　什么是品牌资产

一、品牌资产概念的溯源

品牌资产概念是 20 世纪 80 年代提出的最流行的、最重要的市场营销学概念。大多数的研究者把品牌资产的概念定义为只有品牌才能产生的市场效应。即一种没有品牌标志的产品或服务的市场营销结果与拥有品牌或其他品牌因素之后的营销结果相比,会存在差距,而品牌资产正是建立在这一差距的基础上。目前对于品牌资产的认识存在不同的观念,但有一点是相同的,即品牌资产代表了一种产品的附加值,这种附加值来源于以往对此品牌的营销投资。

(一)营销的变革

第二次世界大战改变了人们的步伐,由于战时的需要,企业追求的是以标准化和规模化来扩大产量,节约成本。第二次世界大战结束以后,企业追求统一规格与效率的风格并没有改变。在美国,解甲归来的士兵和后方克己奉献的"小妇人"都需要重新享受生活,一拨又一拨的"结婚潮"、"婴儿潮"刺激着消费,市场处于供不应求的状态,消费者是面目模糊和雷同的。就像福特认为的那样:"天下的汽车都是黑色的 T 字型车",企业成功的关键被认为来自于改变生产线、大量生产而降低成本。

　　然而,到了 50 年代末期,追求统一规格与效率的企业情势急转。美国社会在享受了 10 多年的安乐生活之后,物质极大丰富。尤其是战后出生的一代开始渐渐步入消费,显示出对个性化和差异化的追求。最初表现在日用消费品领域,消费者消费出现了差异,这种差异越来越大,并波及到其他行业。

　　1956 年温德尔·史密斯正式提出"市场细分"。20 世纪 50 年代后期,哈佛商学院的泰德·李维特(Ted Levitt)在其撰写的《营销近视病》一文中说道:"根本没有所谓的成长行业,只有消费者的需要(NEEDS),而消费者的需要随时可能改变。"李维特指出,"销售是从销售者的需求出发考虑的,而营销寻找的是消费者的需求",自此,引发了全球性的"营销变革"。

　　营销变革,如同所有的革命,"为他们的'巴士底狱风暴'找到了满意的武器:品牌"(转引自西蒙·诺克斯,1998)。营销革命的迅猛发展把"品牌"推到了国际化经济舞台的最前沿,"未来的营销是品牌的战争——品牌互争长短的竞争。商界和投资者将认清品牌才是公司最宝贵的资产。拥有市场比拥有工厂重要得多。唯一拥有市场的途径就是拥有具有市场优势的品牌。"40 年前美国著名广告研究专家莱瑞·拉特(Larry Light)在说这番话时还是一种预测,但是不久——20 世纪的整个 80 年代——品牌时代到来了。品牌管理作为一种准则,扩散到各种行业和产品中去。作为典型代表的宝洁公司(P&G)的企业组织完全以品牌经理人为中心,其管理系统的基本原则就是:"让品牌经理像管理不同的公司一样来管理不同的品牌。"

（二）品牌资产概念的提出

　　将"品牌"扩展为"品牌资产"是 20 世纪 90 年代西方营销理论的一个重要创新,已成为西方跨国公司营销新战略的新源泉,并推动品牌建设进入一个新阶段。实际上,现代营销的特点就是建立差异化品牌。市场调研是用于识别和培养品牌差异化的基础;企业利用产品的特点、包装、名称、分销战略和广告、公关等建立特有的品牌联想,促使消费者的观念超越商品的范畴,而转向有品牌的产品——即在消费者的购买决策中,价格这一首要因素的位置有所下降,转而强调产品的差异化。

　　20 世纪 80 年代后期西方发达资本主义国家出现了大规模的兼并浪潮,1990 年前后世界范围内几起公司并购案中,品牌并购价格数倍于品牌的有形资产,充分体现出强势品牌的价值,人们认识到了品牌具有实际的价值,而消费者和商家对于某品牌的偏好所产生的品牌经济价值是品牌收益增长的重要原因。并由此引发了学术界和企业界对品牌资产测量的研究。欧美学者在这一时期研究品牌与商品的差别时,使用"附加值"这一说法。认为附加价值是消费者难以用言语表达的情感价值,并认为"品牌资产"的价值是一种对消费者而言是否继续购买的意愿。而品牌之间的竞争在很大程度上是这些"附加价值"的竞争。这就初步具有了今天"品牌资产"的概念雏形。

90 年代这一新的概念"品牌资产"(Brand Equity)一经提出,就风靡了整个西方营销界。它比品牌形象更进一步说明了品牌竞争制胜的武器是建立起强势的品牌资产,从而将古老的品牌思想推向新的高峰。这一理论的主要贡献者是美国品牌专家大卫·A.艾克(Aaker)。

1991 年,美国先知品牌战略咨询公司(Prophet Brand Strategy)副总裁、美国加州大学柏克利分校哈斯商学院的营销学名誉教授大卫·A.艾克在经过多年调查研究后,出版了颇有影响的力作《管理品牌资产》(*Managing Brand Equity*)。该书也使艾克成为品牌和品牌资产领域最具影响力的权威学者之一,被美国《品牌周刊》誉为"品牌资产的鼻祖"。艾克认为"品牌资产的概念可以界定为一组品牌的资产和负债,它们与品牌的名称、标志有关,可以增加或减少产品或服务的价值,也会影响企业的消费者和用户"。并在书中构筑了品牌资产的 5 大元素:品牌忠诚度(Brand Loyalty)、品牌知名度(Brand Awareness)、品牌认知度(Perceived Brand Quality)、品牌联想度(Brand Association)和品牌资产的其他专有权。

"品牌资产"一词一经提出立刻得到了认可,但对于品牌资产的价值,市场营销、管理、公关、广告等相关领域的学者纷纷开展自己的研究,提出自己的界定,到今天为止,对于"品牌资产"并没有一个公认的定义。一般认为品牌资产作为公司最有价值的资产,是一种无形资产。从消费者心理学角度出发,它反映了消费者根据自身需要对某一品牌的偏爱(performance)、态度和忠诚程度,特别是指消费者赋予一个品牌超越其产品功能价值之外的形象价值部分,是消费者对企业产品或服务的主观认知和无形评估。所以品牌资产需要品牌经营者不断去维系,才能赢得消费者的心,以实现增加其品牌资产价值的目标。

这样一来,品牌资产评估就成为关注的一大焦点和难以解决的问题,有关的研究大量展开。国际上已形成两大权威机构,每年或每两年发布全球品牌评估报告,受到广泛瞩目。另外,品牌资产管理也因此成为公司管理中的重大新领域,围绕如何做好品牌资产管理,出现了不少的专著和执行工具,其中有许多创新的思想和智慧来自广告界,比如奥美国际的"品牌管家"等。

二、何为品牌资产

众所周知,资产,尤其是列示在资产负债表上的资本化资产是生产企业利润的源泉。政府债券是一类资产。由厂房、设备、人员组成的工厂是另一类资产。工厂与政府债券的不同之处在于工厂需要进行有效的管理,并持续运营下去。然而企业最重要的资产却是无形资产,比如品牌名称。企业往往无法将这些无形资产资本化,因此这些无形资产并没有列示在资产负债表上。企业无法估计"无形资产"的折旧额,因此要维持无形资产就需要直接减少企业的现金流量,并降低短期利润。由于在企业的损益表上列示了折旧这项内容,而且人们能够切实感到企业需要维修,因此每个人都认为即使在最困难的时期企业也需要支出维修费用。与此不同的是,虽然无形资产很容易受到损失,但人们往往忽略其"维修费用"。首先,我们要来搞清楚品牌资产的概念界定。

大卫·A.艾克认为,品牌资产是与品牌、品牌名称和标志相联系的,能够增加或减少企业所销售产品或提供服务的价值和顾客价值的一系列品牌资产与负债。品牌资产所基于的资产与负债必须与品牌名称以及品牌标志相联系。如果品牌或者标志发生变化,或是改为新的名称或标志,某些或者全部的品牌资产将会受到影响,甚至消失。另外虽然创建品牌资产所基于的资产与负债各不相同,但可以将之分为 5 类:品牌忠诚度(Brand Loyalty)、品牌知名度(Brand Awareness)、品质认知度(Perceived Brand Quality)、品牌联想度(Brand Association)和品牌资产的其他专有权。品牌资产的价值就是基于这 5 类的资产。

1998 年,美国著名品牌研究专家凯文·莱恩·凯勒(Kevin L Keller)发展了大卫·A.艾克的观点,并提出自己的看法。在其著作《战略品牌管理》(*Strategic Brand Management*)中提供了又一种解释品牌资产概念的特定视角和对品牌资产观念的细致检测:主要是从消费者对品牌的心理反应,而非从财务方面去衡量的价值。根据他的观点,品牌资产价值构成要素主要包括两个部分:品牌知晓和品牌形象。前者指人们对品牌名称的知晓程度,具体反映在品牌记忆(即某一特定品牌是否储存在顾客的记忆中)和品牌识别(即顾客在面对众多品牌时是否能识别出某一特定品牌)两个方面;后者指人们在品牌知晓的前提下,与品牌建立起的一些联系(associations),即一种品牌态度网络的形成。具有强大品牌资产价值的品牌不仅应有较高的知名度,而且更重要的是与消费者建立起一些联系,让消费者联想到它所代表的利益所在来打动消费者的心,进而产生购买决策。因而凯勒自己称之为基于消费者的品牌资产概念。

我们认为,从消费者心理学角度来说,成功品牌大部分资产应是品牌资产,因为成功品牌不仅代表企业(产品)的过去、现在,更代表未来。它是很难用计算的方法来确定其价值的大小的。也正是品牌代表着未来,才使得品牌价值难以估算。消费者购买的是企业产品,拥有的是企业的品牌,满足的是他们心理上的情感需求。因此从消费者心理的角度研究品牌价值才更具有现实与长远意义。正如特伦斯所说,"对品牌资产有许多定义和计量的方法,应从消费者角度来定义品牌资产,从消费者角度看,只有他们熟悉一个品牌并在自己的记忆库里保存了与之相关的、正面的、强有力的和独特的品牌联想时,这个品牌才拥有品牌资本"。

总之,品牌资产是一种以"品牌"为先锋,以"资产化"为经营理念的特殊企业资产,它是企业的一种有着巨大潜力的资源,以市场为基础为企业所用。它肩负着为企业创造效益,为消费者谋福利的伟大使命。品牌资产是企业的一笔巨大财富。目前全球市场上,生产力已经处于过剩状态,几乎所有采用市场经济运行机制的国家都不同程度地进入到了买方市场。市场竞争的环境和手段同过去相比已经发生了很大的变化,企业取胜的主要竞争手段已不再是单纯的产品和服务本身,还包括良好的品牌资产建设的方法和策略等。因而在今天,品牌资产的管理和价值评估显得尤为重要。

第二节　构筑品牌资产

从受众的角度来讲,通常认为品牌为消费者在这一瞬息变幻的世界中提供了参照点。要将一种产品或服务品牌化,是一个涉及建构思维结构、帮助消费者建立起对产品或服务的认知过程、使消费者明确自己的选择、从而使消费者降低寻找中意产品的成本的过程。品牌资产作为一种直接联系消费者的无形资产,企业要想建立起自己的品牌资产,就要求创立一个为消费者所认知的、并对其有深刻影响的、为其偏爱的和使其具有独特联想的品牌。

一、如何创建品牌资产

如何创建品牌资产? 哪些是形成品牌资产的决定性因素?

众所周知,随着人们整体购买力的不断增强以及消费意识的日渐深入,在实效实用的基础上,人们在消费过程中越来越倾向于品牌消费的心理感受。另一方面,市场的竞争也不再简单地局限于产品、价格的竞争,市场竞争已包含了品牌资产所属的更多品牌属性的竞争,如品牌知名度、品牌美誉度、渠道的便利性、品牌荣誉心理等等。要建构一个成功的品牌资产,凯文·莱恩·凯勒认为消费者印象中的品牌知识是创建与管理品牌资产的关键所在,这取决于 3 个因素:

其一,构成品牌的品牌要素或身份的最初选择;

其二,支持品牌的营销计划和计划开展的方式;

其三,通过将品牌与其他实体(如将品牌与母公司,或将品牌与产地等)联系起来而间接转移到品牌上的一些联想。

(一)选择品牌要素

品牌要素的选择有多种方法和相关的准则。一个品牌要素可以用来确定和区分一种产品的视觉或听觉信息。最为常见的品牌要素包括品牌名称、标识、符号、特征、包装和广告语等。品牌要素的选择有助于提高品牌的知名度,或者增强品牌给人的独特联想。在选择、设计品牌要素以建立品牌资产方面,主要有 5 个标准,可以参考:

(1)容易记忆——让消费者容易识别并能回忆起来;

(2)有意义的特点——可信,有意义,同时具有丰富、独特内涵的视觉和听觉形象;

(3)可转移性——可突破产品类别、地域和文化的界限;

(4)可适应性——可塑性强、可更新性;

(5)可保护性——受法律保护,能防止竞争方面可能出现的问题。

这 5 个标准的目的在于充分重视和保护品牌知识结构的价值。

(二)把品牌并入营销支持计划

要想让品牌带给人以强有力的、讨人喜欢的、独特的联想,可以实行将品牌并入营销支持计划之中,其中最主要的是 4 块:

1. 产品策略

产品以品牌资产为根本。在产品设计、生产和提供服务的过程中,通过让消费者相信该品牌具有能满足他们需求和要求的相关品质,使他们对品牌整体上有积极的评价,从而创造出有利的联想。

2. 价格策略

产品的价值和质量是顾客(消费者)最为关心、最为敏感、影响最广、最为实质性的方面。品牌的定价策略会让消费者联想到它在同类产品中的价格档次,或者说是价格水平。

3. 渠道策略

从品牌化的角度看,有 3 个与渠道相关的因素。

首先,消费者基于对产品分类、定价、信用政策、服务质量等方面的看法,会对零售店或连锁店产生一些联想。这种有关商店形象的联想可能与它提供的产品联系在一起。

其次,零售商和其他渠道成员的经营活动可能会影响它们所售产品的品牌资产。零售商可以突出展示或指出某个品牌,提高它的知名度,或向顾客提供某些信息,以便加强和巩固那些至关重要的有相似和不同之处的品牌联想。为了利用这些优势,生产商必须积极地帮助零售商理解和认识到它们能够为品牌增添价值。

最后一个因素涉及设计销售渠道的根本目的。为了更大限度地控制消费者,并与之建立更密切的联系,生产商可能需要通过各种媒介直接向消费者销售的同时,建立自己的零售点或商店。

4.营销沟通策略

营销沟通在人们的记忆中构筑起品牌,并赋予它强有力的、讨人喜欢的、独特的联想。它的作用就是促成品牌资产的形成。营销人员可以利用多种营销信息传播方式。例如,向消费者传播信息的方式有:媒体广告(电视、广播、报纸和杂志等)、户外广告(广告牌、海报、电影等)、销售现场广告、商业促销、消费者促销、赞助或者利用重要事件营销、宣传或公关等。

(三)通过理性和感性两条路径来创建品牌资产

近年来,国内也有学者开始研究建立品牌资产的途径。他们认为可以从两条路径来创建品牌资产。[①] 其一,通过产品物理属性联想建立品牌信任,直接带来顾客的重复购买并乐意支付高价格,形成品牌资产;其二,通过社会属性联想建立品牌喜爱,进而激发顾客与品牌之间的关系,再形成品牌重复购买或支付溢价的意愿。

我们称前者为"理性之路",后者为"感性之路"。通常来讲,强势品牌往往会同时发挥这两条路径的作用力,一方面通过产品功能对顾客产生理性吸引力,另一方面通过品牌形象或个性使顾客产生心理和情感上的喜悦,建立感性吸引力。当然,不同行业的企业在品牌资产的两条路线上会有所侧重。例如,"感性之路"对高档服装、香水等产品的品牌建设更有效。因此,在建立品牌资产之初,企业应该根据产品类别、目标顾客特征等因素决定侧重于哪一条路径,还要根据市场环境(如消费心理、竞争等)的变化等不断调整路径。例如,宝洁公司的洗发水品牌飘柔,最初以"使头发飘逸柔顺"的理性定位在洗发水市场中独树一帜,很快建立起市场占有率。但是,近年来,随着竞争品牌竞相模仿飘柔的"飘逸柔顺"定位,该品牌对消费者的吸引力渐渐消退,所以,飘柔开始采用"飘柔使你更自信"的感性定位重新赢得消费者对她的喜爱。品牌资产形成的两条路径,对品牌管理理论和实践具有重要意义。

---

① 于春玲等,清华大学经济管理学院"小林实中国经济研究基金"项目:《基于顾客的品牌资产模型实证分析及营销借鉴》。

首先,它解释了传统的消费者决策模型和效用理论不能解释的购买行为。例如,对于时尚产品,顾客喜爱、品牌形象等社会属性联想是顾客购买选择的主要原因,是感性路径发挥作用。仅从传统决策模型或效用理论,就无法解释顾客的品牌选择行为,因为这些品牌之间在产品物理属性上的差别并不大,但是顾客却愿意为某些品牌支付高出其他品牌几倍的价格。

其次,它有助于企业实施恰当的营销活动。因为不同营销活动会形成不同的品牌联想,不同产品类别中,两种联想对于顾客购买决策的影响是不同的。因此,企业可以根据产品类别的不同,有差别地实施两种路径的营销活动,这样,就可以更有针对性地建设品牌资产,并提高营销活动的效率。

二、品牌资产的构成

现代品牌理论认为,品牌是一个以消费者为中心的概念,没有消费者,就没有品牌。所以营销界对品牌资产的界定倾向于从消费者角度加以阐述。即使用与不使用某一品牌,消费者对某一特定产品或服务会不会有不同的反应。也就是说,品牌能给消费者带来超越其功能的附加价值,也只有品牌才能产生这种市场效益。市场由消费者构成,品牌资产实质上是一种来源或基于消费者的资产。而消费者的品牌购买行为又是其品牌心理驱动的,所以大卫·A.艾克认为品牌资产之所以有价值并能为企业创造巨大利润,是因为它在消费者心中产生了广泛而高度的知名度、良好且与预期一致的产品知觉质量、强有力且正面的品牌联想(关联性)以及稳定的忠诚消费者(顾客)这4个核心特性。换言之,品牌知名度、品牌知觉质量、品牌联想(关联性)以及品牌忠诚度是品牌资产价值构成的重要来源。

三、积累品牌资产

我们通过观察了解到,凡是著名品牌都与消费者保持了一种特殊关系,即消费者对品牌和企业的信任乃至忠诚关系。当然,消费者的品牌忠诚也是对企业忠诚消费者的回应。正是这种相互忠诚关系使著名品牌保持了较高的市场占有率和大量的长期顾客,从而获得了丰厚的收入。如果说非品牌商品的买卖是一项"交易关系",其性质是交易;那么,品牌商品的买卖则是在"关系中的交易",其性质是关系。没有品牌与消费者之间相互忠诚的关系,便不会有品牌,有的仅仅是一个法律意义上的商标而已。所以,品牌资产实际上是一种"关系资本"。这种"关系资本"在社会学家那里有一个规范的名称——社会资本。美国著名社会学家詹姆斯·科尔曼在其鸿篇巨著《社会理论的基础》中把资本归结为3类:"物质资本是有形的,可见的物质是其存在形式;人力资本肉眼看不见,它存在于个人掌握的技能和知识中;社会资本基本是无形的,它表现为人与人的关系。"①

既然品牌资产是以关系为内容的社会资本,那么积累品牌资产的过程实际上就是企业建立和维护其与消费者之间关系的过程。詹姆斯·科尔曼说:"社会资本的形成,依赖于人与人之间的关系按照有利于行动的方式而改变。"那么如何来积累品牌资产呢?

(一)在品牌传播过程中建立关系

目前,国内企业在宣传品牌时通常都采取在大众媒体上做广告的方式。如果广告效果好,品牌便有了知名度。但有了知名度又能怎样呢?无非是大家知道了你,仅此而已。这里并没有企业与消费者之间双向的沟通和情感的交流,当然也就谈不到关系的建立。

Buitoni 是雀巢公司属下的专门生产意大利通心粉的公司名称和品牌。为了在英国推出这一品牌,公司决定成立"Buitoni 小屋俱乐部",用这种方法宣传品牌和建立品牌的忠诚消费者。他们首先建立了对烹煮意大利食物有兴趣的消费者的资料库,然后邀请这些消费者家庭参加"Buitoni 小屋俱乐部"。那些响应邀请的人可以收到一套介绍意大利生活方式的资料和全彩色的新闻季刊,还有意大利通心粉食谱和优惠券。会员的优惠还包括一个免费电话号码,供希望得到有关烹调方面建议的人拨打。此外,还有周末美食烹饪聚会,品尝新产品的机会、获得赠品及如何筹划意式通心粉盛宴的建议,等等。

俱乐部成立后,通过人们之间相互介绍,会员人数不断增加,Buitoni 产品的使用量和消费者的忠诚度也都有较大提高。免费电话也使品牌和俱乐部会员之间建立了良好的关系,并且还为企业提供了一条获得宝贵的消费者信息的渠道。

英国吉百利公司(生产吉百利牌巧克力)则通过另一种更富创意的方式宣传品牌。该公司投资创建了"吉百利世界"主题公园。该公园包括一个博物馆、一个餐厅、一部分巧克力包装车间和一个"巧克力大事记"商店。游览者可以了解可可粉和巧克力的起源,玛雅人和印第安人的生活方式,巧克力怎样传入欧洲,以及吉百利公司是怎样创立和发展的等情况。当然,人们也可以品尝花样繁多的巧克力。这样"吉百利世界"就把味觉体验与这一品牌的历史生动地联系在一起。这种方式收获了很好的效果,每年都有 40 多万人参观公园,并由此促进了品牌与消费者之间的理解和交流,进而为公司创造了大量利润。

---

① 王新新:《如何积累品牌资产》,《企业研究》,2002 年第 7 期。

在上述两个案例中,企业巧妙地把对品牌的宣传与培养消费者对品牌的情感结合起来,使创造品牌的知名度围绕着建立品牌与消费者之间的关系进行,从而使企业在宣传品牌的同时,就开始着手积累品牌资产。

(二)在共同创造价值中密切关系

这是建立关系最直接、最有效的方式。"为顾客创造价值"是当今最流行的经营理念,然而它并非是最先进的经营理念,最先进的经营理念是"企业与顾客共同创造价值"。美国宜家公司是世界上最大的家具零售商。在它的品牌经营中,致力于通过新的创意密切与顾客的关系。在宜家公司,如果顾客愿意,他可以购买家具零件,完成传统上应由制造商或零售商完成的工作。由于顾客完成了价值链中的最后一个环节,宜家公司便以较低的价格提供按顾客要求设计好了的零部件。通过这种方式,宜家公司向顾客传达了一个新观念:顾客不只是消费,他们还可以创造价值。在这种共同创造价值的过程中,顾客既获得了低价的利益,又从装配家具中获得了创造的乐趣,自然会密切与品牌的关系。

顾客还可以更深入地介入生产过程。美国罗斯公司是生产阀门的企业,它把客户当作企业的一员而不是局外人。公司在经营策略上变过去单纯的产品交易为与客户在生产中合作,共同创造价值。公司要求其工程师在从产品设计到安装的各个环节中都要去处理顾客关系。结果,罗斯公司的工程师们主动与客户的工程师联系,了解他们的问题,邀请他们共同参与产品的设计,出样品后,又交给客户,客户可以要求改进,然后再就改进后的样品与客户交流,直到客户最后满意,才确定最终设计方案并投入生产。在这种合作过程中,企业和客户共享知识、共创价值、共担风险、共享成功喜悦,成为命运共同体。这当然会密切双方信任和忠诚的关系。用这种方法积累品牌资产是最直接、最有效的。

(三)使命营销

使命营销是指公司在利润目标之外,再设置一个以社会责任为内容的公司使命,从而树立起良好的"企业公民"形象。

拥有一个企业使命,表示一家公司在拓展业务与赚取利润的同时,还有一个更值得追求的社会义务方面的目标。对这个目标的追求,可以使消费者对企业和品牌产生强烈好感。《财富》杂志进行的一项调查研究表明,决定人们是否喜欢一家公司的关键如下:一是公司的可信度;二是公司以人性、关怀的方式经营企业的程度。这两大标准也影响到顾客向他人推荐此公司品牌的卖力程度。现在许多国外著名公司都通过使命营销来积累品牌资产。1995 年伊思曼·柯达公司开始尝试将其总裁薪金的一部分用于社会公益上。在各类化妆品之间同质性越来越高,人们难以寻求其中差异点的情况下,雅芳公司通过协助乳癌研究使其产品与其他公司的产品有了区别。雅芳公司总裁解释到"当各产品质量和价格都不相上下时,消费者会选择与他们切身比较有关系的东西"。美国莉卡公司,以生产系列女性有氧运动鞋为主,其最初的竞争优势,在于它生产的有氧运动鞋跟较窄,弧度较大,较能适合女人脚型。然而,竞争者随即群起效仿,现实迫使公司不得不想其他办法保持品牌的独特性。结果公司总裁谢莉选择了一个独特的企业使命:帮助受虐待及被强暴的妇女。为了从事这个使命,谢莉决定捐出其公司收益的 7% 给一个帮助受虐妇女的"重拾自信玫瑰基金会"。这种行为提高了公司在妇女中的声誉,其品牌也更受妇女的青睐。

(四)管理品牌资产

随着品牌经济的形成,现代企业管理越来越变成品牌管理。在品牌经济条件下,品牌或品牌资产成了企业的第一资源,需要认真加以管理。品牌管理就是品牌资产的管理,即有计划、有目标地建立和评估品牌资产。品牌资产管理的特点也是难点在于:品牌资产不在作为品牌主的企业手里,而在分散的消费者的心里。品牌资产具有心理性、分散性和流变性。品牌资产管理很大程度上就是对消费者品牌心理的管理。企业建立品牌资产的过程,就是消费者建立品牌认知、品牌动机和品牌态度的过程。企业评估品牌资产的过程,就是调查消费者品牌心理的过程。

第三节　品牌资产价值评估

一、什么是品牌资产价值

所谓品牌资产价值,也就是由品牌资产所带来的价值。通常包括两个部分:其一是品牌资产向顾客所提供的价值;其二是品牌资产给企业带来的价值。一般意义上所讲的品牌资产价值指的是后者。

(一)向顾客提供价值

品牌资产能为消费者提供价值吗? 回答是肯定的。通常,品牌资产可以为顾客增加或者减少价值。品牌资产有助于消费者解释、处理并储存与产品和品牌有关的海量信息,这样就可以缩短顾客进行购买决策时所花费的时间,同时也可以影响顾客在作出购买决策时的信心(基于过去的使用经验或者对品牌及其特性的熟识程度),进而影响消费者购买以及使用时的感受。此外,最为重要的可能是品质认知度与品牌联想能够提高顾客使用的满意度。例如,人头马品牌的酒可能影响饮用者的感觉:使得消费者确实感觉非同一般。当然,品牌资产虽然也可以向顾客提供价值,但是品牌资产的价值来源于消费者的品牌价值传递,品牌资产的价值以及价值的大小归根结底还是取决于消费者。

(二)向企业提供价值

品牌资产作为一种无形资产可以向企业提供价值,这一点已经被大家所认可,至于提供了什么样的价值?如何提供价值?这些问题却还值得探讨。根据大卫·A.艾克的观点:品牌资产至少可以通过 6 种途径增加企业的边际现金流量,从而增加企业的价值。

(1)品牌资产可以增加吸引新顾客或留住老顾客的营销计划的效果。例如想通过促销活动让顾客尝试一种新香料或者新产品,如果该品牌是顾客熟悉的品牌,或者企业无需打消顾客对品牌质量的疑虑时,促销的效果会更好些。

(2)品牌资产的构成要素:品牌知名度、品质认知度、品牌联想度和品牌资产的其他专有权可以增强品牌忠诚度。品质认知度、品牌联想度、品牌知名度很高的品牌名称可以促使顾客购买产品,并影响顾客使用的满意度。即使在选择品牌时这些因素不起关键作用,但是它们可以打消顾客的疑虑,减少顾客尝试其他品牌的动机。

(3)品牌资产往往能够使企业采用溢价定价法,并减少企业对促销的依赖程度,从而使其获得更高的利润。

(4)品牌资产为企业通过品牌延伸达到增长的目的提供了平台。如著名的"象牙"品牌,迄今为止已经延伸为多种洗涤产品,并为企业开拓了商业空间,如果没有"象牙"这一名称,企业将为之付出更为高昂的代价。

(5)在分销渠道中品牌资产能够起到杠杆作用。对于顾客而言,如果消费者能够识别该品牌名称,并且能够产生品牌联想的话,交易的不确定性将大大降低。在实施营销计划时,强有力的品牌不仅可以使产品在面市时获得优势,而且可以获得协同作用。

(6)品牌资产通常会为竞争对手设置进入壁垒,从而使企业获得竞争优势。例如,宝洁公司的海飞丝洗发水品牌适于去除头屑,对于既定的细分市场而言,这一品牌联想就占尽了先机。其他品牌就会发现很难在"去头屑"这一洗发水细分市场上与海飞丝品牌竞争。而品质认知度非常高的品牌,如本田汽车公司豪华车品牌阿库拉(Acura),则会使顾客感到其他品牌的质量很难望其项背(即使其他品牌真的做到这一点),从而形成难以逾越的竞争优势。如果某一品牌臭名昭著,那么要达到同等的品牌知名度则必须要付出高昂的代价。

二、品牌资产价值评估

品牌作为一种无形资产,本身具有资产和负债的两重性。如果企业不能建立适合于自身发展需要的品牌战略,而盲目促销、盲目经营,那么,品牌不仅不可能为企业创造任何效益,甚至可能还会对企业的发展起负面作用。

品牌资产价值如何来评估呢? 品牌作为顾客评价产品时的一种惯用的代理物,其内在价值至少具有 6 个层次的含义,即①产品的特点和性能;②产品为顾客带来的实际利益;③产品本身所反映的产品制造者和购买者所共同追求的价值观念;④文化;⑤产品本身所反映的购买者的个性;⑥产品本身所提示的使用者类别。如果上述这些具体的价值符合顾客的实际需要,品牌的资产就会增加;[①]反之,则减少。

建立在上述具体价值之上的品牌资产,因不同的产品种类而有所不同,但是,无论哪一种产品,其品牌资产都可以由 5 个方面的参数来测定,它们是:①顾客对品牌的认知;②顾客对品牌的忠诚度;③顾客对产品质量的感知;④顾客对品牌产品在使用或消费过程中产生的附加联系;⑤品牌资产的其他专有权(如专利、商标、营销渠道中的分销成员之间的关系等)。

依据上述价值基础而形成的品牌资产对顾客所产生的作用,主要表现在 3个方面:①帮助顾客分析、解释和储存大量的产品和品牌信息;②有助于顾客建立购买信心(尤其是在缺乏购买经验或对产品和品牌不熟悉的情况下);③顾客对品牌质量的感知、对品牌的附加联系和产品使用经历,可以进一步强化顾客购物后的满意程度。

对企业来说,建立在上述价值基础上的品牌资产有助于企业:①更有效地吸引新老顾客,强化顾客对品牌的忠诚度和购后的满意度,从而减少他们试用竞争对手品牌的概率;②在竞争者发明了具有一定竞争力的新产品或对某一产品保持一定的竞争优势时,顾客对品牌的忠诚可以为企业竞争战略的调整争取时间;③较低的促销成本、较高的价格档次和边际收入;④品牌扩展(利用现有品牌向其他有关的产品或不同类产品来发展市场);⑤对产品分销渠道有较强的影响力;⑥赢得竞争优势,并对竞争对手构成无形的竞争障碍。[②]

---

① Philip Kotler: *Marketing Management: Analysis, Planning, Implementation and Control*, 8th ed. P. 444～445.

② David A. Aaker: *Managing Brand Equity*, New York, The Free Press, 1991, p. 16.

三、品牌资产评估的方法

品牌资产价值评估方法的发展建立在对品牌资产概念理解的演变基础上。由于品牌资产的概念迄今尚未形成统一的定义，从而导致品牌资产评估方法也难以统一，广告公司、市场研究公司、品牌资产评估专业机构等各自的评估方法源于对品牌资产的不同理解，即存在不同的概念模型。作者归纳了品牌资产的定义内涵，分析指出品牌资产主要存在着 3 种概念模型：财务会计概念模型、基于市场的品牌力概念模型和基于品牌——消费者关系的概念模型[①]。值得强调的是，第三种模型是基于品牌关系理论，即主张品牌资产主要体现于品牌与消费者关系的程度，把消费者看作是品牌资产形成和评估的焦点。如果品牌对于消费者而言没有任何意义（价值），那么它也不可能向投资者、生产商或零售商提供任何价值。因此，品牌资产的核心便成为如何建立和发展消费者——品牌关系，评估品牌资产即要解决如何评估与消费者的关系。迄今为止，从理论上讲，如何衡量品牌与消费者的关系强度这一问题并未获完全解决。

基于对品牌资产内涵的上述 3 种不同理解，构成各种品牌资产评估方法的基本要素可以分为 3 大类：财务要素（成本、溢价、附加现金流等）、市场要素（市场表现、市场业绩、竞争力、股市等）和消费者要素（态度、行为、信仰；认知、认同、购买意愿等）。表 6-1 归纳出各种评估方法的基本分类、其特点及代表性方法。

表 6-1　品牌资产评估方法的分类

评估方法要素	评估方法的特点	代表性方法
评估方法Ⅰ： 财务要素	品牌资产是公司无形资产的一部分，是会计学意义的概念	成本法、替代成本法、市值法
评估方法Ⅱ： 财务要素＋市场要素	品牌资产是品牌未来收益的折现，因此，对传统的财务方法进行调整，加入市场业绩的要素	Interbrand 方法 Financial World 方法
评估方法Ⅲ： 财务要素＋消费者要素	品牌资产是相对于同类无品牌或竞争品牌而言，消费者愿意为某一品牌所付的额外费用	溢价法 品牌抵补模型（BPTO） Conjoint Analysis
评估方法Ⅳ： 消费者因素＋市场因素	品牌资产是与消费者的关系程度，着眼于品牌资产的运行机制和真正驱动因素	Brand Asset Valuator Brand Equity Ten Equi Trend Brand Equity Engine

资料来源：根据艾丰主编《中国品牌价值报告》，经济科学出版社，1997 年版整理而成。

---

① 《品牌资产评估的模型与方法》，卢泰宏，中山大学学报（社会科学版）2002 年第 3 期。

品牌资产价值评估方法的选择,应该依评估目的而定。我们以为,以市场/消费者影响力为基础确定的品牌价值,是品牌发展战略的直接目标,为此,品牌资产价值评估就应该采用市场/顾客影响力评估法;以未来收益现值为基础确定的品牌价值,是品牌发展战略的最高目标,也是企业未来获利能力的一个指示器。下面介绍几种主流的品牌资产价值评估方法。

(一)重置成本法

即依据实际投入在被评估品牌上的资源的现行成本确定品牌价值。换言之,品牌价值取决于按现有的市场、技术条件,重新开发一个同样的品牌所需的成本。

(二)直接评估法

即直接根据品牌的概念,计算出品牌资产价值,以美国评值公司为例,该公司认为无形资产包括以下内容:促销型资产(Marketing Assets)、商号/商标(Tradenames/Trademarks)、顾客名单(Customer Lists)、包装(Packaging)、订单(Backlog)、广告材料(Advertising Material)、特许权(Franchises)、货架空间(Shelf Space)、许可证(Licences)、经销网(Distribution Network)、制造型资产(Manufacturing Assets)、专利(Patents)、配方(Formulas)、经营秘密(Trade Secrets)、专有技术(Know how)、非专利技术(Unpatented Technology)、图纸(Drawings)、供应合同(Supply Contracts)、新产品开发(New Product Development)、金融资产(Financial Assets)、优惠融资(Favorable Financing)、配套员工(Assembled Workforce)、软件(Software)、版权(Copyrights)、核心存款(Core Deposits)、不竞争合同条款(Covenants-Not-To-Compete)、租赁权(Leasehold Interests)、雇佣合同(Employment Interests)、数据库(Data Base)、超额年金计划(Overfunded Pension Plan)、解雇率(Unemployment Ratings)和商誉(Goodwill)等。[1]

根据品牌概念,上述无形资产中的商标、顾客名单及部分商誉应属于品牌资产,即:品牌资产价值=商标价值+顾客名单价值+部分商誉价值。

(三)市场结构模型法

这是美国《金融世界》主要使用的方法。其思路是在已知某一相同或类似行业品牌价值的前提下,通过比较来得出自己品牌的价值。它认为,任何品牌的价值都必须通过市场竞争得以体现,不同品牌的价值与该品牌的市场占有能

---

[1] 韩光军著:《品牌策划》,北京:经济管理出版社,1997,第71~73页。

力、市场创利能力和市场发展能力成正相关关系,同时还要考虑市场上不确定因素对品牌价值的影响,以准确地评估品牌的价值。具体步骤如下:

(1)测算出已知价值品牌和被评估品牌的三种能力数值。

市场占有能力＝企业销售收入/行业销售总收入

市场创利能力＝净资产收益率－行业平均净资产收益率

市场发展能力＝销售增长额/去年销售额

(2)求出被评估品牌每种能力占已知价值品牌相应能力的百分比,再根据行业的具体情况如企业规模、行业特征等对三个能力的百分比进行权数的调整,然后进行加权平均计算。

(3)代入公式。

被评估品牌价值＝某一比照品牌的价值×调整后的加权平均百分比

这种方法的优点是考虑了品牌的市场占有率、赢利性和成长性,较为客观地评价了品牌的价值,但它是以已知其他品牌的价值为前提的,那么,这个价值从哪里得到? 即使得到了,它的评估是否准确? 这些问题的存在客观上限制了它在实际中的运用。

(四)Interbrand 价值评估模型

Interbrand 模型是由 Interbrand 公司所设计的一种品牌价值评估模型。Interbrand 公司是世界上最著名的品牌评估公司,每年世界上最有价值的品牌评估都是由该公司进行的,所以该模型很具权威性。其假设品牌创造的价值在未来一段时间是稳定的,通过计算品牌收益与品牌的强度系数来确定品牌的价值。

计算方法为:$V = I \times G$

其中 V 是品牌价值,I 是品牌给企业带来的年平均利润,G 是品牌强度系数,在使用时,一般要考虑以下 3 个问题:

1. 剔除非评估品牌所创造的利润和同一品牌中其他因素创造的利润

首先是在评估一个品牌的利润时要将其余品牌所创造产品的利润去除。即假设宝洁公司要评估"飘柔"品牌的价值,它必须将旗下"潘婷"、"诗芬"等其他洗发水品牌所创造的利润剔除。其次,要剔除同一品牌产品中其他因素所创造的收益,因为原材料固定资产、管理等经营要素也对产品的利润作出了贡献。但由于在实际中几乎不可能单独计算每一要素的收益,所以一般通过计算这些要素的预期报酬率来计算它们的利润。预期报酬率的确定因行业的不同而不同,一般而言,预期报酬率在 5%～10%之间,技术含量较低的产业,预期报酬率较高,反之亦然。

2.平均利润的确定

Interbrand 模型考虑的是品牌的持续经营能力,因此对品牌的利润进行了加权平均的调整。当年的利润权数为 0.5,上一年的利润权数为 0.33,再上一年的利润权数为 0.17,并根据经济发展趋势和通货膨胀率进行相应的调整,以确保数据的可比性和利润的稳定性。

3.强度系数的确定

Interbrand 公司通过调查给出了一个品牌强度影响因素的量表,通过专家打分的方式来确定品牌强度系数。如:

表 6-2

品牌实力	最大分值
领导地位	25
行业特征	10
品牌稳定性	15
地域影响力	25
品牌发展趋势	10
品牌所获支持	10
品牌法律保护	5

总分越高,则品牌的实力越强,预计使用年限就越长,Interbrand 通过大量调研,将 G 的范围定义在 6~20 之间。分数越高,则 G 越接近 20。[①]

本章小结

尽管对品牌资产概念定义的争论还莫衷一是,但当今的业界和学界学者所达成的共识是它代表了一种产品或服务的附加值,这种附加值来源于以往对品牌的营销投资。品牌资产是公司最有价值的资产,也是一种无形资产。

从消费者心理学角度出发,它反映了消费者根据自身需要对某一品牌的偏爱(performance)、态度和忠诚程度,特别是指消费者赋予一个品牌超越其产品功能价值之外的形象价值部分,是消费者对企业产品或服务的主观认知和无形评估。

大卫·A.艾克创造性地构建了品牌资产的 5 大元素:品牌忠诚度、品牌知名度、品牌认知度、品牌联想度和品牌资产的其他专有权,并认为品牌资产是与品牌、品牌名称和标志相联系的,能够增加或减少企业所销售产品或提供服务

---

① 唐启蒙:《品牌价值评估三法》,《中华商标》,2003 年第 9 期。

的价值和顾客价值的一系列品牌资产与负债。

1998 年,凯文·莱恩·凯勒发展了大卫·A.艾克的观点,认为品牌资产的价值构成要素主要包括两部分:品牌知晓和品牌形象。前者包括品牌记忆和品牌知晓,后者是指在前者的基础上建立的与品牌的联系,即所形成的一种品牌态度网络。这是一种以消费者为中心的品牌资产观念。

建构品牌资产需要做好 3 个方面的工作:科学合理地选择品牌要素;把品牌纳入营销支持计划;通过理性和感性两条途径来创建品牌资产。品牌要素要具有容易记忆、有意义、可转移性、可适应性、可保护性等特点。营销支持计划可以通过产品策略、价格策略和渠道策略以及营销沟通策略来支持品牌资产构建。理性途径与产品的物理属性相联系,感性途径与其社会属性相联系。

品牌资产的重要来源是品牌知名度、品牌知觉质量、品牌联想(关联性)以及品牌忠诚度。可以通过以下途径积累品牌资产:在品牌传播过程中建立关系、在共同创造价值中密切关系、使命营销和管理品牌资产。

品牌资产价值是指由品牌资产所带来的价值。它通常包括两个部分:其一是品牌资产向顾客所提供的价值;其二是品牌资产给企业带来的价值。一般意义上所讲的品牌资产价值指的是后者,品牌资产能够通过 6 种方式向企业提供价值。

品牌资产评估对品牌战略的成功实施至关重要。根据顾客所注重的价值内容,品牌资产可以由 5 个方面的参数来测定,它们是:①顾客对品牌的认知;②顾客对品牌的忠诚度;③顾客对产品质量的感知;④顾客对品牌产品在使用或消费过程中产生的附加联系;⑤品牌资产的其他专有权(如专利、商标、营销渠道中的分销成员之间的关系等)。对品牌资产进行评估的方法多种多样,需要根据目的和特点进行选择。但归根结底要明白一点,即评估品牌资产的价值是为经营品牌和提升品牌而服务的。

思考与训练

1.选择一个品牌,评价该品牌能在何种程度上产生其品牌资产的各种利益。

2.选择一个你熟悉的产品,进行有品牌和无品牌实验。通过实验,你在该产品的品牌资产方面了解了什么?

3.使用 Interbrand 价值评估模型的方法评估某知名品牌,看看自己的评估结果是否具有现实意义,并与同学交流讨论该品牌资产评估方法的得失。

推荐读物

1.［美］凯文·莱恩·凯勒著:《战略品牌管理》,北京:中国人民大学出版社,2003。

2.［美］David A. Aaker 著:《管理品牌资产》,北京:机械工业出版社,2006。

3.［英］保罗·斯图伯特著:《品牌的力量》,北京:中信出版社,2000。

4. 范秀成:《品牌权益及其测评体系分析》,《南开管理评论》,2000 年第 1 期。

5.陆娟:《品牌资产价值评估方法评介》,《统计研究》,2001 年第 9 期。

6.卢泰宏:《品牌资产评估的模型与方法》,《中山大学学报(社会科学版)》,2002 第 3 卷。

第七章　品牌扩张

导入语

　　没有人会一直把注押在一匹马上。

本章要点

　　品牌扩张指运用品牌及其包含的资本进行发展、推广的活动。它是指品牌的延伸、品牌资本的运作、品牌的市场扩张等内容，具体也指品牌的转让、品牌的授权等活动。本章通过实际案例，对在品牌扩张中最为常见的品牌延伸战略和多品牌战略，作了详细的探讨和研究。我们认为，品牌延伸和多品牌战略会给企业带来深远的影响，对于品牌的发展、企业的未来是举足轻重的。另外，为了实现品牌关系的清晰、协调和平衡，就品牌延伸和品牌更新之后又带来了一些新的研究：如品牌组合战略和品牌一体化战略的研究方向作了一定的探讨。通过本章的学习，同学们应该了解和掌握以下要点：

　　◆品牌扩张的原因有哪些？

　　◆品牌延伸的概念，企业品牌延伸过程中有哪些可遵循的规律？

　　◆品牌延伸中的是非得失。

　　◆什么是多元化品牌战略？多元化品牌策略有哪些模式？

　　◆品牌扩张研究中有哪些新的领域？

开篇案例

迪斯尼的品牌扩张历程

　　2002 年，《商业周刊》的一项跨品牌的品牌价值研究表明，沃尔特迪斯尼公司 50％以上的价值来自于迪斯尼这个品牌，该品牌价值超达 290 亿美元。毫无疑问，这一估价低估了迪斯尼家族里数以百计的其他品牌的价值。

　　这一切都始于迪斯尼乐园，这个迪斯尼最初的品牌衍生。"迪斯尼乐园"所带来的品牌冲击比商业史上任何一个品牌运作带来的冲击都要大。迪斯尼乐园提供了身临其境的感觉。你不仅亲眼看到了幻想世界,而且竟能身处其中,体验当一个牛仔,在西部的小酒馆里畅饮的感觉。你可以面对面地与米老鼠和唐老鸭交流,你可以在一个情景剧中坐过山车,这都是在其他乐园里没有的。不仅如此,这种体验还是家庭式的,它所带来的美好回忆就更为长久,不管是孩子,还是家长,迪斯尼乐园萦绕了无数人的温馨回忆。家庭娱乐被赋予了其他品牌难以企及的深度。

迪斯尼乐园是和迪斯尼品牌紧密联系在一起的。迪斯尼的名字毫无疑问挂在门上,但更重要的是,迪斯尼乐园为一大批与迪斯尼品牌相关的标志和人物的展示提供了舞台。迪斯尼人物不仅在园中四处走动,参加游行队伍,而且还在所有的地方展出,从"泰山的树屋"到"维尼小熊历险",到"与你最喜爱的迪斯尼公主的约会"。迪斯尼乐园与迪斯尼品牌牢不可分。

在积极延伸品牌,扩充品牌资产和开拓新商机方面,迪斯尼称得上是典范。它运用了"乐园"、"巡游战舰"等形容词,开发了亚品牌"百老汇大道"、"迪斯尼世界",托权品牌"狮子王"、"动物王国",联合品牌"迪斯尼米高梅电影世界"等众多品牌。让我们来看一下迪斯尼品牌发展的道路上的每一步是如何适应并提升它的整体品牌的。

1954 年,就在迪斯尼乐园主题公园揭幕前几个月,公司推出了一个叫做"迪斯尼乐园"的电视节目。这个节目一炮而红,至今不衰。该节目由沃尔特迪斯尼本人亲自主持了许多年,轮流推出与迪斯尼乐园主题公园相关的节目,有时是幻想世界,有时是探险世界、未来世界、西部世界等等。大卫·克劳切特系列节目尤为受欢迎,为迪斯尼招徕了又一个人物和标志家族。1955 年,迪斯尼品牌再次向电视产业进军,推出了"米老鼠俱乐部",并最终于 1983 年成立了迪斯尼频道。尽管起步慢了一点(部分原因是迪斯尼选择了收费频道这条路),迪斯尼频道还是在 2003 年超过了另一家儿童频道 Nickeldeon。

迪斯尼还把迪斯尼乐园的概念推广到世界各地,于 1971 年开放了迪斯尼世界度假村,1983 年开放了东京迪斯尼乐园,1993 年开放了欧洲迪斯尼乐园。其他迪斯尼认可的乐园还有 1982 年的未来世界,1989 年的米高梅电影世界,1998 年的动物王国和 2001 年的加州探险乐园。迪斯尼把这些品牌作为托权品牌而不是亚品牌,为的是让人们认识到这些乐园各自有各自的特色,值得花时间一游。在乐园附近有着众多的度假酒店,每一家都富有迪斯尼特色,比如"天堂码头"、"迪斯尼大加州"、"迪斯尼动物王国客栈"、"迪斯尼游艇"、"海滩俱乐部度假村"等等。为了使度假的感觉更为完整,乐园里还建有迪斯尼商业街和迪斯尼世界度假村。

　　然而这都只不过是故事的一小部分罢了。1987 年,迪斯尼主题商店诞生,销售迪斯尼卡通玩具娃娃、游戏、影碟、CD 等,商店变成了推销品牌的另一个载体。迪斯尼电影公司不断推出动画电影(如《101 条斑点狗》)和故事片(如《家长陷阱》、《玛丽波平斯》)来增加迪斯尼家族的品牌资产。此外还有冰上迪斯尼、迪斯尼游船公司、百老汇的《狮子王》、迪斯尼拍卖公司(和 eBay 联合推出)、迪斯尼信用卡和迪斯尼广播电台等。①

第一节　品牌扩张之路

　　正像一个人要长高、长胖一样,品牌的成长以及发展的过程中也需要不断的扩张。品牌的扩张是未来企业必经之路,强势企业一般都会充当品牌扩张的行业先锋。

一、品牌扩张的含义

　　通常,人们把一个品牌跨越不同的行业领域进行品牌的扩张简单统称作品牌延伸。实际上,品牌扩张是一个具有广泛含义的概念,它涉及的活动范围比较广,但具体来说,品牌扩张指运用品牌及其包含的资本进行发展、推广的活动。它是指品牌的延伸、品牌资本的运作、品牌的市场扩张等内容,也具体指品牌的转让、品牌的授权等活动。比如,我们前面提到的迪斯尼品牌,从卡通电影业扩张到玩具、服装,再到游乐园、百货业;日本 SONY 公司从收音机到录音机,再到电视机的品牌扩张;美国魁克麦片公司从卡邦·克伦茨牌的干麦粉到卡邦·克伦茨牌冰淇淋棒;中国春都从火腿肠到春都饮品;娃哈哈从儿童饮品到老年人饮品、老年人保健品,甚至其他行业产品等等。再如,麦当劳利用其品牌优势开展特许经营、加盟连锁,在全世界范围内扩张。

　　品牌扩张是企业实现其市场扩张和利润增长的"高速路"。它强调的是企业对已实现的某个品牌资源的充分开发和利用,使名牌生命不断得以延长,品牌价值得以增值,品牌的市场份额不断扩大。

---

　　①　资料来源:迪斯尼官方网站以及整理翻译 David A. Aaker ;*Brand Portfolio Strategy* 的品牌关系谱章节。

二、品牌扩张的原因

那么品牌扩张的原因是什么？为什么众多世界名牌纷纷实施扩张策略呢？其中的原因有很多方面。总的来讲，品牌作为企业重要的资源，甚至对于一些企业品牌是其最主要的资源，应该充分、合理地利用它，使它发挥最大的经济效益。有学者把品牌扩张的原因归结为 6 点：

(一)品牌扩张的消费者心理基础

消费者使用某个品牌产品或接受某种服务并获得满意的效果后，就会对此种品牌形成正面评价，形成良好的消费经验，并把这种经验保留下来，影响其他消费行为。尤其消费者在消费某一名牌并获得了满意后，会形成一种名牌的"光环效应"，影响这一种品牌下的其他产品或服务。例如，人们购买了耐克牌运动鞋，经过使用并获得了满意(认为其质量好、保护脚等等)，由此人们会对其他款式的耐克鞋有好感，对耐克牌的其他产品如运动服、体育器材等也存在好感，并影响人们将来对此类产品的消费行为。中国有句成语"爱屋及乌"，便说明了这种心理效应。

(二)企业实力的推动

从企业内部讲，企业发展到一定阶段，积累了一定的实力，形成了一定的优势，如企业积累了一定的资金、人才、技术、管理经验后，为品牌扩张提供了可能，也提出了扩张要求。特别是一些名牌企业，它们一般具有较大的规模和较强的经济实力，这为实行品牌扩张提供了条件。在企业实力的推动下，企业主动地进行品牌扩张，以充分利用企业资源，在这方面的表现主要是利用品牌优势，扩大产品线或控制上游供应企业，或向下游发展，或是几者的综合，众多企业在积累了一定的实力后，纷纷采用品牌扩张的战略。TCL 集团在家电方面取得了优秀的业绩，形成实力后，又向信息产业进军。

(三)市场竞争下的品牌扩张压力

企业的生存与发展是在市场竞争中进行的。品牌的生存与发展也同样摆脱不了市场竞争。市场竞争的压力常会引发品牌扩张的行为，市场竞争压力下的品牌扩张主要指由于竞争对手在某些方面作出了调整，或进行了品牌延伸或市场扩大，而迫使企业不得不采取相应对策，进而采取相应的品牌扩张措施。竞争对手的品牌扩张使其实力增强、规模扩大或发生了其他有利于竞争的变化。世界最大的摄影器材公司——美国柯达公司长期以来占据着世界胶卷市场的 90% 以上的市场份额。但近年来，在日本胶卷的冲击下，其市场占有率有所下降，柯达与日本富士公司大打"胶卷大战"的同时，经营方向开始向摄影范围以外转移,进行品牌的扩张,1997 年,柯达公司收购了王安电脑公司的软件部,希望通过在这一新行业的扩张,寻找企业的新增长点。

市场竞争中,由于一个竞争对手进行了品牌扩张,并取得了良好的效益,比如利润的增长、市场份额的提高、市场知名度或美誉度的提高等等,都会使竞争者态度发生变化,从而使竞争的天平偏向一方。这种情况下,相应的竞争者就需要采取措施,也必须进行品牌的扩张,以恢复自身的竞争地位。

(四)外界环境压力下的品牌扩张

企业是在一定的外界环境中生存、发展的,外界环境会对企业的发展、品牌的扩张产生重大影响,外界环境下造成的压力常常也是企业进行品牌扩张的原因之一。企业生存的外部环境主要指影响企业的宏观环境,如政治环境、自然环境等,这些因素对企业来说是不可控的,某一环境因素的变化都可能导致企业进行适应性变革,这些变革很多是品牌扩张的内容。比如,美国杜邦公司在 20 世纪 70 年代面对石油危机,一时无法应对,其产品的营销和价格营销都处于混乱中,仅仅两年的时间,其利润就下降了 2.7 亿美元。企业的外部环境发生了变化,对于杜邦这样的公司——80％的产品原料是石油,70％的收益来自石油制品,必须采取相应的应对措施,进行品牌扩张。经过利弊权衡后,杜邦公司决定兼并美国第九大石油公司,并创立自己的品牌。此举通过品牌扩张,实现了原料的自给自足,不但降低了成本,而且摆脱了国际市场原油的控制,使杜邦公司在化学工业市场上立于不败之地。

(五)产品生命周期的结果

企业的产品总有一个生命周期,对于企业来说这是不容回避的现实。当产品处于生命周期的成熟阶段或衰退阶段时,市场需求停止增长并开始下降,这时企业应考虑如何推出新产品或进入新的市场领域,从而避免产品生命周期给企业带来的灾难,实际上,当企业产品处于成熟期或衰退期时,企业就开始考虑品牌扩张,希望通过品牌扩张推出新产品或转入新行业,从而使企业或品牌继续生存和发展下去。另外,科技的进步,使一些产品的生命周期大大缩短,这更需要企业提早准备,积极进行品牌扩张。联想集团曾以"联想"汉卡称霸国内市场多年,但随着技术的进步,汉卡的体积越来越小,最后因被集成在芯片上而走到生命的尽头。联想集团较早看到了这一点,在汉卡销售正旺时就着手研制自己的电脑,当汉卡市场萎缩时,"联想"电脑已成为企业的第二代拳头产品了。

(六)规避经营风险的需要

企业的经营常会遇到各种风险,其中的一种便是单一的产品、项目或业务经营的失败给企业带来的致命打击。也就是说,对于单项经营的企业来说,此项业务的失败,会使企业唯一的经营活动失败,从而给企业带来严重的损失。由此,众多的企业在发展中往往采用品牌扩张的策略,进行多元化经营,从而规避经营风险。实施品牌扩张,使企业左右逢源,保证了企业平稳发展。美国吉利公司前任董事长勒克勒在 1978 年出任总经理时就提出:"本公司不应再以刀片当唯一的事业了。"于是,吉利公司在继续研制新型剃刀的同时,大刀阔斧地进行了品牌扩张,企业经营转向了化妆品、医药及生活用品等多个方面,并在这些行业中取得了成功。到 1980 年,剃须刀和刀片的销量额在其海外业务的总营业中所占比重还不到 35%。正是由于实施单一经营向多元化的战略调整,使吉列开始多条腿走路,使吉列开始的"剃须刀王国"更加巩固。①

品牌扩张是品牌实力的体现和要求,因为品牌扩张是借助已有品牌的声誉和影响向市场推出新产品或将原产品推进新市场。因此,在品牌瓜分市场的今天,品牌实力是品牌扩张的基础和前提。只有当一个品牌有足够的实力,才可以保证扩张的成功。

在品牌扩张中最为常见和最具影响力的就是品牌延伸战略和多品牌战略,品牌延伸和多品牌战略会给企业带来深远的影响,对于品牌的发展、企业的未来都可以说是举足轻重的。而品牌延伸和品牌更新之后又带来了一些新的研究领域:不同的衍生品牌与原有品牌形成了复杂的关系,这些林林总总的品牌组合在一起成为一个品牌家族,如何来协调、管理好这样一个复杂的品牌组合体呢?那么又如何通过品牌一体化战略来为企业获得最有优势的发展呢?这是我们接下来要探讨的问题。

第二节　品牌延伸——单一化品牌战略

随着竞争的加剧,企业进入新市场的风险越来越大。庞大的开创费用促使相当一部分企业使用已经具有市场信誉的品牌,借助它们的影响,推出新的产品。将著名品牌或成名品牌使用到与现有产品或原产品不同的产品上,它是企业在推出新产品过程中经常采用的策略,也是品牌资产利用的重要方式。

一、品牌延伸的概念

作为一种经营战略,品牌延伸在 20 世纪初就得到广泛的应用。诞生在本

---

① 陈放:《品牌学》,北京:北京时事出版社,2002。

世纪初的一些国际名牌,如"奔驰"(Benz)等,都曾采用过类似的策略。但是,作为一种规范的经营战略理论,品牌延伸则是在 20 世纪 80 年代以后才引起国际经营管理学界的高度重视的。迄今为止,国际营销学界对品牌延伸问题,如品牌延伸的概念、品牌延伸的基本策略、品牌延伸经济效益的度量等尚没有一个统一的理论体系。在颇具权威性的营销学词典《营销术语:概念、解释及其他》中,对品牌延伸的定义是:"品牌延伸是指将已被市场接受的品牌延伸使用到公司的其他产品上,目的是改变原有品牌(产品的形象),但这种策略必须和其他营销策略配套使用才能具有较好的效果。"那么究竟什么是品牌延伸呢?

所谓品牌延伸,是指将某一著名品牌或某一具有市场影响力的成功品牌使用到与成名产品或原产品完全不同的产品上。比如将"雀巢"使用到奶粉、巧克力、饼干等产品上,将"万宝路"使用到箱包皮革制品上,就是品牌延伸。

实际上,品牌延伸是一种单一化的品牌战略,即所有的目标都承载于一个品牌之上,把所有的资源都聚焦于特定的品牌之上的战略类型。单一化品牌战略最典型的特征就是所有的产品都共用一个品牌名称、一种核心定位、一套基本品牌识别。这种品牌战略最大的好处就在于能够"集中优势兵力打歼灭战",把所有的品牌资产都集中于一个品牌之上,能够减少企业管理的压力,能够壮大企业的声势与实力感,能够提高新产品的成功率,能够减少顾客的认知不协调,能够促进规模经济或降低推广费用等等。

对于一个企业来讲,采用品牌延伸策略推出新产品,受益颇多。

首先,原品牌的知名度有助于提高新产品市场认知率和减少新产品市场导入费用。新产品推向市场的第一步就是如何获得消费者的认知,使消费者意识到该产品的存在。著名品牌在市场上家喻户晓,品牌知名度极高,新产品借此推向市场,不仅能迅速为消费者所熟悉、了解,为企业节省大量的促销费用,同时还有助于解除消费者对新产品的戒备心理,使新产品更容易为市场所接受。

其次,原品牌的良好声誉和影响,有可能对延伸产品产生波及效应,从而有助于消费者对延伸产品产生好感。心理学告诉我们,人的情感归属,人对某些事物的偏爱、好恶是具有传递性的,所谓"爱屋及乌"就反映了人类这种心理状态。品牌延伸中的原品牌均是受到消费者欢迎和信赖的,消费者对这些品牌的总体态度和质量评价都比较高。消费者对原品牌的这种好感,即使是部分地辐射到延伸产品,对后者的成功也是有极大帮助的。

再次,采用品牌延伸策略,借助著名品牌推出新产品,使后者的定位更为方便、容易。产品定位实际上是在市场上为产品塑造一个独特的形象,使之具有自己的特点和个性。它是产品取得竞争优势的重要手段。如果企业拥有某一成功品牌,而该品牌又恰好能准确地传达新产品定位所需要的信息,新产品定位的目标就更易达成。①

二、品牌延伸中的是与非

但是,品牌延伸并不总如人们所期望的那样美妙,一些著名品牌,在品牌延伸过程中都有过失败的惨痛教训。因而进行品牌延伸决策时,企业切不可只为品牌延伸的诱人前景所陶醉,而对它的潜在风险和可能带来的不利后果掉以轻心。

本节以娃哈哈品牌延伸案例为背景,全面分析品牌延伸的是与非。

(一)娃哈哈企业的成长之路,就是一条不断产品扩展和品牌延伸之路

第一步,从营养液到果奶。

"娃哈哈"品牌诞生于1989年。宗庆后在当时发展迅速的营养液市场上发现了一个市场空白——儿童市场,遂开发出"给小孩子开胃"为诉求的儿童营养液产品,并起名为"娃哈哈",同时企业也更名为"杭州娃哈哈营养食品厂"。得益于那首"喝了娃哈哈,吃饭就是香"的著名儿歌以及强大的广告宣传攻势,娃哈哈儿童营养液的销量急速增长,1991年增长到4个亿。在两年之内娃哈哈就成功地成长为一个有极大影响力的儿童营养液品牌。1992年,娃哈哈又开发出针对儿童消费者的第二个产品——果奶。虽然当时市场上已存在不少同类产品,但凭借娃哈哈营养液的品牌影响力,再加上两年来建立的销售渠道和规模生产的优势,果奶上市并没遇到什么困难。初次尝试品牌延伸的娃哈哈,由于目标市场没有变,新产品的核心诉求"有营养,味道好"和营养液切合度非常高,效果良好,卓有成效。

第二步,突入纯净水市场。

到了1995年,娃哈哈决定进入成人饮料市场,并沿用"娃哈哈"品牌生产纯净水。一个儿童品牌如何能打动成人的心,是娃哈哈面临的最大挑战。针对这个垂直性的品牌转型,很多人认为此举并不能利用娃哈哈原有的品牌优势,这样只会让品牌个性变得模糊,建议娃哈哈应该采取新品牌。但考虑到创造新品牌所涉及到的巨额推广费用(估计每年要在1～2亿元),宗庆后决然地坚持了品牌延伸之路。在广告宣传上,娃哈哈纯净水淡化了原先的儿童概念,采用了"我的眼里只有你"、"爱你等于爱自己"等宣扬年轻、活力、纯净的时尚感觉,寻找在成人特别是年轻人心目中的品牌认同。

第三步,挑战"可乐"。

---

① 符国群:《品牌延伸策略研究》,武汉大学学报(哲学社会科学版),1995年第1期。

1998 年,娃哈哈制定的销售目标是 1996 年的 10 倍。市场日渐饱和竞争日趋激烈情况下的纯净水和正从成熟期迈向衰退期的儿童饮品都无法实现这一宏大目标。这时候,娃哈哈在宗庆后的带领下又义无反顾地杀入被"可口可乐"和"百事可乐"把持的碳酸饮料市场,在市场上引起轩然大波。这次,娃哈哈没有使用单一品牌延伸策略,而是采用宗庆后认为比较保险的主品牌延伸下的隐性品牌——"娃哈哈＋非常可乐(Future)",即品牌延伸与多品牌结合的策略。在市场怀疑声中,娃哈哈的"非常可乐"艰难地成长起来。

第四步,拓展童装市场。

为了拓展利润来源,娃哈哈在业务上又进行了一次大胆的跳跃。2002 年 8 月,娃哈哈决心进军童装市场,将品牌再次延伸,"娃哈哈童装"宣称要在 2002 年底在全国开 2000 家专卖店,完成跑马圈地,为塑造一个儿童服装品牌奠定基础。娃哈哈运作童装的思路是以 OEM 进行贴牌生产,以同专业童装设计单位合作的方式完成设计,以零加盟费的方式尽快完成专卖店在全国的布局。但 1 年多过去了,娃哈哈在全国仅开设了 800 多家专卖店。

第五步,多面开花。

一直以来,娃哈哈也在尝试将品牌延伸到其他市场。比如,1993 年至 1995 年期间,大张旗鼓地推出娃哈哈平安感冒液,将品牌延伸至感冒液领域;而后又推出娃哈哈银耳燕窝、娃哈哈营养八宝粥等产品,将品牌延伸至营养保健食品领域;还有娃哈哈榨菜、娃哈哈瓜子,以至娃哈哈酸梅饮、娃哈哈清凉露、娃哈哈红豆汤、娃哈哈关帝牌白酒等等,品牌延伸遍地开花。

(二)品牌延伸的得与失

从营养液向果奶的延伸是娃哈哈依靠品牌战略得以成长的第一步,而且是成功的一步。从一般的品牌理论而言,品牌包含两个层面的利益:基于核心产品价值的产品利益和基于产品延伸价值的形象利益。在儿童营养液时代,娃哈哈品牌的产品利益就是"营养饮品",其形象利益就是"给小孩子开胃"。而延伸出的果奶产品,在产品利益上和"营养饮品"是一致的,只是其形象利益更突出"有营养"和"好味道",和"给小孩子开胃"基本处于一类诉求点,更是对后者在内涵上的丰富。所以,从理论上看,这次品牌延伸不存在和原来品牌利益的冲突,是成功的。而且,目标市场仍聚焦于儿童群体。从市场结果看,虽然当时市场上已有不少同类产品品牌,但娃哈哈果奶仍然取得了成功,占据了一半以上的市场。

而这次品牌延伸更重要的意义是,突破了娃哈哈品牌单一产品的概念,并巩固了娃哈哈作为一个强势儿童营养饮品品牌的地位,使品牌形象更为丰满。

自此,"儿童的"、"营养、健康"真正成为娃哈哈品牌的核心价值。而且,从娃哈哈后期的发展来看,此时的娃哈哈作为一个儿童营养饮品或者说一个儿童产品,品牌的形象是最清晰和最强大的。

第二步进入纯净水市场是经过两年多立足"营养液"和"果奶"的发展,羽翼渐丰的娃哈哈扩张欲望的结果。但显然,宗庆后在发展战略路径的选择上更多地是基于硬件资源上的考虑,比如生产线、技术积累、现有渠道等。正如宗庆后所说:"不管是生产线、研发力量、还是销售网络,当时我们的实力都更适合于向关联度更高的饮料行业突破。"这是娃哈哈进入纯净水领域的根本原因,但在品牌等软资源上,娃哈哈显然考虑不多。可以说,此次品牌延伸的得与失是最为复杂,而难以衡量的。

从失上来看,品牌冲突严重,品牌核心几乎推倒重来,品牌价值流失巨大。首先,娃哈哈的产品利益完全改变了。虽然从广义上说娃哈哈产品仍然在饮料领域,但这个范围定义得过于宽泛。娃哈哈赖以起家和立身的"营养液"和新产品"纯净水"毕竟是两种差别极大的饮品。其次,形象利益也在矛盾重重中面目全非。在纯净水推广的前期,娃哈哈果奶的广告同样也在热播。当"有营养,好味道"和"我的眼中只有你"、"爱你等于爱自己"同台亮相,当一群闹哄哄的小孩子和景岗山等明星相遇时,娃哈哈的品牌形象混乱不堪。一方面,产品功能诉求发生了迁移。纯净水虽然勉强和"健康"挂上钩,却完全抛弃了"营养"的价值理念。这是对娃哈哈5年多建立起来的品牌功能形象的放弃。另一方面,目标消费群的改变从根本上改变了娃哈哈的品牌形象,最终造成品牌核心价值的完全改变。娃哈哈从一个儿童品牌变成一个成人品牌,品牌形象也从"活泼可爱"向"时尚"、"情感"转变。这一转变是最令人痛心的损失,娃哈哈品牌的儿童性开始了不断淡化的过程,其两年多建立起来的品牌价值在迅速流失。可以说,纯净水的成功是以娃哈哈原来巨大的品牌价值流失为代价的。显然,这些改变对品牌延伸来说都是足以导致失败的原因。

有失就有得,企业实力的飞升自不用说:纯净水项目为娃哈哈积累了数十亿的资产,并形成了强大的生产能力和销售网络。从品牌角度来看,借助于纯净水的成功,娃哈哈作为一个全国性强势品牌的地位最终确立下来,其影响力今非昔比——这就是最大之得。其二,娃哈哈成功实现了品牌核心价值的改变,从"健康、营养"的儿童营养饮料品牌转变成"时尚、浓情"的成人饮料品牌。从品牌内涵和可扩展性来看,娃哈哈无疑有海阔天空之感。

第三步在1998年,娃哈哈毅然杀入碳酸饮料领域,推出了"非常可乐"。具体的,娃哈哈使用了"娃哈哈+非常可乐"的联合品牌,在宗庆后看来,是品牌延伸和多品牌战略的相互渗透,能同时提升两个品牌的影响力。在品牌专家眼中,这是品牌延伸中较为稳妥的方法之一,即隐性品牌(Hidden Brand)战略,类似于丰田在高档车上推出"凌志"品牌,其实是一种准多品牌战略。

2002年8月,娃哈哈又开始向童装领域进军。在质疑声中成长起来的娃哈哈显然没有经受起这次考验——800个专卖店的建立、两亿元的销售额和巨大的投入不相匹配。显然,企业忽视一个重要事实:经过七八年来的发展,娃哈哈已经不是1995年的那个雄霸一方的儿童品牌,而是一个时尚的饮料品牌,其儿童性基本上荡然无存了,虽然其一直没有放弃果奶等儿童产品。另外,从"饮料"到"服装",品牌的产品利益也不切合。也就是说,娃哈哈品牌无论是产品利益(饮料),还是形象利益(时尚),都已无法和童装相切合。百事品牌同时在可乐和服装上进行品牌延伸,但"运动、时尚"是连接两者的有力纽带。虽然娃哈哈也在童装上强调"健康",但此"健康"非彼"健康",无法实现与原品牌形象的嫁接。而且,在服装上使用"健康"概念多少有点牵强,且这一被泛用的概念也缺乏核心的号召力。

另外,当初娃哈哈生产纯净水时,现有资源的可利用度很高。而童装产品很难利用娃哈哈多年积累的资源优势,最明显的,让纯净水的经销商卖童装就是一个错误。而最为关键的是,推出童装简直是对旧品牌价值的复辟,是对现有娃哈哈品牌核心价值的颠覆。这对于娃哈哈品牌的伤害无法估量。纯净水和童装之间很可能是一种此消彼长的关系。此时专家对娃哈哈的建议是:忘记自己的"童年神话",在"成人"的道路上义无反顾地走下去。

(三)品牌延伸中几个容易犯的错误

1.延伸面过宽,从而分散了品牌资产

娃哈哈品牌的一些遍地开花、天马行空的品牌延伸策略,像推出娃哈哈平安感冒液,将品牌延伸至感冒液领域;而后又推出娃哈哈银耳燕窝、娃哈哈营养八宝粥等"老人线"产品;还有娃哈哈榨菜、娃哈哈瓜子,以至娃哈哈酸梅饮、娃哈哈清凉露、娃哈哈红豆汤等等,甚至染指酒类市场,使得品牌延伸面过宽,从而分散了娃哈哈品牌资产。现实中,这些品牌延伸大多以巨额投入血本无归,市场反映平平而告终。可以说都成为了我国企业品牌延伸中的失败案例。

2.延伸的新品牌的卖点诉求偏离了目标顾客的核心需求

娃哈哈童装无疑就犯了这个错误。即延伸的新品牌的卖点诉求偏离了目标顾客的核心需求。导致其失利的最根本的原因就是诉求点偏离目标受众的核心需求和喜好,而是"自说自话"地把自己想当然的诉求点——"健康"强加给消费者。

我们从作为产品使用者的孩子们来看,他们天真、稚嫩,对于吃的东西有营养,能健康是肯定的,但是对于通过穿衣服能够健康却肯定难有认同。

3.过高地估计了消费者对品牌的忠诚度导致的过度延伸

同样的,娃哈哈童装在推广之初也是一种过高的估计了消费者对品牌的忠诚度导致的过度延伸行为。娃哈哈已经从一个儿童品牌变成一个成人品牌,品牌形象也从"活泼可爱"向"时尚"、"情感"转变。这一转变使得娃哈哈品牌的儿童性开始不断地淡化,而后再次推出童装品牌,简直是对旧品牌价值的复辟,希望消费者仍有高度的品牌忠诚,实在是失败之举。

4.延伸的产品与顾客对主品牌的忠诚基因产生冲突而导致的顾客流失

娃哈哈抓住了 1995 年纯净水市场的大发展时期,在市场竞争尚不激烈且不存在强势品牌时顺势而起,在品牌大洗牌中最终崛起。但这一成功付出了巨大的代价:娃哈哈品牌的儿童概念受到了纯净水时尚形象的有力打击,娃哈哈的童趣形象除了品牌本身的名称外,所剩无几。品牌冲突严重,品牌核心几乎推倒重来,品牌价值流失巨大,而由此带来的顾客流失可想而知。[①]

三、品牌延伸可遵循的规律

品牌延伸战略是一种带有冒险性的战略,品牌过度延伸会发生品牌稀释,因此,品牌延伸的尺度问题就成为营销界关注的热点。对于品牌延伸,大家都在寻找可遵循的规律,以下几条基本能达成共识。

(一)品牌核心价值的包容力是根本

一个成功的品牌有其独特的核心价值,若这一核心价值与基本识别能包容延伸产品,就可以大胆地进行品牌延伸。反过来的意思就是:品牌延伸应以尽量不与品牌原有核心价值与个性相抵触为原则。几乎所有的品牌延伸案例都可以从是否遵循这一规律找出成败的根本原因。

品牌延伸中最为人提及的是"相关性",即门类接近、关联度较高的产品可共用同一个品牌,如娃哈哈与雀巢品牌延伸成功,可以从品牌麾下的产品都是关联度较高的食品饮料的角度来解释。其实关联度高只是表象,关联度高导致消费者会因为同样或类似的理由而认可同一个品牌才是实质。比如,选择奶粉、柠檬茶、咖啡时都希望品牌能给人一种"口感好、有安全感、温馨"的感觉,于是具备这种感觉的雀巢旗下的奶粉、咖啡、柠檬茶都很畅销。

关联度高就可以延伸的理论一遇到完全不相关的产品成功共用同一个品

---

① 资料来源:娃哈哈企业网站(www. wahaha. com. cn)和洪磊:《娃哈哈品牌延伸的得与失》,中国营销传播网。

牌的事实就显得苍白无力。比如万宝路从香烟延伸到牛仔服、牛仔裤、鸭舌帽、腰带等获得了很大的成功。许多关联度较低,甚至风马牛不相及的产品共用一个品牌居然也获得了空前成功,这说到底是因为品牌核心价值能包容表面上看上去相去甚远的系列产品。登喜路(Dunhill)、都彭(S. T. Dupont)、华伦天奴(Valentino)等奢侈消费品品牌麾下的产品一般都有西装、衬衫、领带、T恤、皮鞋、皮包、皮带等,有的甚至还有眼镜、手表、打火机、钢笔、香烟等跨度很大、关联度很低的产品,但也能共用一个品牌。因为这些产品虽然物理属性、原始用途相差甚远,但都能提供一种共同的效用,即身份的象征、达官贵人的标志,能让人获得高度的自尊和满足感。购买都彭打火机者所追求的不是点火的效用,而是感受顶级品牌带来的无尚荣耀,买都彭皮包、领带也是为了这份"感觉"而不是追求皮包、领带的原始功能。此类品牌的核心价值是文化与象征意义,主要由情感性与自我表现型利益构成,故能包容物理属性、产品类别相差甚远的产品,只要这些产品能成为品牌文化的载体。

(二)新老产品之间有较高的关联度

关联度较高、门类接近的产品可共用同一个品牌。几乎每一位营销广告界人士都知道这一点。前面谈到过,关联度高只是表象,关联度高导致消费者会因为同样或类似的理由而认可并购买某一个品牌才是实质,可以说,这是品牌核心价值派生出来的考虑因素。

除众所周知的同行业产品外,关联度高的表现形式还有:伴侣产品如雀巢的咖啡与伴侣、牙刷与牙膏、打印机与墨粉等;产品之间有相似的成分、共同的技术;相同的目标消费群如好日本的康贝爱、国内的好孩子延伸到婴儿童车、纸尿裤、童装等都很成功;相同的营销通路与服务如各种电脑耗材等。

(三)在产品的市场容量较小的市场环境中应该尽量多地采用品牌延伸策略

企业所处的市场环境与企业产品的市场容量也会影响品牌决策,有时甚至会起决定性作用。台湾企业是运用品牌延伸策略最频繁的,连许多不应该延伸的行业也是一竿子到底,同一个品牌用于各种产品。这与其成长的市场环境有关,在发展初期,由于缺乏拓展岛外市场的实力,几乎所有台湾企业的目标市场都局限在岛内,消费品的市场容量是以人口数量为基础的,而岛内人口基数仅为2000多万,任何一个行业的市场容量都十分有限。也许营业额还不够成功推广一个品牌所需的费用,所以更多的是采用"一牌多品"策略,如台湾的统一、味全公司的奶粉、汽水、茶、饮料、果汁、方便面等一概冠以"统一"、"味全"的品牌名。

统一集团甚至把统一品牌延伸用于蓄电池。统一蓄电池因为很少被汽业以外的人士所认知,故不会对统一的方便面、饮料的销售带来不良影响。同时汽车业专业人士又会很自然地想到,统一怎么说也是一个大企业,对蓄电池的投资不是小打小闹,在资本上足以保证获取优秀的人力资源、先进的技术及精良的设备,故其品质是有保证的。统一公司用统一品牌既能以较低的成本推广蓄电池来加快业内人士的认可,同时对主业的副作用也十分有限。

(四)竞争者的品牌策略——主要竞争对手也开始品牌延伸,延伸的风险就会被中和掉

很多品牌延伸尽管新产品在成名品牌的强力拉动下起来了,但原产品的销售却下降了,即产生了"跷跷板效应"。娃哈哈的品牌延伸之所以基本未出现此类现象,除娃哈哈品牌核心价值能包容新老产品外,其在儿童乳酸奶行业"半斤八两"的对手乐百氏也在搞类似的品牌延伸也是重要因素。康师傅、统一等这些竞争品牌之间的产业结构基本雷同且都在延伸,各自的风险就随之降低。

(五)进入市场空档与无竞争领域则容易成功

TCL从电话机行业成功延伸进入彩电业主要靠选准了当时大屏幕彩电还没有被当时的彩电业领导品牌所重视的机会点;海尔切入彩电业则巧妙地选择了彩电数字化导致传统模拟彩电巨头原有的技术领先优势不再显著的大好时机;美的在大多数国产品牌还在生产中低档电饭煲,而日本品牌具有电脑模糊逻辑控制功能、外观豪华气派的电饭煲价格又太高的时候进军电饭煲而一举成功。[①]

品牌延伸决策要考虑的因素有:品牌核心价值、新老产品的关联度、行业与产品特点、产品的市场容量、企业所处的市场环境、企业发展新产品的目的、市场竞争格局、企业财力与品牌推广能力等。而上述众多因素中,品牌核心价值与基本识别是最重要的。

第三节 多品牌战略

与单一品牌延伸完全不同的是多品牌战略。欧莱雅拥有近500个品牌,宝洁拥有300个品牌,通用汽车拥有12个汽车品牌,伊莱克斯拥有50多个品牌。这种专注于特定产业,采用多品牌以做大生意的方法,让竞争对手无缝可钻。无独有偶,联合利华、宝洁、欧莱雅、通用汽车和伊莱克斯等公司因为同样

---

① 资料来源:《品牌延伸八大铁律 品牌延伸决策新思维》,http://www.hc360.com

的原因也采取了多品牌的战略。因为他们认为不同的人,在不同的时间、地点、情境会有着不同的需求。多元化品牌战略是一个企业采用不同的品牌进入不同的产品市场的策略。

一、多品牌战略的由来

实际上,最初的多品牌战略是和市场细分紧密相连的。

1980年亨利·福特(Henry Ford)生产出只有一款黑色的T型大众化汽车。在他成功销售这种车型之后不久,时任通用汽车公司总裁的阿尔弗雷德·斯隆(Alfred Sloan)认为,他的公司将不得不生产一些不同的汽车来与福特公司竞争。斯隆越深入地研究汽车购买者,越发现不同的细分市场需要不同类型的汽车。他也认为:客户对车型的需求会随着年龄的增长和经济能力的变化而变化,进而从一个细分市场进入另一个细分市场。而一旦他赢得这个客户,只要能够提供不同的车型来满足客户变化的需求,就可以留住这个客户。

这就是通用汽车会成为提供多品牌满足不同目标客户的先行者之一的原因。它的车型包括从低价位的雪佛莱(Chevrolet)到庞蒂克(Pontiac)、奥兹莫比尔(Oldsmobile)和别克(Buick),一直到当时最昂贵的家庭用车——凯迪拉克(Cadillac)。斯隆认为当购买雪佛莱的消费者生活水平提高到可以购买更好的车的时候,他的公司仍然可以满足他们的需求,不过这次是用不同的车型和信息。通过这种方式,通用汽车能够保持那些客户不流失。斯隆认为汽车可以让更成功的人士表明他们与中产阶级和不太成功人士的区别。通用汽车早期市场细分的努力使得它最终击败福特,在19世纪20年代成为汽车产业的领导者。

多品牌战略就是把目标分别承载于不同的品牌之上,把资源分别配置于不同的品牌之上的战略类型。多元化品牌战略最典型的特征就是每一个产品或每一个产品群都使用不同的品牌名称、不同的定位、不同的品牌识别。产品品牌多元化的例子有瑞士制表集团,旗下有雷达、欧米茄、天梭、浪琴、SWATCH等;产品群品牌多元化的例子有松下,家用电器为NATIONAL,音像制品为PANASONIC,立体音响为TECHNICS。这种品牌战略最大的好处就在于能够"深挖洞、广集粮",满足不同消费者的差异化需求,保证每一个产品都拥有自己的定位和独特的个性,市场的定位与深耕密作,降低单个产品的失败对总体的影响等等。

在品牌行销领域,宝洁被称为多品牌策略的"教父",旗下品牌"飘柔"、"潘婷"、"海飞丝"、"激爽"、"佳洁士"、"玉兰油"等在各自领域无不拥有强大的市场地位和较高的知名度。另外,从未主动对外宣称旗下拥有"兰蔻"、"美宝莲"、

"薇姿"等众多知名品牌的欧莱雅企业,也因多品牌策略的推行而在化妆品领域举足轻重。

然而这种品牌战略也并非可以简单照抄,因为每一个品牌都必须单独推广势必会增加费用开支,实力不强的企业根本无力承受,比如上海纺织集团就拥有几十上百个品牌,然而除了"三枪"等寥寥无几的几个品牌之外,其他品牌根本就是有名无实;另外,它要求更高的品牌组织与管理能力,多元化品牌使得企业的供应链管理、分销管理、推广管理都等产生了巨大的压力。P&G 作为多元化品牌战略的鼻祖,近些年来也开始通过在品牌经营上增设品类经理、削减过于复杂的促销活动等方式来降低管理的压力,再比如国内服装业的"杉杉"也搞了三四十个品牌,但新品牌除了"法涵诗"之外几乎无一胜果,原因就在于这里。

二、P&G——多品牌战略的典型

多品牌战略的典型是 P&G,自从 1931 年推行品牌经理制以来一直坚持品牌多样化的原则,仅仅在洗发水领域就分别有海飞丝(定位于去屑)、飘柔(定位于柔顺)、潘婷(定位于健康)、沙宣(定位于专业)等等,200 多个品牌形成的强大组合不仅使得 P&G 成为资产超过 300 亿美元的超级企业,也使得在日用品领域无人能敌其锋芒。

(一) 必须寻求差异

如果把多品牌策略理解为企业多到工商局注册几个商标,那就大错而特错了。宝洁公司经营的多种品牌策略不是把一种产品简单地贴上几种商标,而是追求同类产品不同品牌之间的差异,包括功能、包装、宣传等诸方面,从而形成每个品牌的鲜明个性,这样,每个品牌都有自己的发展空间,市场就不会重叠。以洗衣粉为例,宝洁公司设计了 9 种品牌的洗衣粉:汰渍(TIde)、奇尔(Cheer)、格尼(Gain)、达诗(Dash)、波德(Bold)、卓夫特(Dreft)、象牙雪(1vorySnow)、奥克多(Oxydol)和时代(Eea)。他们认为,不同的顾客希望从产品中获得不同的利益组合。有些人认为洗涤和漂洗能力最重要;有些人认为使织物柔软最重要;还有人希望洗衣粉具有气味芬芳、碱性温和的特征。于是就利用洗衣粉的 9个细分市场,设计了 9 种不同的品牌。

宝洁公司就像一个技艺高超的厨师,把洗衣粉这一看似简单的产品,加以不同的佐料,烹调出多种可口的大莱。不但从功能、价格上加以区别,还从心理上加以划分,赋予不同的品牌个性。通过这种多品牌策略,宝洁已占领了美国更多的洗涤剂市场,目前市场份额已达到 55%,这是单个品牌所无法达到的。

（二）找到"诉求点"

宝洁公司的多品牌策略如果从市场细分上讲是寻找差异的话,那么从营销组合的另一个角度看是找准了"诉求点"。也称"独特的销售主张",英文缩写为USP。这是美国广告大师罗瑟·瑞夫斯提出的一个具有广泛影响的营销理论,其核心内容是:广告要根据产品的特点向消费者提出独一无二的说辞,并让消费者相信这一特点是别人没有的,或是别人没有说过的,且这些特点能为消费者带来实实在在的利益。在这一点上宝洁公司更是发挥得淋漓尽致。以宝洁在中国推出的洗发水为例,"海飞丝"的个性在于去头屑,"潘婷"的个性在于对头发的营养保健,而"飘柔"的个性则是使头发光滑柔顺。在中国市场上推出的产品广告更是出手不凡:"海飞丝"洗发水,海蓝色的包装,首先让人联想到蔚蓝色的大海,带来清新凉爽的视觉效果,"头屑去无踪,秀发更干净"的广告语,更进一步在消费者心目中树立起"海飞丝"去头屑的信念;"飘柔",从牌名上就让人明白了该产品使头发柔顺的特性,草绿色的包装给人以青春美的感受,"含丝质润发素,洗发护发一次完成,令头发飘逸柔顺"的广告语,再配以少女甩动如丝般头发的画面,更深化了消费者对"飘柔"飘逸柔顺效果的印象;"潘婷",用了杏黄色的包装,首先给人以营养丰富的视觉效果,"瑞士维他命研究院认可,含丰富的维他命原 B5,能由发根渗透至发梢,补充养分,使头发健康、亮泽"的广告语,从各个角度突出了"潘婷"的营养型个性。

从这里可以看出,宝洁公司多品牌策略的成功之处,不仅在于善于在一般人认为没有缝隙的产品市场上寻找到差异,生产出个性鲜明的商品,更值得称道的是能成功地运用营销组合的理论,成功地将这种差异推销给消费者,并取得他们的认同,进而心甘情愿地为之掏腰包。

（三）能攻易守的策略

传统的营销理论认为,单一品牌延伸策略便于企业形象的统一,减少营销成本,易于被顾客接受。但从另一个角度来看,单一品牌并非万全之策。因为一种品牌树立之后,容易在消费者当中形成固定的印象,从而产生顾客的心理定势,不利于产品的延伸,尤其是像宝洁这样的横跨多种行业、拥有多种产品的企业更是这样。宝洁公司最早是以生产象牌香皂起家的,假如它一直延用"象牙牌"这一单一品牌,恐怕很难成长为在日用品领域称霸的跨国公司。关于品牌,宝洁的原则是:如果某一个种类的市场还有空间,最好那些其他品牌也是宝洁公司的产品。宝洁推行多品牌策略,除了准确的市场定位和对需求差异的把握外,最为重要的是一直寻求并加强能把各种品牌"串"在一起的黄金线,一种凌驾于各种产品之上的品牌核心精神,一种给用户带来的始终如一的消费体会。[①]

三、多品牌策略模式

(一)多品牌模式的形式

一个企业同时经营两个以上品牌的情形就是多品牌模式。尽管有很多企业同时拥有多个品牌,但很多企业实施的并不是多品牌模式。多品牌模式必须满足以下几个条件:

1.不同的品牌针对不同的目标市场

市场细分是现代市场经营的基本原则,多品牌模式的目标就是利用不同的品牌覆盖更多的市场,不同的品牌通常具有不同的目标市场。

2.主力品牌有一定的市场影响力

这是多品牌模式的试金石。是否真正具有多品牌模式的实质,必须审视不同的品牌是否都具有一定的市场影响力。宝洁公司旗下的品牌,如果不能进入市场的第一军团,公司通常会放弃这个品牌。

很多中国企业,在市场中也推出了两个以上的品牌,但通常只有一个品牌有市场影响力,这种情形不能归类于多品牌模式。

3.特定品牌的经营具有相对的独立性

多品牌最重要的特征就是在企业内部,特定的品牌具有相对的独立性,从产品开发到市场营销,特定品牌的作业都是独立的,这种独立通常是建立在内部组织结构和设计独立的基础上的。

(二)适合多品牌策略生存的行业

并不是所有的行业都适合多品牌策略生存。品牌从创建到成长为知名品牌需要一个相对比较漫长的过程,因此多品牌策略的推行是一个长期行为。要根据企业所处行业的具体情况,如宝洁公司所处的日用消费品行业,运用多品牌策略就易于成功。而一些市场竞争过于成熟的行业不适合新品牌成长,多品牌策略推行将会难上加难。比如在彩电领域,重新创建一个新品牌是需要冒很大风险的,微薄的利润和白热化的竞争状态已无法给予一个新品牌足够的成长空间,不论推出该新品牌的企业在这一领域拥有怎样的市场地位。在中国,什么行业适合多品牌策略生存?

---

① 资料来源:宝洁中国网站(http://www.pg.com.cn)及燕翔:《多子多福亦风流——宝洁公司多品牌策略评析》,国研网。

1.处于成长期的消费品行业

在一些正处于成长期、尚未被几大品牌垄断的行业,推行多品牌策略的优势是十分明显的,诸如服装、化妆品、餐饮等行业。这些行业大多品牌众多、鱼龙混杂,各类品牌呈阶梯状分布,各梯队品牌在市场占有率方面相差不大,行业尚无领导品牌。这些行业,尽管市场空间巨大,却被数以万计的大小品牌分食,销量超过10个亿的品牌寥寥无几。在这种情况下,一个品牌成长到一定高度后,继续成长的空间不大,而推广的困难度则越来越高。因此实行多品牌策略,通过不同定位的品牌来满足不同消费者的需求,是比较明智的做法。

2.小众消费品行业

该类行业通常因消费需求较小,而很少被大众消费者和媒体关注。并且具有价格透明度低、利润相对丰厚、品牌的大众知名度不高、品牌推广成本相对较低的共同特点。这种行业环境为新品牌成长创造了机会,同时也造就了多品牌运作的温床。比如音响、MP3等行业均在此列。[①]

即使身处上面提到的两类行业之中,也不是任何企业都具备推行多品牌策略的基础和条件。经营多种品牌的企业要有相应的实力,品牌的延伸绝非朝夕之功。从市场调查,到产品推出,再到广告宣传,每一项工作都要耗费企业的大量人力、物力。这对一些在市场上立足未稳的企业来讲无疑是一个很大的考验,运用多品牌策略一定要慎之又慎。一般来说,行业领先品牌和行业挑战品牌比较有优势。作为行业领先品牌,相对于竞争品牌无论是品牌知名度还是市场份额,都有领先优势。由于行业性质所限,它们的成长速度越来越缓慢,成长空间越来越小。然而,由于它们在成本、技术、管理、服务、价格、渠道、形象等一个方面或多个方面的相对优势,使它们具备了推行多品牌策略的必要条件。推行多品牌策略的目的十分明显:谋求更大的市场份额,拉大与其他品牌的距离,努力成为行业领导者。而一些行业挑战品牌在运作过程中也往往发现,靠单一品牌的力量,很难追上并超越比它们更具优势的领先品牌。假如同时拥有几个定位和消费诉求各不相同的品牌,不仅可以更大程度地占有市场份额,而且还可以给领先品牌带来如同狼群围攻老虎时的威胁。行业挑战品牌推行多品牌策略的目的也变得非常清晰:以多敌少,打败领先品牌,成为领先品牌。

多品牌策略能较好地定位不同利益的细分市场,强调各品牌的特点,吸引不同的消费者群体,从而占有较多的细分市场,而且一旦新品牌成功,可以给企业带来巨大的无形资产利益。个人认为,市场经济逐渐成熟、竞争加剧的中国

---

① 朱星海:《以多胜少:如何推行多品牌策略》,中国管理传播网。

市场已具备适合多品牌策略生存的土壤,但推行多品牌策略不能照搬全球化品牌的成功经验,就目前来看,国内的成长企业与全球化企业在资金实力和运作经验等方面都还存在很大差距。因此国内成长企业在推行多品牌策略时应充分考虑企业自身及竞争环境的现状,推行"有中国特色的多品牌策略"。

第四节 品牌扩张研究的新领域

除了前面提到的品牌延伸策略和多品牌策略之外,今天的品牌领域的实践和研究的发展仍不断有新变化。

一、品牌组合战略研究

大卫·A.艾克在其2004年《品牌组合策略》中研究了错综复杂的企业品牌关系谱,提出了品牌组合策略的研究模型,(见图7-1)他认为品牌组合策略是对品牌组合构架的详细说明,包括品牌组合的范围、角色、相互关系等。目标是在品牌组合中创造协同性、清晰度和杠杆力,形成有关联度、识别力和活力的品牌。组合中的品牌包括自有品牌和联盟品牌,应该把它们作为一个品牌梯队来考虑:协同工作并按照自己的角色任务来执行和支持企业的商业策略。

品牌组合策略可以在梯队的6个纬度中被进一步描述:品牌组合,产品界定角色,品牌组合中的角色,品牌范围,品牌组合的构架和品牌组合层次图。它们中的每一个都是品牌组合策略中的工具或概念,将在下面部分讨论和举例说明。品牌组合策略中存在的问题和机会点有13个指标,列在插入的表中,也提供了品牌策略研究的一个新视角。

二、品牌一体化战略研究

另外关于一体化品牌战略的研究也进一步深入。一体化品牌战略就是品牌从产业链的某一个环节渗透至其他环节甚至全部产业链的战略类型。一体化品牌战略最典型的特征就是除了在制造上发展品牌之外,在通路上乃至供应上都发展出了品牌,如杜邦不仅是床上用品品牌,更是尼龙、莱卡等供应品牌,如家乐福不仅是零售商品牌,它也发展出了自己的制造商品牌。在产业链上下游制约关系越来越显著的今天,这种品牌战略最大的好处就是能够整合产业链,提高控制能力,"品牌将亡论"的提出者就认为即便是"一场大火烧尽单凭品牌就能重新崛起"的可口可乐,如果切断通路就绝不可能生存,目前"厂商博弈"也对品牌一体化能力提出新的要求。

品牌组合
· 主品牌　　　　　· 加盟品牌
· 亚品牌托权品牌　· 合作品牌
· 品牌识别　　　　· 品牌兴奋剂

产品定位角色
· 主品牌
· 托权品牌
· 亚品牌
· 描述性品牌
· 价值品牌
· 庇护品牌
· 品牌识别
· 联合品牌
· 驱动角色

组合的角色
· 战略性品牌
· 品牌兴奋剂
· "银弹"品牌
· 侧翼品牌
· 金牛品牌

品牌组合战略

品牌范围
· 品类/次品类
· 远景范围

品牌组合图形
· 标志
· 视觉展示

品牌组合结构
· 品牌归类
· 品牌层次树
· 品牌网络模式

品牌组合的目的				
协作	杠杆平衡	恰当	强势品牌	清晰
· 创建品牌所需资源的完美	· 扩大品牌流动资产	· 适销对路动力学	· 能识别的	· 受托人清晰化
· 配置	· 创创造品牌的未来长平台	· 创造新品类和新的次品类	· 活跃的	

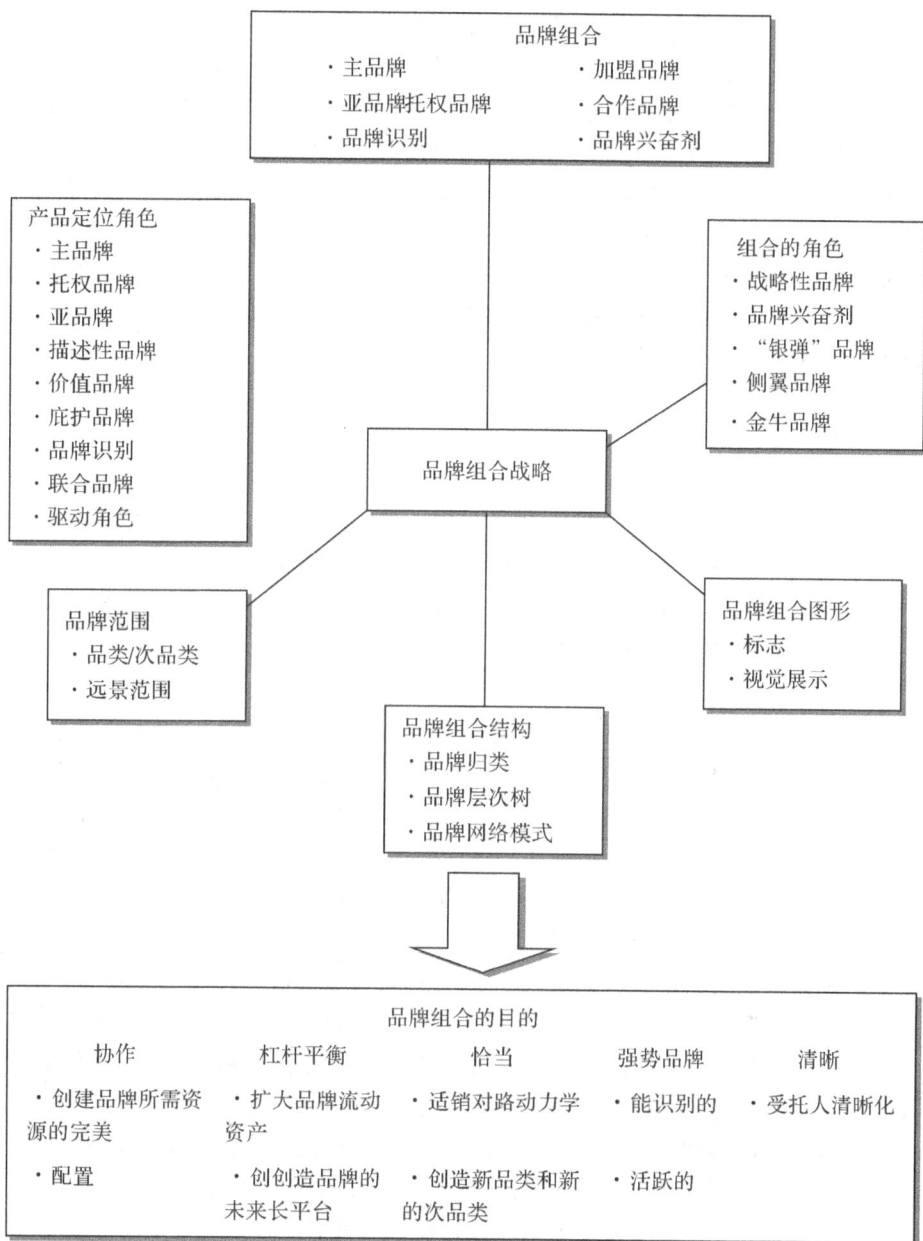

（图 7-1 翻译自：［美］David A. Aaker, *Brand Portfolio Strategy*, Free Press New York, p3）

　　一体化品牌战略的典型是 IKEA，从某种意义上言，IKEA 是世界唯一一家既进行渠道品牌经营又进行产品经营并且能取得成功的机构,和沃尔玛不同,沃尔玛仅仅是一家强大的零售商品牌,它的产品品牌不仅数量不多而且在影响力上也根本无法与专业的制造商品牌相比。然而,IKEA 并不满足于全球最大的家居产品渠道品牌,它更希望自己能够成为覆盖全球的制造商品牌,基于此种理念,IKEA 一直坚持由自己亲自设计所有产品并拥有其全部专利,每年有100 多名设计师在夜以继日地疯狂工作以保证"全部的产品、全部的专利"。所以最终对于 IKEA 而言,绝不会存在所谓的"上游制造商"的压力,也没有任何一家制造商能对它进行所谓的"分销链管理",IKEA 已经成为融零售商品牌和制造商品牌于一身的"一体化"品牌。

本章小结

品牌扩张是运用品牌及其蕴含的资本进行发展、推广的活动,既指品牌的延伸、品牌资本的运作、品牌的市场扩张等内容,也指具体的品牌转让、品牌的授权等活动。品牌扩张具有深层次的原因:既有消费者心理方面的基础、企业实力的推动、市场竞争的压力等方面的因素,也有外界环境的压力、产品生命周期、规避经营风险的需要等原因。

品牌延伸是指将某一著名品牌或某一具有市场影响力的成功品牌使用到与成名产品或原产品完全不同的产品上。品牌延伸是一种单一化的品牌战略,把所有的资源都聚焦于特定的品牌之上。品牌延伸是一把双刃剑,有利有弊,要特别谨防延伸过程中常见的几个错误倾向:延伸面过宽,从而分散了品牌资产;延伸的新品牌的卖点诉求偏离了目标顾客的核心需求;延伸的产品与顾客对主品牌的忠诚基因产生冲突而导致的顾客流失;过高地估计了消费者对品牌的忠诚度导致的过度延伸。

品牌延伸也有一些规律可循,它们是:品牌核心价值的包容力;新老产品之间有较高的关联度;在产品的市场容量较小的市场环境中应该尽量多地采用品牌延伸策略;竞争者的品牌策略——主要竞争对手也开始品牌延伸,延伸的风险就会被中和掉;进入市场空档与无竞争领域则容易成功。

多元化品牌战略是一个企业采用不同的品牌进入不同的产品市场的策略,它与市场细分紧密相连。多元化品牌战略最典型的特征就是每一个产品或每一个产品群都使用不同的品牌名称、定位和品牌识别。多元化品牌战略模式需要满足以下 3 个条件:不同的品牌针对不同的目标市场;主力品牌有一定的市场影响力;特定品牌的经营具有相对的独立性。适合多品牌策略的行业是处于成长期的消费品行业和小众消费品行业。

品牌扩张研究的新领域是品牌组合战略研究和品牌一体化战略研究。前者构建完善、和谐、科学和风险最小化的品牌谱系结构,后者使得品牌沿着价值链向前或向后延伸。

思考与训练

1.思考品牌扩张还有哪些方法和策略,与同学讨论并举出实际的案例。

2.品牌延伸过程中要注意哪些问题,警惕哪些漏洞?

3.企业推行多品牌策略有哪些风险?结合国内企业品牌进行讨论。

4.阅读 David A. Aaker 的《品牌组合策略》一书,讨论本章第四节中的品牌组合战略图表的各个元素及其相互作用。

推荐读物

1.[美]唐·舒尔兹著:《唐.舒尔兹论品牌》,北京:人民邮电出版社,2005。

2.[美] David A. Aaker 著:《品牌领导》,北京:新华出版社,2001。

3.[美]David A. Aaker 著: *Brand Portfolio Strategy*. The Free Press New York London Toronto Sydney, 2004。

4.薛可著:《品牌扩张:延伸与创新》,北京:北京大学出版社,2004。

第八章　品牌的国际化战略

导入语

　　"前十年,中国企业参与国际竞争像是参加'残奥会'。外国公司被各种关税和非关税壁垒卡在国门之外,被捆绑了手脚,这种竞争不公平。未来十年,本土企业参加的是真正意义上的奥运会。"

——新浪董事长段永基

本章要点

　　在经济一体化和全球化的趋势下,品牌的国际化已经成为历史发展的必然趋势。通过本章学习,需要掌握以下几个要点:

◆品牌国际化的含义是什么?

◆品牌国际化有什么样的意义?

◆ 我们应该如何使品牌进入国际市场?

◆ 在品牌国际化过程中,如何处理品牌标准化和本土化之间的关系?

◆中国的企业应该如何创立国际品牌?

开篇案例

麦当劳的品牌国际化战略

　　麦当劳是当之无愧的国际化品牌。麦当劳之所以能够取得全球的成功,归功于处理好了全球化与本土化之间的关系。

　　在全球化营销方面,麦当劳公司主要是在统一的经营原则——追求品质(Q)、服务(S)、清洁(C)和物有所值(V)的指导下,使用了全球统一的品牌名称和品牌形象——黄色拱形门,以及标准化的分销管理来获取规模效益,降低营销成本。

　　麦当劳公司在全球实行标准化的特许经营,对所有的连锁店麦当劳公司强调本部监控,严格管理。例如,严格规定连锁店店址的选择条件:5公里的半径范围内有 5 万以上的居民居住；连锁店必须建于繁华的商业地段，诸如大型商场、超市、学校或政府机关旁边等。为了让品质（Q）、服务（S）、清洁（C）和物有所值（V）的经营原则和各项标准在全球每一个麦当劳公司的连锁店得以实施，麦当劳公司使用一本长达 350 页的员工操作手册用于各连锁店的管理，该手册对有关食品、促销、店址的选择和装潢、各种工作的方法和步骤等方面都详细给出了定性或定量的规定。

麦当劳公司正是通过高品质的产品、方便快捷的服务、清洁温馨的用餐环境展示着麦当劳的品牌形象。

在本土化营销方面，麦当劳公司因地制宜，制定符合当地市场的本土化服务营销组合策略。

在产品方面，麦当劳对于不同国家的消费者在饮食习惯、饮食文化等方面存在着的差别稍作变化。例如，印度人不吃牛肉汉堡，麦当劳就推出羊肉汉堡；在中国，麦当劳就考虑到消费者的饮食习惯、消费水平等因素，推出了麦乐鸡、麦香鱼、麦辣鸡腿汉堡、麦香猪柳蛋餐等符合中国消费者饮食习惯的快餐食品。

在促销组合方面，麦当劳根据当地的文化、风俗和传统本土化促销组合策略。例如在中国，麦当劳公司的员工都是经过标准化培训的当地人，本土化促销主要是通过在电视、报纸、互联网上做广告，广告的创意手法常常是利用已有品牌视觉要素——企业标志 M 的造型，广告主角都是普通的中国老百姓，广告充满人情味。2003 年麦当劳公司抓住机会在新春来临之际，推出了"福气满满麦当劳"的活动。从 1 月 15 日至 2 月 11 日，所有中国内地的麦当劳餐厅呈现一派新春景象，麦当劳给顾客提供了新年礼品。

麦当劳在全球范围的成功有赖于全球化的营销思维和本土化的营销实践上的成功。

随着世界经济的相互依赖程度增强，世界出现了经济一体化和全球化的趋势，全球的资本、技术和市场的交往越来越频繁。经济全球化的发展，在给品牌带来压力和挑战的同时，也带来了新的发展机遇。企业品牌在面临激烈市场竞争的同时，也面临着广阔的合作空间。在这样的情况之下，出现了越来越多的跨国公司，他们在世界经济活动中的作用日益明显。而世界性的品牌也成为了全球化的必然产物。

越来越多的企业认识到自身必须加强与国际市场、先进的技术和经营观念的融合与接轨，形成品牌的核心竞争优势，使品牌向国际市场扩张，走国际化战略道路，让品牌能够进一步发展壮大。

第一节 品牌国际化战略概要

一、品牌国际化的含义

在了解品牌国际化策略之前,我们有必要了解品牌国际化的含义。究竟什么才是品牌国际化呢?

是不是一个企业的产品质量达到了国际性的品质要求,就代表这个企业实现了品牌国际化? 并非如此。例如,我国的家电行业经过了几十年的发展已经达到了国际所要求的质量标准,但是这并不是国际化。格兰仕生产的微波炉,占国际市场的 1/3,而且格兰仕的微波炉质量已经达到了国际标准。但是格兰仕并不是一个国际性品牌。因为格兰仕生产的销往国外的微波炉并不是用自己的牌子,而是外国公司的品牌。

是不是取一个洋品牌名称,看起来像是外国品牌,就代表该品牌实现了品牌国际化呢? 名称、标志仅仅是品牌国际化的一个基本要求,不能代表企业实现国际化。

在国外打广告宣传品牌是否意味着实现了品牌国际化? 不是。例如科健公司以两年 200 万英镑的代价赞助英超球员,其目的并不是要在英国销售手机,它的目标受众是国内看英超的球迷。希望借此提高和保持在国内的高知名度,并提高在国际上的认知度。

那么究竟什么是品牌国际化呢? 不同的学者有不同的解释:

有的学者认为,当一个企业用相同的品牌名称和图案标志,进入一个对本企业来说全新的国家,开展品牌营销,就是品牌国际化。

李炜在《对中国企业的品牌国际化问题的思考》一文中提出了品牌国际化扩张的概念,他认为,"品牌国际化扩张是指在保持品牌核心价值不变的前提下,通过采取一系列经济活动来扩大品牌的国际市场占有率和地区覆盖率的方法和策略。它实际上是指品牌在某一领域的经营上已经使现有的资源得到最大限度的利用,在具体考察产品的生命周期的前提下,如何使品牌的生命得以延长,如何使品牌的魅力才能得以延伸的策略问题。"[1]

通过分析以上对品牌国际化的定义,我们了解到,品牌国际化的定义必须

---

[1] 李炜:《品牌国际化问题的思考》,《市场周刊·研究版》,2005 年 3 月号,第 74 页。

包括以下两个方面的含义:

其一,品牌国际化中的品牌除了包含品牌名称、品牌标志之外,更重要的是品牌的核心价值,这个价值可能是坚如磐石的质量,可能是世界公民的企业形象,也可能是全球化的服务。是对消费者的一种永久的承诺,一种不断创新的精神。所以说品牌国际化"是以相同的名称(或标志)、相同的包装、相同的广告策划",进行延伸扩张是不太恰当的。

其二,品牌国际化的目标市场是品牌原产国以外的其他国家。我们可以称之为世界市场或者国际市场。

因此,在本章中,我们可以这样定义品牌国际化:品牌国际化是指一个品牌在保持核心价值不变的情况下,采用相同的名称和标志进入品牌原产国以外的其他国家,扩大品牌的国际市场占有率和地区覆盖率的方法和策略。

二、品牌国际化的意义

品牌国际化对本土企业来讲有很多的好处,具体体现在以下几个方面。

(一)低制造与营销成本

企业的市场扩大了,需要生产更多的产品来满足世界市场的需要。生产规模将会扩大,从而带来生产和流通的规模经济。随着产量的上升,综合成本下降,有效提高生产效率。全球性的采购可以降低原材料的成本,而选择在劳动力成本较低的其他国家生产也可以有效降低成本。

实现品牌国际化以后,企业在产品的包装、广告宣传、促销以及其他营销沟通方面可以实施全球统一的活动,进一步降低营销成本。

(二)品牌国际化能够帮助企业获得更多的市场份额

品牌国际化使产品及时覆盖目标市场,不给竞争对手留下从容应对的时间。

品牌国际化还可以分散市场风险。现在的竞争日益激烈,企业为了占有更大的市场份额,最好的方式就是走出去,面向世界。例如,20世纪90年代我国的家电企业发展非常迅猛,但是国内的市场空间毕竟有限,随着家电品牌竞争的白热化,家电品牌之间展开了恶性价格战。这对整个行业的发展非常不利。很多有远见的企业开始把眼光瞄向了国际市场,取得了不错的成绩。所以,品牌国际化可以帮助企业在国内发展受阻时,突破国内的界限寻找更大的发展空间。

(三)扩大品牌的影响力

全球性的品牌不仅表明了企业具有长期生存的能力,也表明企业有能力生产出有竞争力的产品,尤其是一些对质量要求高的工业品或者是耐用消费品。因为品牌在全球范围内畅销,说明该品牌具有强大的技术能力作为强大的后盾,让消费者对其产生好感和信任。例如,日本、韩国甚至欧洲一些品牌为了显示其实力和地位,以进入美国市场为标志,因为一旦在美国市场获得成功,就比较容易被世界上其他国家所接受。

(四)品牌国际化能够帮助企业获得更大的溢价能力

名牌尤其是国际名牌溢价能力是有目共睹的。福建晋江生产的运动鞋,在贴 NIKE 的标签后身价倍增,而当地企业所得的利润仅是少得可怜的代工费。对一些有国际化经验的欧美品牌而言,品牌的国际化已经带来了丰厚的利润,更坚定了他们国际化的信念。例如欧美、日本、韩国的电子产品、汽车以及日化用品通过向其他国家的品牌延伸,获得了巨大的商业利益。

(五)增加竞争的经验

品牌国际化能够增强组织的竞争能力。企业通过在一个国家的研发、生产以及营销,可以吸取国外先进的技术、管理经验以及营销方法,从而提高企业的整体竞争力。

(六)品牌国际化能够进一步优化员工结构,提高员工的整体素质和水平

在国际上有影响力的品牌,借助其良好的声誉和形象有利于吸引国际上优秀的管理人才和一流的员工。并且,有影响力的国际品牌能够激发更高昂的士气,加大员工对企业的忠诚度和自豪感。很多人才都明白跨国公司的工作经历帮助他们在职业道路上走得更快更远,所以愿意在跨国公司工作。这样的良性循环,大大增强企业的国际竞争力。

三、国际市场的进入方式

一般而言,品牌进入国际市场的方式有以下 6 种:

(一)出口产品

出口产品,直接将品牌打入国际市场,是目前品牌全球化最主要的方式。出口产品包括直接出口和间接出口,直接出口是绕开中间商,自己直接出售产品给外国的客户。而间接出口是指企业将产品出售给本国的中间商(批发商、外贸公司等),由后者将产品出口给外国客户。

出口产品可以免除企业在目标市场建造生产设施的高额成本。通过在一个地点集中生产产品并将产品出口,有助于企业从全球销售中实现较大的规模经济。

如果在国外某个地点生产某种产品的成本更低的话，选择从企业所在的国家出口就不是最佳的选择。企业可以选择在综合要素条件最佳（包括生产资料成本、劳动力资源、交通运输等）的地点生产产品，然后再把产品出口到世界其他地区。

比如，运输成本过高将使出口变得不经济。对于大宗产品如化学品而言，情况尤其如此。解决该问题的方法是在靠近主要市场的某个国家投资生产大宗产品，所生产的产品满足其他周边国家的需要，从而降低运输成本并实现规模经济效益。

再比如，关税壁垒可能使出口变得不经济。间接委托一些外贸公司出口商品，这些公司出于自身利益的考虑，不会对委托人忠心耿耿。解决此问题的一个办法是在目标市场建立自己的子公司来处理当地的营销业务，这样可以对营销工作进行有力的控制。

（二）许可经营

许可经营是指根据许可协议，许可人允许被许可人在特定的时限、特定的区域使用其知识产权（专利权、发明、配方、工艺、设计、版权以及商标等），作为回报，许可人将从被许可人处获得特许权使用费。

许可协议的风险比较低，由于被许可人将负担建造海外营业设施的大部分费用，因此许可人不必承担打开外国市场所需的开发成本和风险。

当企业不愿在不熟悉或政治不稳定的外国市场投入大量资源时，或者企业希望进入外国市场但是又面临着贸易壁垒时，许可协议是一个不错的选择。

但是，许可协议也有很多的缺点。比如，被许可人通常各自建造自己的生产设施，这限制了企业通过在一个地点集中生产而实现区位经济效益的能力。

除此以外，参与全球竞争的企业需要在不同的国家协调其战略行动，有时候需要利用一个国家的生产利润来支持另一个国家的竞争活动。许可协议很难做到这一点。因为被许可人不允许许可人利用他的利润去支持另一个国家被许可人的经营活动。

知识产权的许可也会导致核心技术的流失，使得企业失去对核心技术的控制。例如，美国无线电公司曾经将彩色电视技术许可给了日本的索尼、松下等公司，这些公司接受并消化了这些技术，在这一领域取得了长足的进步，并对这些技术加以改进，打进了美国的市场。在美国市场的份额远远超出了美国无线电公司。

（三）特许经营

特许经营是许可经营的形式之一，它是特许方授予被特许方以某种规定的方式从事业务活动的权利。其中,品牌特许经营是非常重要的一种形式。因为特许经营的授权范围除了名称、生产和营销技术外,还有品牌。

对于品牌授权商来说,这些品牌作为有效投资授权出去意味着品牌扩展,不用投入厂房、设备、办公、库存、人员等繁琐事宜就可以进入一个新的国家、新的市场,极大地增加了消费者与品牌形象直接接触的机会,有效地扩大了品牌宣传,成为品牌国际化运作的一种重要方式。

例如,麦当劳就是通过特许专营战略发展起来建立全球版图的。对于被许可人如何经营餐馆,如菜单、烹制方法、员工政策、餐馆的设计和选址等方面,都有严格的规则并进行控制。麦当劳还为被许可人组织供应商链条并提供管理培训和财务支持。如今麦当劳已在100多个国家开设了7万多家分店,年营业额数百亿美元,是特许经营模式运用得最成功的全球化品牌之一。

(四) OEM

OEM 是 Original Equipment Manufacturer 的英文缩写。指一家厂商根据另一家厂商的要求,为其生产产品和产品配件,亦称为定牌生产或授权贴牌生产。许多国际品牌都采用了这样的方式,自己经营品牌,而将生产委托给成本较低的国家和地区,充分实现了区位经济效益。

例如,美国耐克公司,其年销售收入高达20亿美元,自己却没有一家生产工厂。耐克只专注于研究、设计及行销,产品全部采用 OEM 方式。他们选择劳动力价格低、生产成本低的企业进行代工,将品牌推广到全世界,成为目前世界上 OEM 经营的成功典范。

(五) 建立合资或独资企业

由两个或两个以上的相互独立的企业共同拥有的企业叫合资企业。在一些贸易保护意识比较严重、关税壁垒比较高的国家,与外国公司建立合资企业是打入外国市场的好方法。

在中国市场还未完全开放,某些产业不允许建立外商独资企业的时候,很多跨国品牌都采用了与中国建立合资企业的方式将品牌打入中国市场。由商务部产业损害调查局和中国汽车技术研究中心共同发布的《中国汽车产业国际竞争力评价》介绍,改革开放20多年来,几乎所有的汽车跨国公司都已进入中国,目前,跨国公司通过其国内合资合作企业已经占据了90%以上的中国轿车市场,如上海大众、一汽大众、上海通用、上汽通用五菱等。

(六) 并购

购买国外现有的公司。这样做比零投资速度快,并且可以获得当地人才、技术、市场等,但是也面临着很多问题,首先就是品牌理念和企业文化的问题。

当任何一家公司收购或者兼并另一家公司时,都会出现问题。这种问题来自于两家曾经是竞争对手的公司的不同的传统、习俗和价值观。而当一个国家的公司去并购另一个国家的公司时,这种冲突将会更加明显。因此,英国品牌大师沃利·奥林斯认为,"跨国并购并非品牌国际化的捷径"。[①]

第二节　品牌国际化关键问题——标准化与本土化

随着经济全球化以及区域一体化,越来越多的品牌开始进入国际市场。在进入国际市场的过程中,是采用品牌的全球标准化(Globalization Standardization)还是品牌的本土化(Localization)成为他们必须面临的选择。事实上,在跨国品牌的实际运作过程中,单独采用全球标准化或者单独采用品牌本土化都是比较少见的。更多的是将两者结合起来,即所谓"全球视角,本土执行"(Think global,Act local)。越来越多的跨国公司在执行品牌全球化的过程中,选择了这种折中的模式。

一、品牌传播标准化

1983 年,哈佛大学莱维特教授在《哈佛商业评论》上提出"市场全球化"这一具有重大影响的观点,这一观点主张实施全球标准化营销。他呼吁跨国公司向全世界提供一种统一的产品,采用统一的沟通手段。他的主张主要依赖于通信技术以及交通方式的变革,特别是现代网络技术的逐步成熟,使得全球的消费需求和欲望同一化,全球的价值观念和生活方式趋于一致。人们将渴望追求相同的产品和生活方式。例如,全世界的年轻人都在看同样的电影,欣赏同样的音乐,观看同样的足球赛,追赶全球流行趋势等。各种各样的文化群体有了共同的体验。跨国品牌可以很好地利用这样的大同文化趋势,实现品牌的标准化传播。

例如在教育背景、收入水平、生活方式等方面,美国、日本和西欧等经济发达国家消费者有很多相似之处,跨国公司在对这些国家进行品牌输出的时候,就可以采用全球一致的标准。

全球品牌传播标准化主要有以下一些优势:

---

① 苏灿:《奥林斯:跨国并购并非品牌国际化的捷径》,《IT 时代周刊》,2006 年 1 月,第76 页。

1. 跨国公司各分公司之间可以分享经验和技术

在一个国家运用成功的品牌传播模式可以应用到其他国家,例如,埃索石油的"在你的油箱里放一只老虎"(Put a tiger in your tank)的传播运动就是因为在美国被证明有效后又推广到其他国家。

2. 有利于实现生产和营销的规模经济

全球标准化传播还可以实现生产、分销以及广告的规模经济,减少成本。例如,可口可乐就因为在全球使用一致的广告片,在 20 年中为可口可乐节省了超过 9000 万美元的成本。

3. 有利于树立统一的全球形象

品牌名称、品牌标识以及品牌广告语通过全球化的一致性传播,可以减少信息传播过程当中的噪音,树立全球统一的形象,从而增加消费者对品牌的好感和偏爱,并增强广告的有效性。例如,惠普在合并康柏以后,为了统一全球形象,花费了 4 亿美元,在全球范围内开展了一项"HP+客户=Everything is possible"的广告运动。这次广告运动覆盖范围包括北美、欧洲、亚洲和拉丁美洲,形式涉及电视、平面、网络及户外媒体。在这场声势浩大的全球广告运动中,惠普采用了同样的广告主题和广告片。例如,描述惠普科技如何帮助梦工厂缔造了新一代的动画;如何帮助亚马逊实现在线零售;如何帮助宝马 F1 车队超过法拉利;如何帮助联邦速递将货物在第二天快速、准确送达;帮助芬兰的鸟类观察者记录珍稀鸟类的 GPS 位置等等,传达了惠普努力为客户创造价值的企业理念。

4. 有利于经营活动的协调与控制

全球标准化的品牌运营,可以使得总部的一些决策得到更快更好的执行,从而加速品牌的传播和产品的流通。

二、品牌传播本土化

尽管很多人认同品牌传播的标准化,但是也有很多人提出了异议。莱维特提出全球标准化以后,受到了包括菲利普·科特勒在内的经典营销理论代表人物的猛烈抨击。批驳莱维特的人认为,跨国公司的营销努力在今后会更趋本土化,他们认为莱维特高估了全球化的趋势,而对于各个国家的消费文化的差异没有给予充分的关注。

他们认为,尽管人们的消费观念和行为模式在很多方面趋向全球一致,但是不同国家和地区的风俗、习惯和生活方式还存在着千差万别。事实上,跨国公司在进入国际市场时常常面临的主要难题是"文化差异",包括语言、宗教、价值观念、行为方式、思维习惯、风俗、法律制度等等。这些都是跨国公司的全球化营销的障碍。跨国公司必须因地制宜。例如"万宝路"香烟,在美国被塑造成了豪放不羁的西部牛仔形象,从而迎合了美国男性对不屈不挠的男子汉精神的向往;但是在香港,"万宝路"为了适应香港的文化特征,成为了年轻洒脱、事业有成的农场主;而在日本,又变成了依靠自己的智慧和勇气征服自然,过着田园牧歌生活的日本牧人。不同的文化造就不同的品牌传播策略。

另外,尽管随着世界经济一体化的进程加快,很多消费观念和消费方式呈现了同一化的趋势,但是不同文化背景之下的消费者的不同消费需求依然存在。如英国人习惯喝加奶的咖啡,法国人则喝不加奶的咖啡,拉丁美洲人喜欢菊花味道的咖啡;中国的自行车主要用来作交通工具,而在欧美国家主要用来健身等等。比如,宝洁公司在日本推广 Cheer 品牌的洗衣粉时,开始,把 Cheer 牌子的洗衣粉当成适用各种水温的产品推上市场,然而,他们不久就发现日本人不像美国人那样用温水洗衣服,而是喜欢用冷水或洗过澡的水来洗,同时,还喜欢添加柔软剂,但是,如果用了添加剂,就会减少 Cheer 洗衣粉的泡沫,以致降低其洗涤的效果。发现这些问题后,宝洁重新调整了 Cheer 洗衣粉在日本市场的配方,让其首先易于溶于冷水,其次在添加了柔软剂之后仍能保持高质量的洗涤效果。这一调整之后,Cheer 品牌很快便跃升为在日本最成功的品牌之一。

品牌名称是品牌传播的重要组成部分,必须考察不同地区对于该品牌名称的偏好程度。通用的"Nova"牌汽车在美国很畅销,但在西班牙语国家中无人问津,原因是"Nova"在西班牙语中的意思是"不走";摩托罗拉(Motorola)把自己的品牌名称改为"Moto",原因之一就是其原名的发音妨碍了其全球品牌建设。

一个品牌需要站在用户的角度要求产品针对不同区域的需求和期望采取相应的举动。比如为了满足不同区域用户对千差万别的产品功能期待,在冠以相同品牌名称的情况下,针对不同区域提供不同的产品。在欧洲各国市场上,洗涤剂的成分可谓千差万别,然而这一点却事出有因:例如在德国,人们习惯于通过在静止的热水中浸泡的方式洗碗,而在西班牙,人们则更喜好用流动冷水冲洗的方式洗碗。那么由此看来,洗涤剂的化学配方肯定会针对各国不同的使用情况而发生变化。

政治法律环境对于品牌传播有重大的影响。例如,印度尼西亚政府曾经禁播电视广告长达 10 年之久。因为政府认为电视广告可能潜在地激发居民的奢侈消费,并使贫富差距更加恶化。中国"文革"期间也曾经禁止发布广告,广告作为"资产阶级情调"被扫进了"历史的垃圾堆"。不同的国家对于广告制定了不同的规则。例如,法国不允许出现比较性广告;法律还禁止毁坏人的名誉的直接对比广告,禁止借用竞争者的声誉或名字,不允许广告夸张,不允许用医生或宗教性内容作广告宣传。

另外,各个国家对于品牌传播所能够使用的媒介也作出了严格的规定。例如,奥地利规定电视广告只有在某些指定时间内播出,电台广告每周播出时间限制在2~5小时内;荷兰广告法律规定,每个电台、电视台的每天广告节目时间在15分钟之内;法国广告法规定禁止电台广告,电视广告则每天播7次共15分钟。

而跨国公司为了在不同的国家输出品牌,不得不根据这些国家的不同要求准备相应的广告形式。例如,欧洲的LU饼干公司为了在欧洲销售其产品不得不准备了20个不同的电视版本。在奥地利和德国,儿童必须在大人的陪伴下演出;在荷兰,画面是儿童正在吃着LU饼干,但是画面上必须同时出现"请注意刷牙"。

品牌传播本土化主张将每个国家都作为一个不同的市场单独对待,跨国公司针对每一个目标市场调整市场战略,包括产品开发、产品定位、市场细分、品牌策略、包装策略、广告促销、定价、渠道以及客户服务等,根据各个国家的特点制定相应的不同的战略。

三、品牌标准化与本土化的折中——GLOCAL

全球标准化是指在全球采用统一的标准化营销策略,它的前提是全球消费市场的相似性,好处是可以造成规模经济。本土化则是指针对各个地方市场的不同需求度身定制相适应的营销策略,它的使用前提是各个市场存在着巨大的差异,这种品牌传播方式根据不同市场的不同特点因地制宜,效果好。但是成本比较高,并且不容易协调。

在对这两种方式进行权衡以后,越来越多的企业意识到,将以上两者结合起来的全球地方化营销模式能综合两者的优点,它是一种"全球化思考、地方化行动"(Think global, Act local)的战略。也有人将其称作GLOCAL,即英文"GLOBAL"和"LOCAL"的合成词。

如何将全球标准化和本土化进行结合?有的学者提出了"全球顾客"的概念,首先将全球市场进行"国家定位",即根据国家的经济发展水平、购买力状况和相关社会文化等宏观环境因素选择所要纳入其标准化战略范围的国家或区域市场的集合。然后进行"顾客定位",根据"国家定位"已经锁定国家或区域内的消费需求结构和特征,进一步运用性别、年龄、职业、受教育背景和自然生命周期等人口统计变量进行超越国界限制的市场细分。市场细分完成以后,根据不同细分市场的特点调整相应的营销策略。①

在全球化的过程当中,究竟哪些营销要素可以采用全球通用的标准化策略,哪些应该因地制宜,采用本土化策略? 下面有一张图,显示了企业对于各种营销要素中标准化和本土化的偏重程度,可以给企业的全球品牌营销提供一个参考。②

表 8-1

	极度标准化	极度差异化
新产品开发/产品线	★	
产品定位		★
市场细分	★	
品牌策略	★	
包装策略		★
广告促销	★	
分销渠道		★
定价策略	★	
客户服务	★	

第三节 中国企业应该如何创立国际品牌

一、国产品牌创立国际化品牌的现状

(一)国际知名品牌少

著名营销大师菲利普·科特勒在 2001 年 4 月接受中央电视台采访时,就中国企业如何参与国际竞争这一问题发表意见时指出:"中国企业不应该把高端市场让给国际竞争者。占有低端市场意味着收益降低并时常面对价格的压力,而占领高端市场则能通过品牌力量来吸引和维持消费者,从而获取较高的利润。"这段话从另外一方面说明了中国目前的品牌现状,做低端、做 OEM 多,但是致力于经营国际品牌的企业少。尽管改革开放 20 多年来,中国经济发展

---

① 吴晓云,邓竹箐:《跨国公司关于全球定位的标准化营销策略》,中国市场营销网,http://www.ecm.com.cn.

② 吴晓云,邓竹箐:《跨国公司关于全球定位的标准化营销策略》,中国市场营销网,http://www.ecm.com.cn.

已经取得了巨大的成果,但同世界发达国家相比,中国国际知名品牌甚少,进入世界 500 强的中国企业全部是国有垄断企业,其产品品牌价值不高。以烟草为例,我国竞争力最强的红塔山,2003 年的品牌价值为 460 亿元,与美国万宝路的241.5 亿美元相比,相差很远。[①]

(二)缺乏完善的跨国品牌管理模式

完善的品牌管理应该贯穿从制定决策到执行的整个过程。大多数中国企业还处于摸着石头过河的阶段。对于如何进入国际市场,采用什么样的模式运营,如何进行跨国品牌的传播,如何实现品牌全球化和本土化的完美结合,中国的企业还没有摸索出一条适合自己的道路。比如,海尔是中国国际化程度比较高的品牌,国人对于海尔走出国门寄予了很高的希望,但是海尔在国际化的过程当中,也面临着种种问题。海尔 CEO 张瑞敏曾经说,品牌国际化分为三步:第一步叫做走出去,就是进到国外的主流国家、主流市场;第二步叫做走进去,就是走进到国外的主流渠道、销售主流产品;第三步叫做走上去,也就是真正成为当地的一个主流品牌。[②] 而海尔国际化只走了一步半,海尔还没有成为一个真正的国际品牌。

(三)品牌的自我保护意识淡薄

最近几年,我国商标被外国人抢注的事件频繁见诸报端。例如,2003 年年初,一家名为"加拿大中华老字号商标股份有限公司"的加拿大公司,在当地的面食商品上申请注册了桂发祥十八街商标。据加拿大官方网站内容显示其商标的文字、图形设计以及指定商品等项完全套用了天津桂发祥十八街麻花总店有限公司的商标内容。再比如说,诞生于 1991 年,注册于 1992 年的海信"Hisense",从 1999 年 1 月 11 日起,却成了德国博世—西门子公司旗下的品牌。该公司在德国注册了"Hisense"商标,与海信原创的"Hisense"完全一致,并以该商标开始小规模地销售家电产品。2005 年 3 月,在欧洲市场上,海信与博世—西门子家用电器集团谈判索回商标时,博西竟然开出了让海信无法接受的"转让"价格 4000 万欧元,合 4 亿多元人民币。

除了商标被抢注外,由于缺乏自我保护意识,中国企业经常遭受国外的反倾销诉讼。尤其是我国的家电、汽车以及其他制造业。

---

① 燕珍:《中国品牌的国际化之路》,《内蒙古财经学院学报》,2004 年第 4 期,第 40 页。

② 丁明豪:《张瑞敏:品牌国际化海尔走了一步半》,《中国企业报》,2005 年 6 月 16 日,第 003 版。

(四)品牌的营销推广薄弱

由于我国企业品牌营销起步晚,对品牌营销没有足够的重视,导致营销手段单一。许多企业仅仅通过参加国际博览会来推广自己的品牌。利用整合营销手段进行宣传推广的企业屈指可数。国内也缺乏高层次、懂管理、有国际化视野以及跨文化沟通能力的复合型人才。总而言之,我国企业的品牌营销手段以及营销人才不能适应国际品牌竞争的趋势。

二、国产品牌的国际化进程中面临的问题和挑战

(一)"中国制造"的信誉面临考验

中国的劳动力成本比较低,很多跨国公司将生产基地搬到了中国。"中国制造"以其成本优势实现了全球的扩张,但是在扩张的过程中,一些资信不良的中小企业为争夺市场资源,相互压价、恶性竞争,甚至在生产中偷工减料,将存在严重质量问题的伪劣产品销售到国外市场,严重破坏了"中国制造"的形象和信誉。这给中国树立全球品牌造成了巨大的障碍。例如海尔在美国不敢完全亮出自己的背景,很多美国的消费者以为海尔是一个德国品牌;TCL 在越南也被认为是香港品牌。

(二)中国品牌持久力面临考验

大多数国内企业的实力比较弱,成立时间不长,持久力有限。很多跨国公司都经历了几十年甚至上百年的发展。从世界 500 强中的品牌的发展情况来看,柯达、可口可乐都有上百年的历史,仅仅宝洁一家就拥有很多历史悠久的品牌:象牙牌香皂 150 年,汰渍 50 年,佳洁士 40 年。这些企业在发展的过程中,意识到企业不能只注重短期的利益回报,应该将目光放得更长远些。可口可乐、松下、强生等进入中国市场时都有这样的长远目标:在中国市场短期亏一点没有关系,而且这个短期也要 3 到 5 年,长的甚至 10 年都不怕,他们可以用全球其他地区,甚至是其国内市场赢得的利润来贴补。但是国内企业缺乏这样的实力和胆识。

(三)中国企业的规模面临考验

世界 500 强知名品牌以巨大的规模和强大的实力赢得了在不同文化背景之下的消费者的信赖,这是我国大部分企业都难以望其项背的。

从品牌的宣传来看,国际品牌动辄拿出上亿的资金投入到广告促销、公关、体育营销中去,而国内的企业由于发展时间短、底子薄,无法在品牌的宣传上与国际品牌相抗衡。

在产品的研发上,国际品牌每年投入大量的资金用于高新技术的开发,而国内企业在研发能力上只能依赖于跨国企业,无法掌握本行业的核心技术。这导致了企业在与国际品牌的竞争中处于下风。

三、中国品牌实施国际化与本土化对策

(一)完善品牌理念和意识,制定品牌战略

中国企业需要改变对品牌的漠视,深入了解品牌的核心和内涵,引进品牌管理人才,提高整个企业的品牌观念,树立品牌意识。

在树立品牌观念的过程中,最重要的是要明确企业的核心品牌资产,在发展的过程当中,对于品牌资产不断充实和完善。例如,早在 1996 年,三星便强调品牌价值在竞争中所起的巨大作用,开展了全球性的品牌资产管理。三星把作为企业无形资产的核心力量与企业竞争力源泉的品牌价值提高到世界水平,在统一的品牌形象的指导下制定和实施各地区和各业务领域的策略。此后,三星在一些领域逐渐确立领导地位,其中半导体内存芯片、纯平显示器和彩电的市场占有率居世界第一位,并成为了世界第三大手机制造商。可以说,品牌核心理念的提升和凝结充当了三星品牌的火箭推进器。

中国企业可以根据自身的实际情况制定相应的品牌战略。目前有学者提出了中国企业品牌国际化的 3 种模式:TCL 模式、海尔模式以及格兰仕模式。TCL 主要采用在国内和国际市场上针对不同的营销区域、不同的消费者结构层次积极开展多品牌市场战略。继收购德国白色家电品牌施耐德(Schneider)之后,TCL 集团又间接收购了美国 Govedio 公司。TCL 在欧洲市场使用施耐德品牌进行销售,在美国市场,用 Govedio 品牌来销售。而海尔则选择了另外一种品牌战略,在全球各地推出"海尔"(Haier)这一统一的自有品牌。海尔首席执行官张瑞敏这样诠释其国际化品牌战略:"收购一个世界名牌或者一个区域性名牌,对海尔来说会节省一点力气,但是最终导致的结果是什么?那就是海尔所支付的收购费用中基本上都是无形资产,很少是有形的,最后,海尔还是在做别人的品牌,根本无法树立自己的品牌。"格兰仕在国际化的品牌运作上则选取了与海尔和 TCL 不同的战略,"不强求在海外市场做 GALANZ 牌子,重在格兰仕制造"。这是对格兰仕国际化品牌战略的最好诠释——以 OEM 形式赚取制造利润。

走出国门,打造世界品牌并不仅仅是以上 3 种模式,中国企业可以学习跨国公司的经验,结合自身的特点选择合适的品牌进入方式。

(二)遵照国际标准,打造强势品牌

我们通常所说的国际标准是指国际标准化组织(ISO)和国际电工委员会(IEC)以及其他权威的国际组织所制定与颁布的标准。我国企业只有以国际标准要求自己,才能实现产品的高质量,从而打造强势的品牌。

我们在前面已经提到,莱维特教授提出了全球标准化理论。企业可以通过生产、分销、管理的标准化实现经营的低成本,实现品牌的扩张。

但是,中国的企业目前普遍存在着管理技术和管理系统的落后,在数据化管理以及标准化建设方面存在着较大的问题。例如,美国的快餐肯德基、麦当劳在全球能够实现迅速的扩张,与其实行全球化标准密不可分。而中式快餐始终无法与洋快餐相抗衡,标准化是一个很大的问题。

事实上,除了肯德基、麦当劳,世界上任何一个著名的品牌,如可口可乐、万宝路等无不都是全球标准化的最好的范例。所以,中国的企业要走出国门,必须遵守国际标准。

(三)健全法律体系,为品牌的成长提供良性发展空间

中国企业在国际化的过程中,面临着诸多阻碍,例如由于自身法律意识的淡薄,导致别国企业利用其中的漏洞对中国企业进行反倾销甚至是抢注中国企业的商标。更有企业利用中国企业对于国际环境的不了解,诈骗中国企业。所以,中国企业应该寻求法律的全面保护,从品牌名称到商标注册、专利保护等各方面构建企业的知识产权体系。例如,在遭遇了屡次的反倾销诉讼以后,康佳集团与北京大学光华管理学院合作成立了"WTO与反倾销研究协会",寻求理论学界的帮助。

(四)培养经营国际化品牌的人才队伍

品牌的国际化经营需要一批具备专业知识、熟悉国际惯例、掌握外国语言、通晓现代管理的复合型人才。这方面人才的缺乏是制约国内企业扩大跨国经营规模、提高跨国经营水平的主要因素。企业应采取多种方式加强对人才的引进和培养,建立良好的用人机制和激励机制,吸引大批优秀的人才加入到品牌的国际化经营行列中来,并为他们提供广阔的发展空间。同时,企业也不应忽视人力资源本土化的作用。本土人才理解当地文化,能有效地帮助中国品牌在国际化过程中突破不同文化的障碍,自由地与当地的消费者、新闻媒体、政府管理部门进行沟通。

本章小结

在经济一体化和全球化的趋势下,品牌的国际化已经成为历史发展的必然

趋势。参考学者们对于品牌国际化的定义,我们总结出,品牌国际化是指一个品牌在保持核心价值不变的情况下,采用相同的名称和标志进入品牌原产国以外的其他国家,扩大品牌的国际市场占有率和地区覆盖率的方法和策略。

品牌国际化对本土企业来讲有很多的好处:降低制造和营销成本;帮助企业获得更多的市场份额;扩大品牌的影响力;帮助企业获得更大的溢价能力;增加竞争的经验;进一步优化员工结构,提高员工的整体素质和水平。

品牌进入国际市场的方式一般而言有 6 种:出口产品、许可经营、特许经营、OEM、建立合资或者独资企业和并购。

随着经济全球化以及区域一体化,越来越多的品牌开始进入国际市场。在进入国际市场的过程中,是采用品牌的全球标准化(Globalization Standardization)还是品牌的本土化(Localization)成为他们必须面临的选择。事实上,在跨国品牌的实际运作过程中,单独采用全球标准化或者单独采用品牌本土化都是比较少见的。更多的是将两者结合起来,即所谓"全球视角,本土执行"(Think global, Act local)。

中国目前的企业普遍的情况是缺乏国际化品牌以及完善的跨国品牌管理模式,品牌的自我保护意识和营销推广都非常薄弱。要解决这些问题,中国企业需要采取以下策略:完善品牌理念和意识,制定品牌战略;遵照国际标准,打造强势品牌;健全法律体系,为品牌的成长提供良性发展空间,培养经营国际化品牌的人才队伍。

思考与训练

1. 结合实例了解品牌国际化的含义。

2. 品牌进入国际市场可以采取什么样的方式?举例说明。

3. 弄清品牌国际化最关键的问题——标准化和本土化之间的关系。

4. 中国企业在创立国际化品牌过程中面临哪些问题和挑战?中国企业应该采取什么样的对策?

推荐读物

1.[美]阿克著,吕一林译:《创建强势品牌》,北京:中国劳动社会保障出版社,2004。

2. 余明阳,杨芳平编著:《品牌学教程》,上海:复旦大学出版社,2005。

3. 李光斗著:《品牌竞争力》,北京:中国人民大学出版社,2003。

第九章 品牌的危机管理

导入语

"永远战战兢兢,永远如履薄冰。"

——海尔集团 CEO 张瑞敏

本章要点

市场就如同一个魔方,企业在其中每时每刻都面临着危机和挑战。对品牌进行危机管理是摆在每个企业面前迫在眉睫的事。本章结合大量品牌危机管理案例,对品牌危机管理的概念和方法进行深入的分析。学习完本章,应该了解以下要点:

◆ 品牌危机的概念,品牌危机的特征以及引发品牌危机的内外因。

◆ 如何对品牌危机进行防范?

◆ 品牌危机管理包括哪几个阶段? 在处理品牌危机时需要注意什么问题?

开篇案例

伊利"高管被拘"危机公关

2004 年 12 月 17 日,内蒙古自治区检察院对伊利公司个别高管人员的经济问题正式进行立案调查。

因涉嫌挪用公款,董事长郑俊怀、副董事长杨桂琴、董事郭顺喜、财务负责人兼董事会秘书张显著及证券代表李永平被刑事拘留。

事情发生以后,"伊利高管被拘"、"蒙牛收购伊利"的消息出现在各家报纸的头版头条,流言蜚语满天飞。伊利股份经历了 12 月 21 日、22 日两天的停牌曾一度接近跌停。伊利的品牌形象面临极大的冲击。

在这场风暴面前,伊利沉着应对。他们迅速组建了以总裁潘刚为核心的危机处理小组。针对当时的情况,及时了解各方态度,制订了详细的危机公关计划。

伊利作为内蒙古纳税大户，呼和浩特政府对于伊利品牌格外看重，在伊利发生危机之后，呼和浩特市委书记专程看望员工，视察企业生产经营情况。伊利在随后几天中，不断跟政府沟通，根据新情况整理新资料，送交市政府。

伊利邀请了30多家媒体召开新闻恳谈会，带领记者参观伊利生产车间，传递伊利正常运作的信息。

而对与伊利密切相关的股东、经销商，伊利开诚布公与他们沟通。伊利总裁潘刚邀请了30多名基金公司代表，与他们进行了长时间的沟通。驻各地分支机构的市场经理也与当地的经销商举行了见面会。

在伊利内部，召开员工动员大会，鼓舞士气，2004年12月28日，400名员工参加了伊利新年联谊会。

在伊利处于水深火热的时候，还向当时的印度海啸受灾地区捐款捐物达70余万元。

这种种举措终于帮助伊利顺利渡过了此次难关，伊利的品牌美誉度没有受到影响，相反，人们对于伊利的快速反应和现代企业运作机制有了全新的认识。

市场充满着无数的未知因素，企业每时每刻都面临着危机和挑战。随着市场经济的发展以及人们生活水平的提高，公众对自身的权益的维护和关注日益增强，品牌（尤其是具有较高认知度的品牌）时时刻刻都接受着公众的审视和考验，"一招不慎，满盘皆输"。品牌的6大资产（产品、形象、消费者、渠道、视觉、商业信誉）中的任何一项出现问题，都有可能使企业受到致命打击，从而危及生存。

我们从上面的案例可以看出，出色的品牌危机管理可以使企业避免罹难，如果处理妥当，甚至可以提升品牌的价值，提高品牌的忠诚度和美誉度。反之，如果处理不当，可能会使一个价值很高的品牌甚至是历史悠久的品牌，从此一蹶不振，甚至就此消亡。那么，怎么理解品牌危机管理的概念？引发品牌危机的原因有哪些？品牌危机有什么特征？如何防范品牌危机？出现品牌危机时，如何处理？本章将主要围绕以上问题展开探讨。

第一节　品牌危机管理概要

一、品牌危机管理的含义

对于品牌危机管理,目前并没有一个准确的定义。大部分学者在探讨品牌危机管理时,偏向于将品牌危机管理放在危机公关的范畴中进行讨论。

有学者认为,危机公关指的是"由于企业的管理不善、同行竞争甚至遭遇恶意破坏或者是外界特殊事件的影响,而给企业或品牌带来危机,企业针对危机所采取的一系列自救行动,包括消除影响、恢复形象,就是危机公关。"[①]

什么是品牌危机呢? 品牌危机是指"由于组织内、外部突发原因造成的始料不及的对品牌形象的损害和品牌价值的降低,以及由此导致的使组织陷入困难和危险的状态"。[②]

品牌危机实质上是品牌或其所代表的企业和消费者之间信任、感情和利益关系的危机。

品牌危机管理与危机公关有着很大的不同:首先,品牌危机管理的受动者是品牌,而危机公关的受动者是企业或者其他的组织机构,例如政府部门、行业协会甚至是国家。所以,不能笼统地把品牌危机管理划到危机公关中去。第二,危机公关主要是企业或者其他组织对于一些突发性的危机展开的自救活动。而品牌危机除了突发性的危机之外,还包括品牌发展中的一些痼疾导致的危机。这种危机不是突如其来的,而是慢慢渗透的。例如品牌的逐渐老化而带来的危机;由于品牌的不恰当的延伸对品牌的损害。所以,品牌危机管理与危机公关有相似点,但是也存在着很大的差异,将品牌危机公关划分到危机公关的范畴中是不合适的。

品牌危机管理除了对突发性的危机进行处理外,还包括在品牌的建设和维护过程中,对于品牌的"慢性病"进行诊断和治疗。品牌危机产生的根源在于品牌管理的不当。而对品牌管理的失误贯穿了品牌发展的始终,从品牌的创立开始到品牌的发展,整个过程中每一阶段都有可能出现问题。

在品牌创建时,企业可能对市场的判断失误而导致对品牌的定位不准确,

①　曾朝晖:《品牌危机管理》,http://www.iader.com,2006年5月。
②　余明阳著:《品牌学教程》,上海:复旦大学出版社,2005,第238页。

从而造成品牌危机。

在品牌发展到一定阶段,企业对自身的实力估计过高,盲目对品牌进行延伸,也可能导致品牌危机。

在品牌传播过程中,传播的时机不合适,内容不恰当,也有可能引发品牌危机。

品牌危机潜伏在品牌发展的整个过程中,品牌危机的防范和处理也应该贯穿于品牌建设的始终。一般来说,品牌会经历以下 4 个阶段:导入期、成长期、成熟期和衰退期。在不同的生命周期,我们需要不断对品牌进行审视和调查,防患于未然。

在品牌的导入期,我们可能会遭受市场领导品牌的冲击和打压,这个时期需要注意树立品牌的知名度和信誉,否则很有可能夭折。

在品牌的成长期和成熟期,要时刻保持警惕,比如质量、服务、经营等方面的问题,如果处理不好,很可能引发大的危机,从而损伤品牌。

在品牌的衰退期,比较容易受到新的品牌的攻击,这个时期品牌的抵抗能力比较弱,需要尽量保护自己。

二、引发品牌危机的原因

引发品牌危机的原因很多。辩证法告诉我们,内因是事物发展的根据,它是第一位的,它决定着事物发展的基本趋向;外因是事物发展的外部条件,它是第二位的,它对事物的发展起着加速或延缓的作用;外因必须通过内因而起作用。引发品牌危机的原因主要有内部原因和外部原因。

(一)内部原因

品牌出现危机,主要原因在于品牌本身出现了问题。比如产品质量问题、服务问题、经营管理问题等等,这些是引发品牌危机的根本原因。如果品牌在建设过程中,能够管理好品牌资产,在公众心目中建立起较高的知名度和美誉度,即使遇到危机,也能够化险为夷,如强生泰诺投毒危机。

1982 年 9 月 29 日和 30 日,在美国芝加哥地区发生了有人因服用含氰化物的"泰莱诺尔"药片而中毒死亡的事故。面对突发性的事故,强生公司对 800 片药剂重新检验,通过媒体向全国公布事实真相,并在中毒事件发生后很短时间内收回了全部泰莱诺尔药片,花费 50 万美元向可能与此有关的对象及时发出消息。对新投入市场的这种药采取了高效抗污染包装。事故发生 5 个月后,泰莱诺尔夺回了原来市场的 70%。强生的品牌价值并没有受到太大的打击,相反,很多消费者对于强生在这次危机中所表现出来的积极诚实的态度给予了极高的评价。

　　强生公司泰诺投毒危机能够成功化解,得益于强生一直以来在品牌建设方面尤其是危机的防范方面所作的充分准备。作为一家有百年历史,位居《财富》500强的企业,强生一直致力于品牌的建设和完善。这使得他们在面临危机的时候,能够表现得更加从容不迫。

　　具体而言,品牌出现危机的内部原因主要有以下几种:

1.产品质量问题引发品牌危机

　　产品是品牌的实物体现,产品质量的好坏直接影响消费者对品牌的认知。产品的质量出现问题,会降低消费者对品牌的好感,更有甚者,会危害消费者的生命。由产品质量问题引发的危机是最常见的一种品牌危机形式。如三株口服液中毒事件、南京冠生园的陈馅事件、光明回炉奶风波等等。这些事件都是由产品的质量问题引发的,对品牌造成了相当大的损害。

　　产品质量问题不仅会出现在一些小品牌中,也会出现在一些信誉良好的大品牌甚至国际品牌中。

　　2005年3月15日,上海市相关部门在对肯德基多家餐厅进行抽查时,在新奥尔良烤翅以及新奥尔良鸡腿堡调料中发现了"苏丹红一号"成分,苏丹红已经被确认为致癌物。肯德基随即向社会公开发表声明并"道歉",明确承诺重新生产不含"苏丹红"成分的调料,并确保这类事件不再发生。但肯德基在声明中,有意无意地隐瞒了香辣鸡翅、鸡米花等3种产品也是"涉红食品"。就在肯德基发表该声明的第二天,有关部门在北京对肯德基原料进行了检查,并且查出了上述3种食品也含有苏丹红成分。

　　随后的事态急转直下,相当部分的消费者要求索赔,各大媒体纷纷口诛笔伐,平日生意火爆的肯德基就餐人数锐减,时至今日,肯德基依然不得不采取打折、优惠券等多种形式推广烤翅和香辣鸡翅。

　　除此以外,雀巢的3+1奶粉碘超标事件、立顿红茶氟化物事件等,都是跨国大品牌遭遇的产品质量危机。

2.企业内部管理问题引发品牌危机

　　对企业进行井然有序的管理是企业良性发展的必要前提,也是品牌资产不断发展壮大的先决条件。经过统计发现,目前相当大部分的品牌危机是由企业内部管理出现的问题引发的。这些内部管理问题包括:

　　(1)企业内部管理和沟通不畅而导致混乱或者纷争事件。

　　2004年3月,联想由于业绩不佳和战略调整,进行了一次大规模的裁员行动,所裁员工约占员工整体比例的5%。随后一篇原联想员工撰写文章《裁员纪实:公司不是我的家》在网上迅速流传开来。文章说,一些部门员工整体被裁,这恐怕是联想历史上规模最大的一次裁员。领导者战略上犯的错,却要员工承担。不管你如何为公司卖命,当公司不需要你的时候,你曾经做的一切都不再有意义。员工和公司的关系,就是利益关系,千万不要把公司当成家。

文章在互联网上迅速流传开,使得人们重新对联想的企业文化、联想战略甚至整个联想进行重新审视,联想在裁员过程中的"违规行为"受到了法律界人士的质疑。一方面导致联想企业内部员工对企业忠诚度降低;另外一方面公众对于联想的美誉度降低,联想的光环也开始褪色。

因为业绩不佳和战略调整所进行的裁员,联想采取了"非常规"的做法——瞬间将员工扫地出门。显然此种做法有一种对员工不信任和恩断义绝的成分在里面,与一贯主张亲情化的联想文化背道而驰,进而激化了危机的爆发。

(2)企业管理层的动荡导致的危机。比如企业的主要领导者违规操作触犯法律,从而引发企业品牌危机,例如伊利高管被拘事件,创维黄宏生被拘事件等。企业的高级管理层率队出走导致企业元气大伤,例如上海太平洋百货董事总经理率队集体离职导致企业处于被动局面。民营企业的强势领导人突然离世导致企业群龙无首,例如均瑶集团王均瑶的英年早逝,人们对于新接班人能否担当大任,实现平稳过渡颇感疑虑。

(3)企业决策失误导致的危机。企业的决策决定企业的发展方向,发展方向错误对企业而言是致命的。而很多企业的领导者由于缺乏远见,对市场判断出现偏差而导致企业危机。

"小鸭"曾经一度成为中国最大最专业化的滚筒洗衣机生产基地,与海尔、小天鹅、荣事达并列成为洗衣机行业的"四大家族"。但"小鸭"上市以后,利用募集资金大肆扩张与购并:从洗衣机到热水器、冰柜、空调、灶具,从家用电器到ERP、电子商务、纳米材料,一度投入数亿元巨资,并购了大量非主业相关资产。过多陌生的行业使得"小鸭"不能进行有效的管理,于是质量问题和售后服务问题频发。多元化没有为"小鸭"带来预想中的规模效益和品牌拉动,反而使"小鸭"在消费者中间产生了信用危机。在主业洗衣机领域,"小鸭"也因对市场过度乐观而停滞自主创新,"小鸭"的竞争力逐渐落后于同类企业。面对困境,"小鸭"没有通过有效途径与用户进行接触和沟通,以至于完全失去了消费者的好感和信任。品牌的价值基本上耗散殆尽。

3. 企业品牌传播问题引发品牌危机

要将品牌要素转化为品牌资产,将品牌定位在消费者心目当中,我们必须要倚赖品牌的传播推广。

而企业在品牌传播过程中,由于文化的差异、代理公司的失误以及企业的短视等种种原因,很有可能出现沟通不畅,从而引发危机。

由于企业广告宣传的失实或夸大而引发消费者和媒体质疑的案例就有很多。

2004年3月,经国家质量监督检验检疫总局调查,宝洁公司推出的佳洁士深层洁白牙贴外包装盒上粘贴的中文说明与被覆盖的英文说明严重不符。中文说明上声称佳洁士洁白牙贴"7天明显亮白牙齿,使用一盒效果可持续12个月",而被覆盖的英文说明上却声称"14天可明显亮白牙齿,效果可持续至少6个月"。上述产品是由美国宝洁公司生产的,分别于2001年和2003年向国家质检总局申请办理了含量为56片和28片的中文标签审核并获得了批准证书。但进口商在进口时将美国原装的56片产品进口后拆装成28片,并将已获得批准的28片产品的中文标签加贴在56片产品的包装上在我国市场销售,违反了国家质检总局中文标签管理的有关规定,同时又误导了消费者。

这件事情曝光以后,引起了广大消费者对于宝洁的不满,也破坏了宝洁一直企图树立的国际品牌形象。

除此之外,还有一些跨国企业对异国文化不了解,引起公众误解,最后引发危机。例如,近年来频频发生跨国公司不了解中国文化,引起公众反感的事件。

中国和日本是一衣带水的邻邦,但是日本的侵华战争一直使中国和日本的关系变得微妙紧张。这种紧张也反应到了企业的广告传播当中。日本丰田曾经做过两则广告,在一则广告中,一辆"霸道"汽车停在两只石狮子之前,一只石狮子抬起右爪做敬礼姿势;另一只石狮子向下俯首,广告语为"霸道,你不得不尊敬"。另一则的内容是:一辆丰田越野车在雪山高原上以钢索拖拉一辆绿色中国生产的军用大卡车。广告播出以后,引起了轩然大波,很多网友激烈抨击这则广告,认为用象征中国的石狮子给日本丰田敬礼,用丰田车拉国产军用卡车是对中国人的侮辱,是日本羞辱中国的新证据。互联网上的争论逐步蔓延到报刊甚至电视媒体。面对民众和媒体的声讨,丰田公司通过官方媒体发出致歉信,向中国消费者公开致歉。但是恶劣的影响已经造成。

面对文化的差异,民族心理的差异,丰田应该学会谨慎,多了解中国民众的心理。除此以外,耐克的"恐惧斗室"、日本立邦漆"中国龙"事件都是跨国企业对中华民族的民族文化和特点不了解导致的。

(二)外部原因

企业处在市场中,不可避免会与公众以及各种社会组织、团体打交道,与他们的关系处理不当,极有可能引发危机。

奥美广告公司是以"品牌管家"著称的,他们主张在品牌传播的过程当中,除了面对消费者,也要面对与品牌密切相关的各个利益团体。比如:政府、媒体、竞争对手等等。

我们下面就从与社会相关利益团体的关系入手,来探讨引发品牌危机的一些外部原因:

1. 媒体的错误报道引发品牌危机

很多遭遇过危机的企业老总在接受访问时都曾经提到,企业遭遇挫折的时候,最害怕的是媒体进行错误的引导。

舆论的力量是十分强大的,尤其在这个过分依赖媒体的信息社会。当一个企业遭遇危机的时候,媒体不准确的跟风报道,很有可能引导对企业不利的舆论导向,从而引起公众的不满和责难。

1998年3月31日,湖南常德市中级人民法院判决:消费者陈伯顺喝了三株口服液后导致死亡,由三株公司向死者家属赔偿29.8万元。继而,各大媒体新闻媒介广泛报道"8瓶三株口服液喝死一条老汉"、"谁来终结三株"。尽管1999年3月底,湖南省高级人民法院终审判决三株胜诉,撤销一审法院的民事判决书,然而,悲剧已无法避免,这场波澜产生了巨大后果,使三株陷入创业以来最困难的时期,也使我国的保健品市场随着三株的起伏从火爆的夏天走入寒冷的冬天。

2. 竞争对手的不正当竞争引发品牌危机

品牌在市场上总是处于一定的地位,主要有以下4种:市场领导品牌、市场追随品牌、市场挑战品牌和市场补缺品牌。处于不同地位的品牌为了争取更大的优势会采取各种竞争手段。有的是法律允许的,有的是不正当竞争。俗话说"明枪易躲,暗箭难防"。竞争对手的恶意攻击和不正当竞争,往往会给企业带来巨大的伤害,从而损伤品牌。

例如,竞争对手仿冒一些强势品牌而给这些品牌造成伤害。

"借问酒家何处有,牧童遥指杏花村。"山西汾酒在全国赫赫有名,其中山西杏花村汾酒是其中的佼佼者。

但是1998年,山西发生了一场震惊全国的假酒中毒案。数百人因为饮用含有超标甲醇的酒而中毒,其中数十人死亡。继而在全国展开了一场大规模的"围剿"山西、追查假酒的行动。山西假酒案一发生,马上祸及汾酒厂。时任汾酒集团董事长的高玉文悲愤交加:千年美名,毁于一旦,汾酒至少3年翻不过身。果然被其言中,汾酒集团经过三四年才恢复元气。

3. 宏观环境的变化引发品牌危机

宏观环境主要包括3方面:一是宏观政治环境,二是宏观经济环境,三是外界自然环境。

(1)宏观政治环境变化引发品牌危机

一个国家的政治法律环境在很大程度上影响着品牌的生存和发展,新的政策法规的出台就有可能决定一个品牌的生死存亡。

例如,美国人布卢姆生产一种小玩具熊,名叫"米沙",作为1980年莫斯科奥运会吉祥物,一开始销量非常好。但是没有想到,由于前苏联拒绝从阿富汗撤军,美国总统宣布不参加莫斯科奥运会,这下"米沙"的销量岌岌可危,"米沙"也不再被人们追逐喜爱,这个品牌被彻底摧毁。

(2)宏观经济环境变化引发品牌危机

经济环境的变化对于一个企业的影响尤其巨大。例如,亚洲金融危机,使得很多企业和品牌遭受致命打击。再比如,中国虽然已经加入WTO,但是依然有一些发达资本主义国家,宣扬"中国威胁论",在与中国的进出口贸易中,采取不合理甚至歧视政策,利用"反倾销"等名目阻止中国品牌在国外的生存和发展。

(3)外界自然环境变化引发品牌危机

这里的自然环境是一个大的概念,包括了各种不可抗的非人为因素带来的外在环境的变化,例如自然灾害。自然因素是组织不能控制的因素,一旦自然灾害发生,可能使企业在一夜之间陷入危机。

三、品牌危机的特征

企业的品牌危机与其他形态的危机一样,会表现出比较相似的特征。这些特征可以辅助我们分析企业品牌管理中出现的不正常情况,从而判断品牌危机是否到来。

一般来说,品牌危机有以下特征:

(一)破坏性

严重的破坏性是品牌危机最主要的特征。一次品牌危机可能使一个知名品牌一夜之间臭名昭著,使企业在数十年甚至数百年积累起来的品牌资产化为乌有,使一个曾经叱咤风云的品牌在市场上销声匿迹。

(二)突发性

品牌危机的爆发通常是在企业意想不到、完全没有准备的情况下发生的。这种集中的突然爆发具有更大的破坏性和杀伤力。虽然很多品牌危机都经历了一个从量变到质变的过程,但是这种潜伏期很多企业都没有办法预见。品牌危机爆发的时候往往让大多数企业措手不及。

(三)舆论关注性

好事不出门,坏事传千里。在资讯发达的现代社会,品牌出现的任何一点错误都会被无限放大并且迅速扩散。在传播学里,有一个重要的理论——"议程设置"理论。媒体在传播信息的过程当中,会根据自己的判断对信息的重要程度进行设置,从而导致某些信息曝光次数多,并被放在重要的版面或者时段。这种议程设置也影响着受众和其他媒体对目前信息重要程度的判断。在某段时间内,有些新闻大小媒体纷纷报道转载,从而成为舆论焦点。媒体对于知名品牌出现的危机事件往往非常关注。媒体的过分关注必然引导公众,从而使品牌承受更大的压力。

(四)持久性

品牌出现危机以后,危机所造成的恶劣影响不能在短时期内迅速消失。公众会在很长时间内对品牌所发生的危机记忆犹新。

第二节　品牌危机的防范

品牌危机防范,是品牌危机管理的首要任务。企业应该在品牌出现危机之前,就做好充分的准备,只有未雨绸缪、防患于未然才能使企业在面临危机的时候不会手忙脚乱。

品牌危机的防范主要包括以下几个方面的内容。

一、建立一套完善的危机预警系统

"凡事预则立,不预则废。"在企业内部可以采取多种方式建立危机预警系统。

(一)组建一个由高层领导牵头的品牌危机管理小组

小组的成员可以由以下成员组成:高层领导负责人、市场部负责人、公关部负责人、行政部负责人以及一些辅助这些负责人具体开展工作的员工。对这些人员要进行准确的分工,各司其职,各尽其责。另外,还要确定专门的企业发言人,负责与媒体以及政府部门进行沟通协调。

在国外,很多跨国大公司内部都设立了首席风险官,专门负责处理企业可能出现的各种危机。

也有部分企业采取了品牌经理制度,将品牌的危机管理归由这些品牌经理来管理。这种方式有利有弊。因为品牌经理通常负责日复一日的战术层面的活动,这使得品牌经理们在面对危机时很难从企业发展战略高度去考虑问题。所以,危机管理小组最好是由具备更高职位、承担更多责任的高层领导负责,而品牌经理则作为执行者,起到时时监控的作用。

(二)建立高度灵敏的、准确的信息检测系统

由专人负责,专门收集同行业或者跨行业其他品牌曾经出现过的危机及其化解危机的方式。对这些资料进行分门别类的整理。从这些危机事件中吸取教训,帮助企业全方位预测可能发生的各种危机状况,找到解决危机的方法,并制定相应的对策方案。例如,某企业在收购一家大型上市企业时,因为种种原因未能如愿。收购的失败会直接导致媒体对该企业实力的质疑。面对这种情况,该企业早有准备,他们在收购前期,公关部门就对收购上市的许多案例进行了分析,给企业提供了可供参考的经验。因此该企业能够顺利引导媒体将报道重点放在企业的社会责任感上,从而成功化解了一场有可能发生的重大危机。

(三)建立品牌的自我诊断制度,时刻对内外环境进行审视和监督

对内部的自查主要内容包括:企业领导层做出的有可能损伤品牌的错误决策;企业的生产状况和质量问题;企业的管理层和员工可能出现的沟通问题;企业内部的人事问题;企业的品牌传播中可能出现的问题。

对外部环境的审视主要内容包括:媒体可能出现的对本企业和品牌的不利的或者失实的报道;竞争对手的恶意攻击或者不正当竞争可能对本品牌造成的损害;国家和地方制订和修改的有可能影响到本品牌生存和发展政策法规;宏观经济形势可能对品牌造成的伤害;对品牌产生影响的各种不可抗因素,例如自然灾害等。

一些新的科技手段例如网络论坛、电子邮件以及短信等在危机事件中扮演了越来越重要的角色。许多重大危机都是通过网络传播扩散的,等到企业发现时,可能已经对品牌造成了伤害。因此,企业应该保持高度的警惕,建立一套资讯收集和网络检测机制。一旦发现在网络论坛或者电子邮件上散布企业谣言,可以立即根据其影响进行必要的处理。

总而言之,企业要时时刻刻从各种层面、各种角度对可能影响到品牌的因素进行剖析和评价,及时采取必要措施进行纠正,从根本上消除各种可能引发危机的诱因。

(四)与外界建立良好的关系

单纯依靠企业自身的力量来建立危机预警系统是远远不够的。俗话说,"当局者迷,旁观者清"。企业有必要邀请一些专门的公关公司、咨询公司或者是广告公司,委托它们与自己一起对品牌进行时时监控。这些专业公关公司、咨询公司以及广告公司有着丰富的品牌危机管理的经验,有它们的协助,品牌危机的管理工作往往能够事半功倍。事实上,目前有很多企业是将危机公关的

工作委托给专业的公关公司打理的,它们能有效弥补企业品牌危机管理的短视和经验不足。

企业与媒介建立良好的关系也非常重要。很多企业在面临危机的时候采取以报纸广告版面换取媒体的不报道甚至是正面报道。这种做法是不可取的,它违背了新闻自由的原则,也伤害了媒体舆论监督的神圣职责。但是,与媒体搞好关系是十分必要的。企业应该与媒体多作沟通、多结善缘。企业发生危机都不是偶然的,有些品牌危机之所以到不可收拾的地步,完全因为企业对于危机的苗头预测性不足,最后导致危机不可控制。事实上,很多企业与媒体的关系好,与一些媒体记者很好地沟通能够使企业具备良好的洞察力,有任何风吹草动,都能够及时掌握,将可能发生的危机扼杀在萌芽状态。

此外,与政府部门的良好关系也可以帮助企业化解可能出现的危机。很多跨国企业公关的主要内容就是政府公关,很多跨国公司的 CEO 访华都安排了政府官员进行会面。这些活动都是为了拉近企业与政府部门之间的关系。品牌危机管理也是一样的道理。事实证明,与政府关系好的企业发生危机的几率要远远低于与政府关系不好的企业。

(五)制定品牌危机公关计划

在前期收集总结资料的基础上,建立一套品牌危机管理的行动纲领。

(1)根据对危机公关资料的总结,将可能出现的危机状况分门别类,根据不同危机情况制定相应的公关计划。

(2)制定危机传播计划,这是危机公关计划的最重要的部分。主要内容包括:重要的媒介的名单以及联系方式、政府相关部门的名单和联系方式、有关权威机构和重要社会团体的联系方式、新闻发布会计划和流程;确定新闻发言人及其讲话的要点和注意的问题、人员分工以及后勤保障计划。

二、牢固树立员工的品牌危机意识

品牌危机的防范除了需要建设一套品牌危机的检测、跟踪和预警系统之外,最重要的是要将品牌危机的防范意识灌输到员工的日常工作中,在企业的日常运营管理过程中,要时刻保持警惕,就如海尔集团 CEO 张瑞敏曾经说的企业应该"永远战战兢兢,永远如履薄冰"。

培养员工的危机意识,最重要的手段是开展员工危机管理的教育和培训,增强员工处理危机的技能,使其在面临危机时,能够有良好的心理素质和迅速的应变能力。

开展危机管理培训可以采取以下一些方法:

（1）案例学习和讨论。定期组织一些经验丰富的人员对员工进行案例培训，可以让员工对这些案例进行学习和讨论，从中总结经验和教训。

（2）聘请一些有丰富经验的行业顾问或者是危机公关专家定期进行一些案例介绍，传授一些危机处理的方法和技巧。

（3）模拟危机情景进行实战演习。借鉴情景模拟教学方法，以游戏的形势模拟危机情景，进行动态教学。

第三节　品牌危机的处理

一、品牌危机处理的四个阶段

（一）成立品牌危机管理小组

在品牌出现重大危机的时候，企业所要做的第一件事情是成立品牌危机管理小组，有必要时可以根据情况聘请社会专业公关资源作顾问进行协助。然后进一步确定小组成员的职责，并根据需要进行调整。一般来说，危机处理小组应该包括以下几个部分：危机调查中心、事故处理中心、外界联络中心和对外发布中心。危机处理小组应该统一对内对外的传播口径。

品牌危机小组成立以后，第一步是寻找危机的源头，厘清问题的关键所在。例如，台湾某知名染发剂品牌，在发型展示活动前夕邀请活动的参与者进行预演，由于操作失当，使得其中一名参与者产生了大量落发的现象。该品牌迅速将该消费者送去就医。但是该参与者受到的伤害太大，后来并没有和该品牌联系，而开始通过亲友在网络上散发包含大量落发的照片的电子邮件。该邮件迅速流传，在网友中引起了很大的恐慌和谴责。事件发生以后，该品牌最初尝试过以企业的立场回答网友的质疑，但是效果不佳。于是，该品牌通过多种途径找到了该名消费者，通过不断沟通协调征得了该消费者的同意，以该消费者的名义上网说明问题，终于引起了网友们的正面评价，而落发的邮件也慢慢从网络上消失了。[①]

在追根溯源之后，企业需要进一步了解各方面的态度，例如企业内部员工、股东、经销商、供应商的态度，以及消费者、媒体、政府以及一些权威机构的态度。然后确定目前的危机级别。在企业内部也可以借鉴国家的危机处理机制，

---

① 奥美广告公司：《奥美的观点》，中国物价出版社，2003，第230页。

将危机定级,针对不同的危机宣布企业进入某一危急状态,根据危机的轻重缓急确定相应的对策。

(二)做好处理危机的相关准备

第一,危机小组应该统一对内对外传播口径,选择适合的新闻发言人,用专业的人讲专业的话。采取稳定公众情绪的一些相应措施,并协助相关部门,如消费者协会等做好当事人的补偿和产品的召回等工作。

第二,做好危机管理传播的准备。比如,确定信息传播的媒介名称、联系方式、地址以及联系电话等;准备与企业相关的背景材料;建立新闻办公室,作为新闻发布会和媒介索取最新资料的场所,并开通公众咨询电话,确保 24 小时开通;准备应急新闻稿件,准备随时发出;做好新闻发布会前的各项工作。

(三)实施危机公关

危机公关的实施是一个系统的工程,需要企业作出迅速及时的反应,考虑一定要周全。

(1)对企业内部员工,应该开诚布公,及时告知企业的实际情况,以免人心惶惶,造成不必要的损失。

2000 年底,中美史克的著名感冒药"康泰克"由于内含国家禁用药物 PPA 而被勒令停产。为了挽救不利的局面,中美史克专门组织了应对危机的管理小组,展开了卓有成效的危机公关。此次危机公关能够顺利度过,与康泰克的内部公关密不可分。公司在发布危机公关纲领的第二天召开了全体员工大会,总经理向全体员工通报了事情的来龙去脉,并发布了《给全体员工的一封信》,同时承诺公司决不裁员,最后大会在全体员工高唱《团结就是力量》中结束。这些举措极大稳定了人心,使得康泰克在对外公关的时候无后顾之忧。

(2)对待企业的股东,例如一些大的基金公司或者财团,应该说服他们和企业站在一条战线上,并且以优厚的分红继续保持他们对企业的持股和重仓。

(3)对待经销商,应该安排公司所辖的区域经理召开经销商说明会,对企业的情况进行详细的说明,赢得他们的支持和信任,避免经销商退货。

说明会具体内容包括阐明事实真相,对于非产品质量问题可以通过权威新闻报道、行业权威专家或者是有关技术部门出具产品合格的相关证明,让经销商放心。对于确是产品的质量出现了问题应该诚恳地向经销商道歉,将问题以及解决问题的保证实实在在呈现在经销商面前,并确保以后产品品质不再发生类似的情况。对于经销商在危机中的损失表示歉意,并且为了减免经销商的损失,给予一定的补偿,并采取多种措施对经销商优惠。

(4)对待媒体,最关键的是沟通。平时,就要与媒体建立良好的关系。在危急时刻,一定要争取媒体的支持。在危机爆发初期,就要将企业所知道的具体情况向媒体发布,在危机处理的过程当中,要不断与媒体沟通,将企业的处理措施以及事态的发展状况向媒体通报,让媒体有知情权,"无可奉告"是最愚蠢的处理方式。

公关专家帕金森曾经说过,危机传播失误所造成的真空,会很快被颠倒黑白、胡说八道的流言所占据。只有不断与媒体沟通才能有效解决这个问题。

肯德基在与媒体的沟通方面就非常专业。2005 年底,禽流感闹得人心惶惶,肯德基受到的影响最大。当记者采访百胜集团总部的时候,百胜餐饮集团公共事务部总监非常诚恳专业地回答记者的问题。在接到记者的采访提纲半小时以后,就与记者取得联系,并发过去了《肯德基有关禽流感问题的媒体 Q&A》等 3 份相关文件,展现了肯德基在应对媒体的危机提问时,所展示的规范化、程序化的管理方式,值得其他企业借鉴。

(5)对待公众,最主要的沟通方式是媒体,因为媒体是消费者了解企业危机处理情况的主要渠道。除此以外,企业也要设立专人专线,对消费者的问题进行细致耐心统一的回答。在处理公众问题的时候,一定要做到坦诚相待。

有学者总结了面对公众的"4S"策略[①]:

Sorry:诚恳向当事人道歉。

Shut up:务必闭嘴,多倾听公众的意见,确保企业能够把握公众的情绪。

Show:重视与消费者的沟通,尽量将自己知道的展示给公众,不要试图愚弄公众。

Satisfy:使消费者满意,企业应该勇于承担责任,妥善处理,赢得公众的信赖和理解。

(6)对待政府以及相关部门,企业应该借助他们的力量来展示企业摆脱危机的能力与诚意。危机小组的对外联络中心应该将企业危机的进展情况准确及时地向政府以及相关部门汇报。

2002 年,一篇题为《莫忽视微波炉的危害》的小文章(大意是长时间呆在微波炉旁会引起心跳变慢,影响睡眠和记忆力。此外,微波炉会破坏食物的营养成分。)就像一场瘟疫一样,从 4 月份开始蔓延,到 6 月份泛滥全国,导致整个微波炉行业的销量随之较上年同期下滑 40%。

当"微波炉有害论"灾难到来的时候,身为全球微波炉产销规模最大企业的

---

① 慧聪网商业服务网:《企业危机管理公众攻略》,http://www.hc360.com ,2005 年 4 月。

格兰仕,自然首当其冲。

面对危机,格兰仕沉着应对,它邀请国家工商行政管理局、国家质量技术监督局、中国家电协会、中国消协、中国名牌推进委员会、中国预防医学会、中国营养学会等近 10 个国家权威机构的领导和专家,在北京召开了一次有关"正确引导消费、规范竞争环境"的研讨会。与会专家用科学的理据反驳了"微波炉有害论",揭露了不正当竞争的危害。

格兰仕站在一个行业的高度发出了呼吁——"不正当竞争正在摧毁一个行业,规范竞争环境势在必行",从而赢得了政府部门的关注。

通过这场研讨会,格兰仕呈现给人们的是勇于为行业承担责任、对消费者负责的企业精神。通过来自政府部门、行业协会的"舆论领袖",不但封杀了谣言,也传播了企业自身诚实守信的领导者形象。

(四)危机后的善后工作

在危机的特征里面我们了解到,危机有极大的破坏性,危机过去之后,留下来的是企业销售额的下降、赔偿的支付、人才的流失,最重要的是企业形象以及声誉的损害。所以,在危机的事态得到控制以后,应该立即开始对企业品牌形象进行恢复,重新取得公众的信任。

主要可以开展以下工作:继续关注危机的受害人以及亲属,重新开始广告宣传。加大在公益活动方面的投入。例如伊利在 2002 年发生高管被拘事件的同时,还不忘公益事业,向印度洋海啸灾区捐款捐物达 70 余万元。

二、品牌危机处理需要注意的问题

(一)反应一定要快

危机的发生都是突发性的,如处理不当,就会很快传播到社会上去,引起新闻媒体和公众的关注,产生不良影响。因此,当危机发生时,要争取在最短的时间里使危机得到遏制,并在最短的时间里解决危机,从而使冲击降到最小。

(二)态度一定要诚恳

很多企业主都说:"小胜靠智,大胜靠德"。在企业品牌出现危机以后,公众与企业之间的信任缺失。消费者会以负面审慎的态度去对待企业的一举一动。这时,企业应该采取什么样的态度来对待公众呢? 有人认为应该采取强硬的态度,也有人觉得企业应该坦诚。事实证明,只有采取诚恳的态度才是明智之举。

世上没有不透风的墙,刻意的掩饰只会让企业在行藏败露时让消费者厌恶感加剧,消费者对企业的信任完全丧失,对品牌的声誉和影响力是很大的打击。企业此时在处理问题时必须注意自己的方法和技巧。

（三）信息一定要真实

通常情况下，任何危机的发生都会使公众产生种种猜测和怀疑，有时新闻媒体也会有夸大事实的报道。危机单位要想取得公众和新闻媒体的信任，必须采取真诚、坦率的态度，信息必须真实准确。有的企业在品牌出现问题时，刻意隐瞒甚至欺骗消费者。群众的眼睛是雪亮的。不讲真话，消费者会通过别的渠道了解企业。这个渠道最容易滋生对企业不利的谣言。与其通过小道消息传播对企业不利的传闻，不如一开始就由企业站出来讲真话。

本章小结

企业在市场中生存，不可避免遭遇到各种品牌危机。出色的品牌危机管理可以使企业避免罹难，如果处理妥当，甚至可以提升品牌的价值，提高品牌的忠诚度和美誉度。反之，如果处理不当，可能会使一个价值很高的品牌甚至是历史悠久的品牌，从此一蹶不振，甚至就此消亡。

品牌危机是指由于组织内、外部突发原因造成的始料不及的对品牌形象的损害和品牌价值的降低，以及由此导致的使组织陷入困难和危险的状态。它实质上是品牌或其所代表的企业和消费者之间信任、感情和利益关系的危机。

品牌危机应该和危机公关的概念相区别。一方面，品牌危机管理的受动者是品牌，而危机公关主要是企业或者其他组织对于一些突发性的危机展开的自救活动。另一方面，品牌危机除了突发性的危机之外，还包括品牌发展中的一些痼疾导致的危机。

品牌危机的产生主要有内外两方面原因。内部原因：产品质量问题、企业内部管理问题和企业品牌传播中出现的问题等；外部原因：媒体的错误报道、竞争对手的不正当竞争和宏观环境的变化等。

企业的品牌危机与其他形态的危机一样，会表现出比较相似的特征：破坏性、突发性、舆论关注性以及持久性。

企业需要建立一套完善的危机预警系统来防范品牌危机，这包括组建一个由高层领导牵头的品牌危机管理小组；建立高度灵敏的、准确的信息检测系统；建立品牌的自我诊断制度，时刻对内外环境进行审视和监督；与外界建立良好的关系；制定品牌危机公关计划。同时，树立员工的品牌危机意识对于预防品牌危机也至关重要，这可以通过对员工开展危机管理培训而获得。

在企业出现品牌危机时，应该从容应对，成立品牌危机管理小组，做好处理危机的相关准备，实施危机公关并做好危机后的善后工作。处理品牌危机时需要注意：反应一定要快、态度一定要诚恳、信息一定要真实。

思考与训练

1. 品牌危机和危机公关有什么共同点？有什么不同点？

2. 结合实例说明引发品牌危机的原因有哪些？

3. 品牌危机应该如何去防范？

4. 品牌危机管理有哪几个阶段？

5. 在品牌危机管理中需要注意什么？

推荐读物

1. 余明阳, 杨芳平编著:《品牌学教程》, 上海:复旦大学出版社, 2005。

2. 余明阳, 朱纪达, 肖俊菘著:《品牌传播学》, 上海:上海交通大学出版社, 2005。

3. 陈建华主编:《品牌管理的 100 种方法》, 北京:中国经济出版社, 2006。

第十章　品牌战略与组织战略管理的整合

导入语

　　孤立地实施品牌战略不可能成功,必须将品牌战略与组织其他战略有机结合,形成合力。合则荣,分则损。

本章要点

　　品牌战略是整个组织战略的一部分,会受到组织其他战略的影响,因此,必须把品牌战略整合到组织战略管理的过程中。本章首先概括介绍了组织战略管理及其过程,然后重点选讲了与成功实施品牌战略直接相关的 3 个组织战略。学习完本章内容,应该掌握以下知识:

　　◆组织的其他战略能够影响一个品牌战略的成败。

　　◆什么是战略管理? 战略管理的历史、层次、研究内容和流派各自包含哪些内容?

　　◆全面质量管理战略是什么? 构建以价值链为核心的全面质量管理战略的内容是什么?

　　◆什么是企业文化? 什么是品牌文化? 在实施品牌战略过程中,应该构建怎样的企业文化战略?

　　◆网络化战略对品牌战略有怎样的影响?

开篇案例

"铱星"为何像流星一样陨落?

　　铱星系统(Iridium)是美国摩托罗拉公司设计并牵头建设的一种全球性卫星移动通信系统。它与目前流行 GSM 或 CDMA 地面移动通信系统最大的不同之处在于:后者只适用于人口密集的地区,前者则可以通过卫星在全球任何一个区域范围内进行通话。铱星卫星手机用户在拨打电话时,其所在区域的卫星会根据使用者的位置选择最经济的路线传送讯号,在人烟稀少的地区(没有地面接收站)直接通过卫星传送,如果用户所在或临近区域有地面移动电话系统,则使用该系统。

银星移动通信系统是美国 1987 年提出的第一代卫星移动通信星座系统,其设想是围绕地球的上空布置 7 条卫星轨道,每个轨道上布置 11 颗卫星,以便完美地覆盖全球的任何一个角落。因为该系统类似于化学元素铱(Ir)的原子结构(原子核外围绕着 77 个电子)而被称为铱星,后来尽管经过论证,只需 6 个轨道就能够满足覆盖全球的要求,不过称呼已经约定俗成了。

1996 年,由摩托罗拉公司作为最大股东并在全球范围内的合作者中融资 20 亿美元的铱星公司(Iridium Satellite),获得了美国联邦通讯委员会的经营许可。1998 年 11 月,铱星公司的 66 颗近地卫星全部部署完毕,并随之展开了大规模的广告宣传,摩托罗拉公司的目标是为无线通话建立一个全球新标准。媒体舆论普遍认为,一个全球个人通信的新时代即将来临。1998 年,铱星被美国科普杂志《大众科学》(*Popular Science*)评选为年度"全球最佳产品"之一,股价一路飙升。

然而事情的发展出乎预料,1999 年 8 月,由于无法支付 9000 万美元的款项,铱星签署了破产协议。2000 年 3 月,前后投资了 50 多亿美元的铱星公司背负着 40 多亿美元的债务宣告破产了。显然,摩托罗拉公司该项目的负责人在一系列的公司战略问题上犯下了致命的错误。

首先是技术层面的问题。在建设之初,铱星公司的全球卫星覆盖通信技术和同时期出现的地面移动电话通信技术其实都在为新的移动通信技术建立全球通用的标准。铱星公司的技术尽管非常先进(直到今天,依然如此),但是庞杂的卫星技术和产品研发使得其投资周期相当长,而且铱星公司的管理层显然对地面移动电话通信系统的未来发展,特别是蜂窝电话通信的未来发展估计不足。当铱星耗时 10 年一个接着一个在全球投放卫星的时候,地面移动电话通信系统已经逐渐占据了"半壁江山",也就是说,当铱星手机准备营销的时候,消费者都已经在使用手机了。更致命的还在于铱星技术的更新太慢,还是 10 年前的手机卫星通话技术,而地面移动通信系统已经发展到了手机上网和多媒体数据传送阶段了。

其次是铱星的营销战略问题,它在所有的 4P 要素上做得都很糟糕。在产品方面,铱星手机重达一磅,是普通手机的 3～4 倍,而且必须携带许多附件,使用前还必须经过培训才能够发挥其全部功能。除此之外,铱星手机的通话质量和掉线率都令人堪忧,数据传送速率无法适应当前与互联网对接的要求。

在价格方面，铱星手机是彻底的贵族产品。尽管它在全球的售价参差不齐，从 8000 美元到 1500 美元不等，对大多数人来讲，铱星手机还是个彻头彻尾的奢侈品。更可怕的是，它的通话费用昂贵，约 4～9 美元/分钟，而且国别差异很大。就中国来讲，最高约 30 元/分钟，最低也要 10 元/分钟左右。因此，铱星手机在中国的用户只有 900 多个。

在地点方面，由于铱星手机直接和卫星交换信号，所以它必须在"看得见天"的地方使用，在车内和建筑物内，铱星手机就成了一块"砖头"。另外，铱星公司是在全球范围内融资建立的，各大洲的合伙人只负责本地区范围内的服务工作，致使欧洲、亚洲和非洲的很多地区缺乏相应的服务连接。

在促销方面，铱星耗资 1.8 亿美元，开展了轰轰烈烈的广告宣传。电视广告显示了一个冰天雪地的人因为铱星的通信科技而获救。直邮广告和强有力的公共关系也吸引了媒体和消费者的狂热关注。但是铱星的后续工作并没有跟上，消费者的很多技术、服务等问题由于缺乏娴熟的个人销售员（队伍）而无法解答，这很快湮灭了广告唤起的消费者的热情和欲望。摩托罗拉全球分散的合作伙伴（铱星的融资合伙人）在营销活动的开展和配合上也相当无知，他们只对财务感兴趣，而不是营销和技术服务，因而没有能够组建一支高效的销售队伍，开辟有效的销售渠道。

最后是其他层面的问题。在发展目标战略时，铱星公司将用户定位在"高层次的国际商务旅行人员"，并认为他们是"付钱不看账单的一群人"，而且这群人还可能分布在北极圈或珠穆朗玛峰地区。但是铱星公司对该定位的目标人群的规模估计不足，其预期的盈利底线是全球 65 万用户，在破产前仅达到 5.5 万户，比预期的中国市场的 10 万用户几乎还要少一半。在公司财务方面，铱星公司一直疲于与银行和债券持有人之间的债务谈判。随着公司不断的投资，其后继资金来源也常常出现"青黄不接"的断炊现象。破产前夕，投资公司的突然撤资无疑让铱星公司雪上加霜。此外，在公司的治理结构方面，铱星公司做得也远远不够。摩托罗拉当初融资时，注重钱的"择偶"标准而选择合作伙伴，松散的合伙制让铱星公司在日后的公司运营、治理和控制等方面尝到了恶果。

美国的 3 名程序员建立网站，试图募集资金来挽救"铱星"时说："它是第一个真正能覆盖全球各个角落的网络。我们认为如果它的最终结局是化为灰烬，那将是人类的一大耻辱。"然而他们企图筹集 6.5 亿美元（购买铱星网络和维持它第一年运转所需的最低费用）的愿望落空了。战略的失败注定了铱星像流星一样,优美地、短暂地划破长空,在茫茫宇宙中熊熊燃烧,化为灰烬。[①]

第一节　战略管理研究概论

一、战略管理定义

品牌战略从来都不是孤立存在的,它是组织战略的一部分,就像我们开篇案例中所表明的那样,品牌战略的实施需要组织中其他战略决策和战略行动的紧密配合。同样,品牌战略也会影响到组织其他战略决策和行动的成功与否,它们共同为组织整体战略的实施和成功发挥作用,一损俱损。如何将品牌战略与组织(主要是企业)其他战略进行整合,以形成合力,最大限度地产生效果,成为各个公司所面对的课题。

我们在第一章中曾经给战略下过一个定义,即战略是组织为取得竞争优势而在外部环境和内部资源之间寻求最佳适应性的一整套长远性、根本性和全局性的谋划和行动。据此我们可以认为,战略管理简单地说就是对组织战略进行管理,它表现为一个过程。

斯蒂芬·P.罗宾斯认为:"战略管理(strategic management)是一组管理决策和行动,它决定了组织的长期绩效。"[②]战略管理过程(strategic management process)本质上是动态的,这一过程是一家公司要获得战略竞争力和超额利润的一整套约定、决策和行动。[③]

因此我们可以认为战略管理是为保证战略的有效实施而作出的一系列决策和行动。该定义表明,战略管理的目的是保证战略的有效实施,即有效率并有效果地实现战略的目标,而要达到这一目标,必须依赖一系列的决策和行为,它们是控制或管理的手段,体现为一个动态的过程,贯穿战略实施的始终。

---

① 根据曾朝晖《跨国品牌失败案例》(中国人民大学出版社)和[美]菲利普·科特勒《营销管理》(上海人民出版社)改编。

② [美]斯蒂芬·P.罗宾斯等著,孙健敏等译:《管理学》,北京:中国人民大学出版社,2004 年版,第 204 页。

③ [美]迈克尔·A.希特等著,吕巍等译:《战略管理——竞争与全球化(概念)》,北京:机械工业出版社,2005,第 5 页。

二、战略管理的历史

以企业作为研究对象的战略管理起源于 20 世纪 60 年代的西方发达国家，最初是一些知名大学商学院为研究企业高层经理和领导人的决策问题而开设的课程，被认为是高层领导的职责，在教学法上，依赖于案例教学。

20 世纪 60 年代至 70 年代，战略管理的内容逐渐扩大，重点关注整个公司的长远规划，并注意分析公司内外部的环境和优劣势。这个时期，战略管理研究很热门，出版了很多书籍，并影响到了很多公司的治理结构。

进入 20 世纪 80 年代以后，随着战略管理研究的深入，早期的研究受到了人们的质疑，战略管理向更抽象的哲学高度靠拢。研究学者不再像以前那样认为战略管理的外部环境是完全可知、可以分析和确定的，相反，它是复杂的和不确定的，战略管理就是在各种复杂的因素相互作用和不确定的环境中寻求最佳适应性的动态过程。战略管理研究和关注的视野空前开阔。

战略管理在 20 世纪 90 年代首先从管理学科导入我国，并迅速掀起战略管理研究的热潮，被认为是组织管理的最高智慧。战略管理偏向抽象思维和定性研究，与中国传统的文科思辨研究方法相契合，正日益显示出蓬勃生机。

三、战略管理的层次

组织战略分为公司层战略、业务层战略和职能层战略 3 个层次，相应地，组织的战略管理也分为 3 个层次。

公司层战略（corporate-level strategy）是一个公司总的发展战略和方向，它谋求公司的整体目标和各个事业单位的协调发展与价值增值，也涉及到经营范围的拓展。业务层战略（business-level strategy）则专注于单个事业单位内的竞争优势，它面向的是一个特定的细分市场。职能层战略（functional-level strategy）也称为运营战略（operational strategy），指的是各职能部门如何决策和行动以分配和利用资源来支持业务层战略和公司层战略。

杭州娃哈哈集团是一个产品多元化的公司集团，其旗下拥有纯净水、碳酸饮料、运动饮料、罐头食品、乳品、营养快线、茶饮料、童装、果汁、医药保健品、大厨艺营养湿面、瓜子等众多产品。公司由最初的儿童营养口服液单一生产线发展到今天的以经营饮料为主，兼营服装、食品、医药保健品等产品的多生产线，公司层面的战略是品牌延伸和多元化经营，如 2004 年推出的新产品"激活"，使公司的经营范围拓展到运动型饮料。在业务层战略上，"激活"饮料沿袭了纯净水的明星代言路线，吸引青少年，而营养快线则通过补充营养能够"提神"的广告诉求来吸引年轻上班族，通过与腾讯公司的 QQ 网站游戏结盟来吸引年轻的游戏爱好者。在职能层战略上，娃哈哈集团则需要做好人力资源管理战略规划、财务战略规划等以配合公司层战略和业务层战略，如消费娃哈哈儿童乳品可以参与娃哈哈童装的抽奖或折扣营销，就需要公司做好运营层面的管理。

显然，战略的层次划分是相对的，各层次之间是相互交织的。如果公司不开展多元化经营，而是专注于某个具体的事业单位内的业务，则它的公司层战略和业务层战略很可能是同一的，这在小型公司中特别常见。

四、战略管理的内容

从不同的角度关照战略管理过程，会形成不同的认知视角。下面是两个最有代表性的关于战略管理内容的观点。

英国著名的战略管理教授格里·约翰逊在其《战略管理》（第 6 版）中认为战略管理由 3 个主要要素组成，即了解组织的战略定位、未来的战略选择和把战略付诸行动，并以此构建了这本欧洲排名第一的战略教材。

战略定位（strategic position）是指了解对组织战略至关重要的外部环境、内部资源与能力，以及利益相关方的期望和影响。所谓利益相关方指的是对组织的发展和战略的实施有利益相关关系的个人和团体，他们会通过各种方式和手段对组织的各个层面施加影响，如与一个组织有融资关系的金融机构。

战略选择（strategic choices）指的是了解公司层面战略和业务单位战略的制定基础，并识别未来战略的发展方向和方法。通过对战略基础的全面详细了解，公司能够选择不一定是最好的但可能是最适合自己的发展方向以及相应的手段。

战略实施（strategy into action）即确保将战略转化为实践的过程。战略计划或规划只有付诸实施才有意义，否则将是一纸空文。

斯蒂芬·P.罗宾斯则认为战略管理的内容包括如下图所示的 8 个步骤：

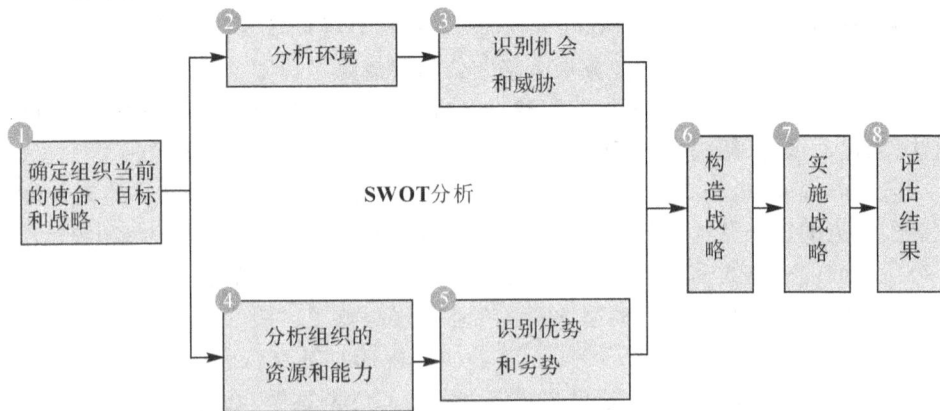

图 10-1　战略管理过程

对比两者战略管理的观点,我们发现它们在本质上具有较强的一致性,后者的前5个步骤大致相当于前者的战略定位,而构造战略与战略选择、实施战略和评估结果与战略实施也基本上是相互对应的,由此可见,人们对于战略管理的核心内容基本上还是形成共识的。

五、战略管理流派

尽管人们对于战略管理内容的认识具有较强的一致性,但对于战略是如何形成的,即公司是如何发展出一个有效战略的问题,分歧却相当大。美国著名战略管理大师亨利·明茨伯格对战略管理研究的历史文献进行了全面回顾,根据战略形成的不同观点,将其划分为10个流派,力图拨开战略管理的丛林迷雾。如下表所示:[①]

表 10-1

类　别	派别	视角
说明类:关注战略如何清晰明确地表述,而不是战略行动。	设计学派	概念作用的过程
	计划学派	正式的(计划)过程
	定位学派	分析的过程
行动类:侧重于战略制定和执行过程,而不是描述理想的战略行为。	企业家学派	(企业家)预测的过程
	认识学派	心理的过程
	学习学派	应急的过程
	权力学派	协商的过程
	文化学派	集体思维的过程
	环境学派	反应的过程
综合类:崇尚综合,将战略的各个组成部分归结为具体的阶段或时期。	结构学派	变革的过程

所有这些关于组织战略是如何形成的观点都向组织管理者和普通员工展示了一个独特的视角,在现实中,很少有哪一个企业采用某个单一的视角。通常的情况是,以某一个视角为主,考虑多种因素如组织特征、组织文化、外部环境等的影响,综合运用多种方式,即便在20世纪六七十年代说明类观点成为各

---

① [美]亨利·明茨伯格等著,刘瑞红等译:《战略管理——纵观战略管理学派》,北京:机械工业出版社,2005,第4~5页。有所改编。

公司所信奉的原则时,亦是如此。随着人们研究和实践的深入,综合性的趋势越来越明显。常见的情况是,一个公司发展战略规划(计划学派)的过程中,受到各部门主管的各自喜好的影响(权力学派),在广泛分析(定位学派)的基础上形成共识(认识学派),实施过程中外部环境发生变化(环境学派),迫使公司采取紧急应对策略(学习学派),最后完成组织战略的变革(结构学派)。如果是一个新成立的公司或公司领导人有特殊魅力和风格,可能还会受到其洞察力和预见力的影响(企业家学派)。

第二节　品牌战略与组织战略的整合

　　一个完整的组织战略不仅有层次性,而且常常包含许多子战略,品牌战略就是其中之一。所有这些子战略都对组织战略的实施和结果产生影响,它们之间也会相互影响,我们这里选取对品牌战略有直接影响的几种组织战略进行讨论。

一、全面质量管理战略

　　当前是一个买方市场,20 世纪 80 年代中期之前商品短缺时代已经一去不复返了。商店里以同一群消费者为目标对象的产品数不胜数,而且同质化现象十分严重。当商品短缺时,消费者会为了功能利益而暂时放弃质量利益,但现在不同了,即使质量没有任何问题,市场上还是会找到大批的同类竞争产品,更不要说产品稍微有些瑕疵了。

　　在当前超竞争环境下,消费者具有很强的选择权,消费意识日益成熟理性,质量就是品牌产品的生命线。一个质量好的产品未必能成为一个品牌(品牌战略决策失误),但一个质量差的产品是绝不可能成为一个品牌的。有效的广告或许可能让消费者尝试着去购买试用某一产品,却不可能说服消费者重复购买一个质量有问题的产品。因此,要想创建一个品牌,成功实施品牌战略,质量是一刻也不能疏忽的头等大事,要实施全面质量管理战略。

　　2005 年,宝洁公司旗下化妆品 SK-Ⅱ因烧碱成分和虚假广告被推向法庭的阴霾还未散去,2006 年 9 月 14 日,SK-Ⅱ的 9 种化妆品又被广州入境检验检疫局检测出含有违规成分重金属铬和钕。因铬和钕对人体有害,是我国《化妆品卫生标准》明令禁止的成分。消息经媒体披露后,立即在中国引起轩然大波。SK-Ⅱ现已决定暂停在中国市场的产品销售,但许多观察家认为,SK-Ⅱ面临着灭顶之灾。

自 SK-Ⅱ登陆中国以来,号称没有打不响的品牌的宝洁公司依靠明星代言和广告的密集轰炸,使 SK-Ⅱ的知名度迅速扩大,但是因为产品质量问题,关于 SK-Ⅱ的负面新闻报道也相当多。种种迹象表明,铬、钕成分风波将会对 SK-Ⅱ品牌造成致命的伤害。尽管查出违禁成分的是该品牌下的 9 种产品,但消费者显然已经对其所有产品绝望,甚至愤怒了,不仅要求全部退货,某些退货专柜还遭到了打砸。SK-Ⅱ不得不将有条件退货——如限于查出违禁成分的 9 种产品,使用量不能超过 1/3 等条件——的条款放宽,任何一款产品,即便已经使用殆尽都可以退货。即便如此,SK-Ⅱ也将在劫难逃,来自韩国、新加坡、香港的质量检测也查出了同样的问题。

2006 年 12 月初,SK-Ⅱ在中国内地经历了两个多月的撤柜之后,首先在广州高调复柜,但其前景并不乐观。SK-Ⅱ首批计划的全国 18 个城市的柜台复柜工作大多都在进行着艰难的谈判,很多商厦的管理部门都对此持谨慎态度。尽管有媒体报道 SK-Ⅱ将于 12 月在浙江杭州大厦复柜,但隔壁相望的杭州另一著名百货购物中心银泰商厦却明确表示了近期内复柜无望的观点。看来,SK-Ⅱ的复兴之路还有一段漫长的历程。

(一)全面质量管理定义

质量管理自古有之,与生产活动如影随形,没有一定的质量,生产活动将是无用功,但是全面质量管理却是 20 世纪 80～90 年代的产物。全面质量管理(TQM：total quality management)是一种管理理念,指的是一个组织对所有生产过程、产品和服务进行一种广泛有组织的管理,以便不断地改进质量工作[①]。全面质量管理是一个管理与质量有关的所有因素的体系,内涵丰富,远远超出了传统上认为的统计产品次优率、合格率等是否达标的质量控制范畴。

按照斯蒂芬·P.罗宾斯的理解,全面质量管理包括以下内容：

1.高度关注顾客。这里顾客的含义不仅包括购买企业产品或服务的外部个人或机构,还包括企业内部相互提供服务的部门。

2.坚持持续改进。TQM 是一种永不满足的承诺。即使已经"非常好"了还不够,质量总还能改进。

3.关注过程。商品和服务质量的不断改进要求关注工作过程。

4.改进组织各项工作的质量。TQM 采用广泛的质量定义,它不仅涉及最终产品的质量,而且涉及企业如何进行产品运输,如何对顾客抱怨作出迅速

① ［美］菲利普·科特勒著,梅清豪译:《营销管理》,上海:上海人民出版社,2004,第91页。

回应。

5.精确测量。TQM采用统计技术度量组织运营的每一个关键变量,并与标准或业界最佳基准进行比较。

6.向雇员授权。TQM吸收一线工人参与改进过程,团队作为授权的载体以及发现和解决问题的有效的组织形式被广泛采用。

由此可见,全面质量管理是一个复杂的体系,它要求控制任何一个可能影响产品或服务质量的环节和细节,是品牌战略成功实施的核心,离开了全面质量管理,品牌将失去核心竞争力。

(二)构建以价值链为核心的全面质量管理战略

尽管质量是成功实施品牌战略的基础,但仅仅有高质量的产品或服务还不够,还需要了解高质量的产品和服务是否恰恰就是消费者想要的,如何让消费者知晓和信服产品是高质量的,采用怎样的运输和销售渠道能够让消费者最方便、最经济地获得产品与服务,如何维持和增加产品的附加值以便让消费者觉得物超所值,如何在产品和服务销售出去之后持续改进质量以使消费者保持忠诚度等等内容,这就需要构建以价值链为核心的全面质量战略。

价值链(value chain)由哈佛大学著名的管理学教授迈克尔·波特(Michael Porter)在他1985年出版的《竞争优势:创造和保持卓越绩效》一书中提出,它将产品或服务的营销看作是价值从原材料供应商向终端消费者依次传递的序列过程,旨在使公司识别和掌握更多的为顾客创造价值的途径。

价值链突破了传统认为营销是营销人员与消费者之间的价值传递过程的狭隘视野,将原材料供应商(甚至是原材料供应商的供应商)、生产商、批发商、零售商和客户(也可能是客户的客户)都纳入营销管理的过程中来,认为在产品从原材料到成品流向最终消费者的过程中,每一个环节都可能增加或者降低消费者最终获得的价值,因此需要全程给予质量管理和效率监控。

建构以价值链为核心的全面质量管理战略,要求改变认为质量管理是生产商内部事务的内向视角,转向质量管理是管理各种影响产品质量的因素的外部视角,不仅需要控制产品生产加工过程中的质量,也需要控制产品原材料、产品包装、营销宣传、产品运输、售后服务等活动的质量,并持续改进。唯有如此,产品才能够增值或超值,才能够与消费者建立牢固的关系,也才能够实现品牌战略。质量是最好的广告。这里我们从另一个角度来审视一下前面提到的"苏丹红"事件。

2005年3月,肯德基新奥尔良烤翅和鸡腿堡调料中发现对人体有害的"苏丹红"成分,国际快餐业品牌肯德基遭遇了一场突如其来的"苏丹红"危机,致使中国的肯德基连锁店连续两个多月一改往日熙熙攘攘的场面,变得"门前冷落车马稀",给肯德基品牌造成了巨大的损伤。事后的追踪调查发现,这两款产品的配料来自中山基快富公司的辣椒粉,而这些辣椒粉又来自宏芳香料(昆山)有限公司。由此可见,实施全面质量管理战略对品牌战略的成功意义重大。

二、企业文化战略

文化是人类社会所特有的现象,因其研究本体的复杂性和多样性,关于文化的定义多种多样。文化学开山鼻祖泰勒认为:"所谓文化或文明乃是指知识信仰、艺术、道德、法律、习俗以及包括作为社会成员的个人而获得的其他任何能力、习惯在内的综合体。"文化有广义和狭义之分,从广义上讲,文化是人类在社会实践历史中所创造的一切物质财富与精神财富的总和,包括器皿、工具等物质形态;从狭义上讲,它是指价值观念、宗教信仰等意识形态以及与之相适应的组织机构与制度,仅指精神方面的内容。

文化具有多样性和差异性,能够积累传承,对人们的行为产生深远而不易察觉的影响。文化也能够影响甚至决定人们对组织行为的看法。企业是由人组成的,各个社会成员所信奉的文化观念对企业的经营理念和发展方向能够产生重大影响,特别是来自不同文化背景下的企业员工常常面临着文化冲突,因此,形成企业成员所共享的企业文化能够对企业的发展产生巨大的推动作用。

(一)企业文化定义

企业文化是指在生产、经营、管理活动中所形成的为全体成员所共享的价值观念和信仰体系,集中表现为一个企业的使命、宗旨、愿景和经营理念,是一个企业的灵魂。

企业文化概念的提出,受到了 20 世纪 70~80 年代日本企业的飞速发展的启示,当时日本经济的腾飞让全球瞩目,许多企业管理研究者深入分析原因后一致认为,共享的企业文化是推动日本企业持续快速发展的源动力。从此以后,构建企业文化成为全球企业谋求竞争优势的必需战略之一。

企业文化是在长期的生产、经营、管理活动中形成的,任何一个企业运营活动的环节都会影响企业文化的形成,也会受其影响。企业的创始人或高层管理人员对企业文化的形成能够产生重大影响,领导人的更替或者其他企业变革有时会影响企业文化的变化或转型。

企业文化有强弱之分,强企业文化的共享性高,对成员行为的约束性大,能够对那些后来者或不同文化观念的人发挥很强的同化作用,弱企业文化则相反。强企业文化能够约束和协调员工行为共同为公司愿景而奋斗,弱企业文化则因为文化观念的冲突而产生内耗,破坏企业经营管理活动的效果,所以,当前的很多企业都采用基于相同价值观的雇用政策,在招聘时,就选择对企业文化具有较强认同感的员工。

企业文化虽然集中体现为企业的使命、宗旨、愿景和经营理念,但是它必须通过生产经营实践、管理制度、员工行为等具体的活动体现出来,否则将是一纸空文。因此,企业文化理所当然地也体现在企业的品牌战略中。事实上,企业文化体现在企业的一切活动中,品牌战略自然也不例外。

1923年,沃尔特·迪斯尼创建了迪斯尼动画公司,该公司的米老鼠、唐老鸭等卡通形象把欢乐带给了全世界的儿童。1955年,迪斯尼公司在美国加州建立了第一个主题游乐公园,继续延续着公司"销售快乐"的企业文化。2005年9月,迪斯尼的全球第5家主题公园在香港开业,将快乐"复制"到了中国这片人口最多的热土。"为消费者提供最高满意度的娱乐和消遣"是迪斯尼公司的使命,为实现这一承诺,公司不仅持续创新娱乐项目,还精心培训每一位员工,使他们精于表演,能够在迪斯尼主题公园这个大舞台上带给游客欢声笑语。迪斯尼没有人事部门,人事工作由表演中心代职。迪斯尼公司的这种企业文化在很大程度上塑造了品牌个性和品牌联想,推动了品牌战略的成功实施。

(二)品牌文化

品牌战略作为组织战略的一部分显然会受到企业文化的影响,事实上,企业文化与品牌战略的结合造就了品牌文化。品牌是产品或服务与消费者建立的特殊的关系,因此品牌文化必须为企业和消费者所共享,或者说企业与消费者共同塑造了品牌文化。

品牌文化是品牌研究中比较新的领域,是品牌研究深化的结果。企业的多元化经营,特别是多品牌经营,使得不同业务领域(可能毫不相干的两个区域,如饮料与宠物食品等)的产品汇聚在同一个公司旗下。它们使用不同的品牌名称、设计、商标等符号,尽管都在同一企业文化熏陶下实施品牌战略,但由于产品特性、目标市场、营销传播渠道等方面的差异,最终每个品牌都被赋予自己所特有的文化内涵。

当前,人们对品牌文化的研究才刚刚起步,对它内涵的理解还处在探索阶段。余明阳等编著的《品牌学教程》将品牌文化定义为:"是企业在长期的经济活动中,所创造出来的物质形态和精神成果。具体来说,品牌文化,是指有利于识别某个销售者或某群销售者的产品或服务,并使之同竞争者的产品和服务区别开来的名词、标记、符号或设计,或这些要素的组合;是指文化特质在品牌中的沉积和品牌经营活动中的一切文化现象;以及它们所代表的利益认知、情感属性、文化传统和个性形象等价值观念的总和；是指在文化特质积淀过程中，文化创造者所呈现出来的精神、行文状态。"据此，品牌文化被划分为精神、物质和行为文化系统 3 部分。

朱立博士则在其《品牌文化战略研究》一书中认为："品牌文化是品牌在消费者心目中的印象、感觉和附加值，是结晶在品牌中的经营理念、价值观、审美因素等观念形态及经营行为的总和。它能实现多个消费者心理满足的效用，具有超越商品本身的使用价值而能令商品区别于竞争品的禀赋。"该定义剔除了品牌的物质形态，而专注于精神和行为方面。

我们认为，品牌既然作为一种关系（产品和服务与消费者之间的）而存在，品牌的标识、设计等只能作为文化的象征符号而存在，尽管文化不能脱离它而独立，但它不是文化本身，而是文化的载体。同样，品牌文化也通过企业经营行为和消费者的消费行为而体现出来，但两者不能等同。因此，我们认为，品牌文化就是品牌中积淀的企业与消费者所共享的精神、情感、价值观念等文化内涵，它通过品牌的标识系统和一系列经营行为如产品质量、营销策略、价格、售后服务等表现出来。

（三）构建以人为本的企业文化战略

通过对品牌文化的分析，我们发现，企业文化对品牌战略的成功实施影响至深，它直接影响到品牌文化的内涵。品牌文化是企业文化的集中体现。企业文化的价值观念和信仰体系通过公司日常的经营行为逐渐沉积在具体的品牌中，因此，同一企业文化背景下的不同品牌常常具有相同的文化内核，在此基础上表现出来的文化差异性主要是由目标市场、营销手段等因素的不同引起的。

企业所有的经营行为都必须通过人（员工）来完成，而且企业最终也必须通过产品或服务与人（消费者）建立关系，因此企业只有构建以人为本的企业文化，才能够保证品牌战略的有效实施，进而保证企业的长期利益。要做到以人为本，就必须同时考虑企业员工和消费者两者的利益，唯有如此，才能够保证企业员工在生产、营销、传播等经营活动中能够与消费者产生有效的沟通，建立牢固的关系，共享品牌文化，成功实施品牌战略。

三、网络化战略

以计算机、互联网等信息技术为代表的第三次科技革命浪潮正席卷全球，尽管这次科技革命最终将人类引向何方的哲学思考还不明朗，但到目前为止，它对整个人类社会的方方面面所产生的颠覆性的冲击已经有目共睹。计算机网络在最近 10 年间带给市场营销前所未有的机遇和挑战，它彻底或部分改变了营销传播的方式和过程,对品牌战略有着深远的影响,网络化已经成为任何一个想做大做强的企业所必须考虑的组织战略之一。

对于像亚马逊网上书店、腾讯 QQ 聊天工具、网络游戏、新闻门户网(如网易)等完全依托网络通信技术而诞生的网络品牌而言,网络的重要性不言而喻。这些企业公司从一开始就实施了网络化战略,甚至我们可以说网络化战略就是它们这些公司的组织战略。对于网络品牌而言,网络不仅仅是它们的发祥地,网络技术也是其内涵的一部分,网上消费的方便、快捷、娱乐以及丰富多彩的选择性等等最终都会对网络品牌的联想起作用。当然,由于技术和信息的共享性和透明程度的增加,创建一个网络品牌并不容易,创新和特色成为网络品牌制胜的关键。

对于那些传统的已经树立起来或者将要创立的品牌而言,网络化战略也是大势所趋。传统"砖瓦型结构"企业在最近的 5 年内纷纷突破原有的营销传播模式,开始寻求品牌在虚拟社会中的发展突破。

网络化战略对于品牌战略的影响主要体现在以下几个方面:

首先,网络是一种传播手段,而且是一种全球传播手段,任何一个品牌如果借助因特网进行传播,就可以为全世界所有可以上网的人所接触。因此,网络化战略可以为品牌的国际化战略提供有力的支撑。更重要的是,网络的互动式沟通能够更大程度地了解消费者的个性化需求,进而给予满足,对于保持品牌忠诚度大有裨益。

其次,网络是一种营销渠道,借助互联网,消费者可以进行订货、退货、逛"商场"、砍价、付款等交易活动。这种称为电子商务的营销方式真正把渠道铺设到了消费者的身边,极大地方便了消费者,为品牌增值。

再次,网络也是一种管理方式,来自五湖四海的管理人员与一线员工能够通过网络这个平台交流信息,发号施令,而不用千里迢迢地共聚一室。这对于全球范围内的品牌战略管理特别是危机干预意义重大。此外,网络在区分细分目标市场、市场调研、信息共享以形成学习型组织文化、实施标准化控制等方面都发挥着重要的作用,而这些方面都对品牌战略有不可忽视的影响。

实施网络化战略显然不是将产品或服务登陆到互联网上去这么简单,也不仅仅是为企业建立一个门户网站这么简单,必须将它作为一项复杂的系统工程来进行实施,并从各个方面考虑它给品牌战略带来的影响。

2005 年,中国的报纸行业遭遇到了前所未有的"寒冬"季节(全球皆然,只不过时间早晚有别),整个行业的发行量特别是日报发行量在萎缩,更糟糕的是广告经营收入在大幅跳水,这一切至少部分是"拜网络所赐"。网络新闻媒体诞生以来,长期免费从纸质媒体那里获得新闻消息来源,其他纸质媒体也乐于借助这样一个平台进行传播。但最近几年的发展特别是网络用户的飞速增长,使得网络媒体已经完全具备了挑战传统品牌媒体的实力。网络媒体成为广告投放的新宠。受网络媒体的影响,微型(简易)报、免费报将成为一种趋势,而媒体集团也将面临着融合的趋势,未来的媒体集团将同时拥有多种不同性质的媒体。传媒行业的大变局不仅影响到媒体本身品牌战略的实现与调整,也给那些借助各种媒体实现品牌传播的产品与服务的品牌战略产生了影响。

影响品牌战略实现的其他组织战略还有很多,诸如企业的人才战略、财务战略、多元化战略、购并战略、科技战略等都直接或间接地和品牌战略交互作用,产生或好或坏的结果。一个组织中战略的多少和层次受到组织经营范围、行业特点、经营理念、资金实力和管理者视野等多方面的影响,一一去分析适合所有企业的组织战略是一个不太可能实现的目标,在品牌战略与组织战略整合的过程中,统筹兼顾的全局观念和因地、时、人制宜的具体分析观念同等重要。

本章小结

"铱星"陨落的惨痛教训让我们明白了组织作为一个有机体运作的重要性,任何一个环节出了问题,都会给品牌战略的成功有效实施带来不利影响,甚至可能是毁灭性的打击。因此,我们把品牌战略放在组织战略管理的过程中进行更宏观的考察。

战略管理起源于 20 世纪 60 年代的高层管理者决策研究。随着研究的深入和范围的扩大,战略管理逐渐成为最活跃的管理理论研究领域之一。所谓战略管理就是为保证战略的有效实施而作出的一系列决策和行动。战略管理包括 3 个层次,即公司层战略、业务层战略和职能(运营)层战略。层次的划分是相对的,小型公司的战略常常是合而为一的。对于多元化(特别是多品牌)经营的大公司来讲,品牌战略处在业务层战略层面上,是它的一个组成部分。

战略管理的内容依据观照的视角不同而有所差别。基本上,战略管理的核心内容包括依据内外部环境和能力的战略定位、依据现有条件和未来发展方向的战略选择以及把战略付诸实践并评估效果的战略实施三部分内容。

尽管从研究的需要看,人们把战略管理的理论分为 10 个流派,但现实中的情况却是很少有哪个企业仅仅依据其中一个流派的思想观点或方法技巧。在发展和实施组织战略时,依据内外部条件的变化,人们常常应用不同战略管理流派的思想和方法。

与品牌战略关系密切的组织战略很多,情形复杂,难以一一穷尽。本章选取了 3 个组织战略加以讨论,希望可以抛砖引玉。全面质量管理是一种管理理念,指的是一个组织对所有生产过程、产品和服务进行一种广泛有组织的管理,以便不断地改进质量工作。全面质量管理战略超越了早期纯粹的质量监控的范畴,是一个丰富的不断提升的管理体系。现实中,我们要构建以价值链为核心的全面质量管理体系。

企业文化对品牌战略有潜移默化的巨大影响力。企业文化是指在生产、经营、管理活动中所形成的为全体成员所共享的价值观念和信仰体系,集中表现为一个企业的使命、宗旨、愿景和经营理念,是一个企业的灵魂。企业文化与品牌战略的有机融合塑造了独具个性的品牌文化。现实中,我们要构建以人为本的企业文化战略。

第三次科技革命彻底或部分改变了品牌战略的运作,鉴于互联网络对于品牌战略的巨大影响,无论对于网络品牌来讲还是对于传统的"砖瓦型结构"的品牌来讲,要想在未来的超竞争环境下立于不败之地,网络化战略的实施都是不可回避的课题。

思考与训练

1. 选择一家公司,利用互联网和各种公开出版的资料,试分析其 3 个层次的组织战略,并选取其某个品牌来说明该品牌战略与组织各个层次战略之间的关系。

2. 结合文中案例,你认为 SK-Ⅱ能卷土重来吗?并说明原因。

3. 你能举出一个非常成功地运用了基于价值链的全面质量管理战略的品牌吗?并试着分析它对品牌战略的影响。

4. 多年以来,戴尔通过电话和网上企业对企业(B-to-B)的直销模式向企业大宗销售产品而树立品牌个性,并取得相当成功。但是近年来,电脑产业的增长更多地依赖普通消费者的个人电脑(PC)消费而不是企业,而且消费者越来越青睐笔记本电脑,并愿意在商店里体验和测试各种型号。这一切都是戴尔直销模式的弱项,它的电脑不在商店出售,电脑款式也缺乏竞争对手的多样性。2006 年,戴尔为它忽视消费者业务市场的兴起付出了代价,利润大幅跳水。戴尔不得不重新评估商业模式的每一个元素,不仅开始着手建立零售专卖店,全面改进网站以增加消费者业务市场的促销力度,重新定价,并推出针对消费者的新广告攻势。① 祸不单行的是,2006 年夏季,戴尔笔记本电脑的显示器频频因为质量问题被媒体曝光。一切似乎都昭示着戴尔品牌战略的调整势在必行。结合以上叙述,你认为戴尔公司为品牌战略调整所采取的措施是否足够?如果

---

① 据《周末画报》改版第 405 期,《财富》B8 版,2006 年 9 月 23 日。

足够,请评价其对品牌战略调整的作用和影响,如果不够,请就公司应该采取的其他组织战略给予补充,并评价其作用和影响。

5. 选取一个网络品牌,如亚马逊网上书店、易趣电子商务网站等,将它与同类传统的"砖瓦"结构品牌相对比,如新华书店、百货商店等,试说明网络对其实施品牌战略的不同影响。

推荐读物

1.〔美〕菲利普·科特勒著:《营销管理》,上海:上海人民出版社,2004。

2.〔美〕亨利·明茨伯格等著:《战略历程》,北京:机械工业出版社,2005。

3.余明阳等编著:《品牌学教程》,上海:复旦大学出版社,2005。

4.〔英〕格里·约翰逊等著:《战略管理》,北京:人民邮电出版社,2006。

5.朱立著:《品牌文化》,北京:经济科学出版社,2005。

第十一章　品牌战略的组织运用

导入语

　　品牌战略不是一朝一夕的事,也不是单个事件的结果,而是品牌发展历史中时时刻刻的积累,多种因素综合作用的产物;真正的强势品牌都具有强烈的历史穿透感和深厚的文化内涵。

本章要点

　　本章选取了两个品牌战略在组织中运用的案例。尽管在早期的经营实践过程中还没有清晰的品牌战略概念和意识,但是公司历史上的一切经营活动(好的和坏的)都是品牌战略所必须考虑的内容。学习完本章,应该掌握以下要点:

　　◆品牌战略的复杂性、艰巨性和长期性,品牌战略与组织其他战略之间的互动关系;

　　◆历史上的经营活动对品牌内涵和品牌文化积淀的影响,正确对待并加以扬弃;

　　◆管理者(或企业家)的战略思想和行动对品牌和品牌战略实施的影响;

　　◆品牌标识、品牌定位、品牌营销、品牌延伸、品牌创新、品牌国际化、品牌危机管理、品牌资产的托权经营、科学技术、互联网以及品牌发展史上的名人轶事等因素对品牌战略的影响;

　　◆品牌成长的历史背景和条件已经不可回溯,但品牌未来发展却广泛受到人为因素的影响,因此品牌战略的实施必须对传统与创新、历史与未来加以平衡;

　　◆由于品牌所属行业的不同、目标对象的不同、品牌定位的差别等因素(如我们这里选取的两个案例,一个是大众日常消费品,一个是奢侈品),品牌战略会有相当差异。但无论哪一种,独特而有效的营销策略都是必要的。

第一节 可口可乐：用品牌阐释美国精神①

20世纪70年代末，一位德国人曾心情复杂地说："如果说电影是美国的灵魂，那么可口可乐就是美国的燃料"。的确，可口可乐和好莱坞电影一样，已经成为美国精神的象征，也是美国大众文化的典型代表，被很多其他国家里的民族主义者认为是世界"美国化"的重要驱动力。2006年7月，美国著名财经杂志《商业周刊》与国际品牌咨询公司联合发布的品牌价值排行榜显示，可口可乐以670亿美元的品牌资产价值高居全球品牌排行榜榜首，超出排在第二位的微软品牌71亿美元。

一、艰难起步

1886年，亚特兰大的药剂师约翰·彭伯顿在自家的后院中发明了可口可乐的浓缩液，把它作为一种用来治疗头痛的新药在雅各药房里销售。这种用水掺兑提神药每杯5美分，一天大约可以销售9杯，去除广告费和成本费用，可口可乐第一年的销售是亏本的。但是，这并没有动摇彭伯顿对自己发明的信心，他在街头不断地散发免费品尝的赠券，使得可口可乐的销售量迅速扩大，开始在雅各之外的亚特兰大的其他药房里销售。

早期的可口可乐广告以宣传海报为主，把目标对象瞄准医生和病人，鼓励医生向病人推荐，也鼓励病人尝试产品。可惜的是，彭伯顿并没有看到可口可乐的繁荣和自己创造的奇迹。1888年，彭伯顿不幸逝世，可口可乐也因此转手他人。

可口可乐的英文商标的拼写和名字由彭伯顿的事业合伙人兼会计师弗兰克·M.洛宾逊所创造，对古典书法颇有造诣的他认为两个大写的英文字母C一定很好看，于是无意中创造了世界上最值钱的商标图案。1887年，可口可乐注册的商标为"Coca—Cola syrup & extract"，在当时，这是一个很实用的名字，Coca是可可树叶子提炼的香料，Cola是可可果中提炼的成分。可口可乐当前使用的商标是1893年注册的，100多年来，可口可乐的拼写没有任何改变，是世界上知名度最高、最容易辨认的商标。

---

① 本篇案例根据李闯著：《感受心动——国际软饮料业十大实力品牌发展战略》有所改编，杭州：浙江大学出版社，2003。

可口可乐饮料最初是由彭伯顿发明的浓缩液兑水掺糖后产生的。一次,雅各药房里新来的助手在匆忙之中把苏打水(碳酸水)当作水和可口可乐掺兑在一起卖给了消费者,引起消费者对产品的一致称赞。这次意外提升了可口可乐的口味,并把这种口味稳定下来,现在,可口可乐在世界任何地方的产品都力求保证产品品质如一,口味纯正,这也是可口可乐对世界各地的灌装厂的要求。百余年来,可口可乐品牌资产的积累和这种口味保证是分不开的。

二、全国推广

真正让可口可乐走向全国销售的是它的第二位经营者——艾萨·G.坎德勒,这位天才商人在1891年得到了可口可乐的配方和所有权,并在当年组建公司,正式以营销可口可乐产品为自己的事业。

艾萨是一个颇有眼光的企业家,他在当时可口可乐的销售并不怎么让人欣慰的情况下,对可口可乐的商业价值深信不疑。作为可口可乐的第一位主席,艾萨对可口可乐早期的销售功不可没,在他的经营下,可口可乐获益颇丰:

其一,知名度的迅速提升。可口可乐能从最初的一项医疗发明发展成日常消费饮料,得益于艾萨营销手段的创新,他一改传统的"硬营销"方式,采用了侧面出击的"软营销",尽管很多营销方式在今天看来再平常不过,但在当时确是令人耳目一新。他不仅不定期推出很多促销活动,而且向消费者赠送很多经济实惠的小礼品,例如日历、时钟、明信片和剪纸等等,这些礼品上都有可口可乐的商标拼写,使可口可乐的商标频繁曝光,知名度迅速提升。1893年到1904年间,可口可乐的广告海报中出现了第一个明星代言人,她是当时红极一时的音乐剧院女明星 Hilda Clark。

其二,新产品包装,增强视觉标识。艾萨对产品包装的辨认度的作用深信不疑,他认为容易辨认的包装可以增加产品的个性和品牌联想,增加人们的好感度。在他的"瓶身不仅要外形别具一格,在黑暗中也能轻易辨认,就算摔碎成片,也能一眼认出"的经营理念下,可口可乐公司请当时的印第安纳鲁特玻璃公司革新产品的包装瓶,创造出世界闻名的可口可乐曲线瓶。曲线瓶的首创效应,使消费者把特殊包装和特定产品联系起来,有效抵制了在可口可乐成功之后所产生出来的众多仿制者,并把可口可乐独特的消费体验融入品牌建设中去。这一时期的广告也注重宣传可口可乐产品的正宗。直到今天,很多玻璃瓶、塑料瓶的外形还保持着这种产生于1916年的曲线瓶的基本特征。

其三,可口可乐的营销模式。可口可乐在艾萨经营期间基本上奠定了以后的经营模式,也就是现在可口可乐庞大的遍及世界各地的灌装厂体系,只是在合作的条件上有所变动。早在1894年,密西西比州的一个商人就曾经尝试着把可口可乐入瓶销售,但在当时艾萨并没有意识到这种包装的方便性——可以携带到任何地方。但是,艾萨没有错过"上帝"对他的第二次垂青,1899年,两个田纳西州的律师再次找上门来,请求使用可口可乐的商标和浓缩液,然后使用自己投资的公司、分厂和铺设的销售网络灌装和销售可口可乐。可口可乐公司总部享有对产品质量的监督权,并允许分厂从广告中获益。分厂同时也从销售的灌装产品中获得利润,瓶装产品的价格是以杯销售的产品价格的两倍,所得利润有一部分用于支付使用可口可乐商标和浓缩液的报酬。这种经营模式在当时是一个创举,是一种全新的经营模式,基本上奠定了可口可乐未来营销模式的大体框架。可口可乐入瓶销售是建设全国品牌的重要发展步骤。

其四,广告及人际沟通。在艾萨经营期间,可口可乐的广告基本上都是平面广告,但是这一时期的广告海报制作非常精美,以美女广告为主要特色,带给消费者很强的冲击力。今天,这些海报连同当时的可口可乐托盘、雕花镜等物品成为收藏家竞相收藏的对象。这期间,可口可乐的另一个重要的营销举措就是和药剂师建立了牢固的供销关系,通过向他们赠送量药的天平、茶壶等物品,使可口可乐成为他们向病人推荐的"药品"。这些营销举措和可口可乐赠送的免费品尝优惠券,使可口可乐的消费人群在多种渠道上获得迅速增长。

其五,1893年,可口可乐在芝加哥举行的世界博览会上展出,第一次在世界范围内的消费者面前亮相,标志着可口可乐走向世界的开始。1906年,古巴和巴拿马成为可口可乐在美国之外建立灌装厂的头两个国家,从此揭开了可口可乐正式进军海外市场的序幕。在1900年,可口可乐仅有的两个灌装厂都在美国,到1920年,可口可乐灌装厂已经超过了1000个,其中绝大多数都在美国本土之外。较早占领海外市场的策略是可口可乐能保持行业老大的重要原因之一。

在艾萨的苦心经营下,可口可乐从一个区域性产品迅速发展成一个全国性产品,成为世界性产品的势头也初见端倪。1895年,在美国任何一个州都可以买到可口可乐,并成为当年广告海报宣传的主题。为满足消费者不断增大的需求,到1895年,艾萨已经在芝加哥、达拉斯和洛杉矶3个大城市中建立了糖浆厂,扩张生产能力,完善产品的分销渠道。1915年,可口可乐的销量突破了50亿人次。

三、世界推广

1916年,艾萨辞去了可口可乐公司的主席职务,当选为亚特兰大市长。1919年,可口可乐公司以2500万美元的天价为亚特兰大的厄尼斯·伍德鲁夫财团收购,5年后,罗伯特·伍德鲁夫成为父亲拥有的可口可乐公司的主席。罗伯特在位约60年,使可口可乐风靡全球,创造了一个不朽的品牌神话。

艾萨把可口可乐卖给美国人,并准备卖给世界范围内的消费者,伍德鲁夫实现了这一目标。开拓海外市场一直是罗伯特推动可口可乐品牌发展的主要动力。在开展大规模的针对海外市场的营销和广告活动的同时,罗伯特采用了严格的质量管理,加强了对获得灌装经营权厂商的质量监督,以确保可口可乐的品质始终如一,无论任何地方生产的可口可乐都和亚特兰大总部生产的可口可乐口味一致。

罗伯特是一个在任何地方都可以看到可口可乐销售机会的人,在他任职期间可口可乐不仅销售量飞速增长,市场急剧扩大,还发展了可口可乐的品牌联想和品牌内涵,比如美国精神、生活方式和激情活力等。在一定程度上,可口可乐的品牌价值主要是这一时期众多的营销活动持续不断为它积累品牌联想和品牌内涵的结果。

(一)体育赞助

罗伯特是第一个把可口可乐品牌和体育比赛联系在一起的人。品牌与体育赛事长期结缘,使运动激情成为可口可乐品牌联想与内涵的有机组成部分。1928年,阿姆斯特丹奥运会上,可口可乐品牌和美国队一起亮相,开创了商业与体育联姻的新的营销传播模式。

此后,可口可乐品牌在很多体育赛事上频频曝光,长期给予赞助,例如从1928年以来,可口可乐就一直是奥运会从不间断的忠实赞助者;自1930年第一届世界锦标赛以来,可口可乐支持足球已经有70多年的传统了,涉及各个层次的足球比赛。罗伯特把任何一个有人汇聚的地方都看作是可口可乐营销的机会,可口可乐品牌甚至出现在参加加拿大狗拉雪橇比赛的狗身上,或者装点西班牙斗牛竞技场的围墙。可口可乐与体育结下了不解之缘,提及体育赛事的赞助商,可口可乐是人们最常想起的品牌之一。

今天,可口可乐赞助的体育赛事已经涵盖了世界级、洲际、地区级(国家之间)、国内以及灌装厂所在国家与地区等所有的级别,在体育项目类别上也呈现出全面出击的态势,包括一些民间挑战赛。

（二）家庭伙伴

可口可乐在 20 世纪 20 年代成功地转变了人们对软饮料的消费习惯,在单瓶(杯)、即时饮用、单人享受的消费习惯之外,推销 6 瓶装的家庭装。大容量家庭装携带方便,解决了消费者在家里有消费需求却不方便(或者不愿意仅仅为了一瓶可乐)出去购买的问题,家庭装可以储存起来慢慢享用。

6 瓶装的可口可乐主要在家里消费,是否容易开启成为影响家庭主妇购买积极性的重要因素(传统的可口可乐销售往往是以杯为单位出售,或者在销售现场打开瓶盖)。可口可乐于是挨家挨户地赠送印有可口可乐标志的开瓶器,1930 年,可口可乐又免费为消费者在厨房里安装开瓶器。额外的营销努力增加了品牌的附加值,可口可乐很快成为美国人家庭生活中不可或缺的一部分,被广泛地认为是美国精神的象征和代表。

（三）战时营销

“二战”对很多国家和企业来说是一次毁灭性的灾难,却给了可口可乐公司一叶诺亚方舟。“二战”期间,可口可乐公司的营销活动不仅让它在战争期间大发横财,而且深得美国人的民心,被誉为爱国行为,更为重要的是,这些营销活动影响深远,让可口可乐公司至今受益匪浅。

1. 名利双收

1941 年底,美国卷入第二次世界大战,战时的生产和供给处于非常时期,可口可乐的经营也陷入困境,国内的销售欠佳,国外的销售更是困顿不堪,很多出口渠道被封闭了,在一些国家建立的灌装厂也因此停产了。

然而,当伍德鲁夫从远在战区的老同学那里得知他仍然惦记着可口可乐的时候,一个神奇的营销举措产生了。在接到老同学电话的第二天,伍德鲁夫发布了特别声明:“不论我国的军队在什么地方,也不管本公司要花多少成本,我们一定让每个军人只要花 5 美分就可以买到一瓶可口可乐。”

由于可口可乐无法享受军事船运的优先权,产品在运输和出口方面受到很大限制。为保证诺言的实现,可口可乐在军队驻地设立装瓶厂,派遣所谓的“技术观察员”指导可口可乐的生产。可口可乐公司一共派出了近 250 人随军到海外,辗转于美军作战的各个战场,大约共卖出了 100 亿瓶可口可乐。

可口可乐的营销活动被称为爱国行为的原因,不仅仅是因为它向前线的战士提供了价格低廉的饮料,带给他们熟悉又自豪的家乡口味,鼓舞了士气,还在于公司在战时付出的惨重代价。“技术观察员”和前线的军人一样时刻处于战争的危险之中,很多人因此献出了生命,这让很多军人和美国国内的人民对可口可乐公司肃然起敬。在血与火的考验中,可口可乐加强了与消费者之间的情感联系,很多人成为可口可乐忠诚的消费者。

2. 与名人结缘

"二战"期间,可口可乐与很多名人结缘,成为可口可乐史上一直为人们所津津乐道的故事,也是可口可乐长期宣传自己的形式之一。与名人结缘是可口可乐走向战场的"副产品",也是可口可乐追求名人效应,扩大知名度和增强美誉度的公关技巧。

可口可乐是五星上将巴顿的最爱,他把可口可乐看作自己生活的必需品,无论他转战何处,都必须有可口可乐相随。他曾经幽默地说:"我们应当把可口可乐送上前线,这样就不用枪炮去打那些混蛋了。"

可口可乐同时也是"二战"时的英雄、"二战"后美国的总统艾森豪威尔将军的最爱,可口可乐的"技术观察员"能顺利进入军队,艾森豪威尔功不可没。1943 年,艾森豪威尔向美国国务卿、军事幕僚马歇尔发出急电,要求军事部先护送 300 万瓶可口可乐,然后护送每月可以生产该数量两倍的完整的装瓶、清洗和封盖设备到海外军团(相当于建造 10 个灌装厂的成套设备)。于是,可口可乐及其罐装设备被圆滑的马歇尔列为军事必需品和便利品堂而皇之地进入军队。1944 年,各战区的建厂要求已经不再使用"便利品"的称呼了,而是光明正大地直呼可口可乐,可见可口可乐已经理所当然成为了军人生活的一部分。

1945 年,美国人民用丰盛的午宴欢迎艾森豪威尔的凯旋,午宴过后,当有人问艾森豪威尔将军还要点什么时,他要了一杯可口可乐。一饮而尽之后,他又提出一个要求:"还要一瓶可口可乐。"这成为可口可乐史上一段久为传送的佳话。

正是"二战"期间可口可乐的牵线,罗伯特和艾森豪威尔相识并成为密友,这对于可口可乐的战后发展起到了重大的促进作用。众所周知,1952 年,艾森豪威尔以压倒性的优势当选为美国总统,其中就有可口可乐公司对他的强大支助。两人在企业与政府的关系上具有相当的一致性,都认为企业与政府的通力合作能缓和整个国家战后的紧张情绪,促进经济的快速增长。战后的 10 年内,可口可乐从政府中获得的政策支持成为它发展的强大动力,也远远超出了当初可口可乐公司支持艾森豪威尔竞选总统时的金钱投资。

3. 战时公关

"二战"期间,在全国的注意力都集中于战事的形势下,可口可乐一改往日的商人面目,成为声援和支持美国参战的最积极、最无私的宣传者。除了供应前线战士 5 美分一瓶的可口可乐外,在宣传方式上,可口可乐也让美国人感动。

尽管可口可乐知道前线的战士对可口可乐的需求,但是要进入军队驻地,还有很多比可口可乐更为重要的东西,而且在运输条件上也比可口可乐拥有更大的优先权。为此,可口可乐公司印刷了名为《完成最坚苦的战斗任务与休息的重要性》的小册子,在员工和消费者之间大量散发,为可口可乐进入军队驻地造势。小册子强调:可口可乐对于在战场上出生入死的战士的需要来说,已经不是休闲的饮料,而是生活的必需品,与枪炮弹药同等重要,能鼓舞士气。

大战期间,可口可乐公司还印制了名为《了解战斗机》的宣传画册,借助人们对战事的关心进行宣传,这本售价非常低廉的宣传册销量非常可观,特别受到小孩子的欢迎。同时出版的还有《我们的祖国》,介绍美国的钢铁、木材、煤炭和农业生产情况等基本国情,激发人们的爱国热情。可口可乐还在"二战"期间赞助广播节目《胜利大游行》,聘请100多个乐队在全国各个军事基地进行慰问演出,鼓舞士气,俨然一副大公无私的爱国形象。

可口可乐采取的这些措施一洗商人固有的唯利是图的铜锈气,让人们看到了企业热心公益事业的一面,为可口可乐树立了良好的品牌形象和口碑,起到了商业广告所难以企及的广告效果。

4.因势利导的营销渠道建设

整个"二战"期间,可口可乐公司在世界范围内大约建立了64个灌装厂供应前线的军队。在很多国家和地区,当地的人们还是第一次因为这个原因品尝到可口可乐。"二战"以前,尽管艾萨和罗伯特都曾经就可口可乐在世界范围内的推广花费过不少的心思和精力,但收效甚微,很长一段时间只能把可口可乐推广到临近的少数几个国家。

前线罐装厂带给可口可乐一次拓展海外市场的良机。战争结束后,可口可乐公司的"技术观察员"随美军返回祖国,但是他们建立的灌装厂却留在了当地,这些灌装厂往往成为该地区最早和可口可乐有业务联系的公司。在当时跨国间的企业联营还处于探索阶段的时候,罗伯特开创了国际间技术合作和转让的经营模式。

为了不让"二战"期间辛辛苦苦运往海外的灌装设备浪费,可口可乐公司采取所谓的"本地主义",在以前建立的灌装厂基础上,因势利导,把它们改建为可口可乐海外联营灌装公司。可口可乐公司总部除了提供浓缩液、技术支持、营销策略和人员培训等方面的服务外,其他一切公司运转的资金、员工、原材料、销售网络和设备等条件都由当地人自己负责筹措。实践证明,"本地主义"策略对于可口可乐长期在国外站稳脚跟起到了非常重要的作用。

经过一番改造,可口可乐的品牌收益很快凸现出来。有灌装厂的地方不仅是可口可乐重要的海外市场,也是它进一步向外扩张的根据地。从20世纪40年代中期到60年代,可口可乐在海外的灌装业务大约增长了一倍,营销网络遍及全球,基本上奠定了可口可乐国际化营销的格局。可口可乐在"二战"期间瓜分的国际市场曾经让其他很多饮料的国际销售一筹莫展。

(四)品牌延伸

经过了 75 年的经营之后,特别是"二战"以后的快速增长,可口可乐品牌获得了惊人的成功,完全有能力为公司和该品牌的其他产品提供品质保证和价值联想,公司决定延伸新的品牌和增加新口味的产品,其中有很多品牌到今天仍然非常著名。1961 年,Sprite 产品问世,成为可口可乐公司重点推广的产品,今天位列全球 5 大软饮料之列。1963 年的 TAB、1966 年的 Fresca 和 1971 年的 Stoney 都是这一时期饮料市场上的重要产品,在罗伯特任职期间,可口可乐公司一共延伸出 10 个左右的品牌,基本上都获得了相当的成功。可口可乐能有今天这么庞大的产品体系,在多个产品类别里与其他企业开展多层次的合作关系,与这一时期开创的品牌延伸传统关系密切。

(五)改变视觉标识

尽管可口可乐的商标拼写从诞生之日起,就没有改变过,但是在 1970 年改变过其背景设计。与艾萨的初衷一样,罗伯特为了增强消费者对可口可乐标识的辨认度,决定在可口可乐商标的红色背景中加入一个动感的白色飘带一样的设计,称之为可乐波纹。红白相间,充满动感,色彩之间的对比鲜明。红色代表的活力加上白色的动感设计,正是可口可乐的广告所要表现的风格:活泼、愉快,激情洋溢。可口可乐广告恰切地反应了那个时代整个美国人民的情绪,改变后的背景设计得到了广泛的认同和喜爱。热情的红色,跳动的白色,流畅的拼写,已经成为可口可乐经典的标志,成为全球识别度最高的品牌标识。

(六)广告作为民族情绪的"晴雨表"

可口可乐的战后广告常常通过战后归来的战士和家人的欢聚场面来表现人们的喜悦之情,人们会经常看到士兵打扮的人和他的妻子共饮可口可乐的温馨场面。有时候,可口可乐的海报中也有表现一般家庭休闲温馨的场面。可口可乐的广告适时地反应了那个时代美国人民的精神面貌,获得了广泛认同,可口可乐也因此成为人们愉快生活方式的一部分,巩固了与消费者的联系。整个 50 年代,人们的生活方式是休闲的,可口可乐成为生活中一个非常受欢迎的伙伴。

1950 年,可口可乐成为第一个出现在美国《时代》杂志上的产品。20 世纪 50 年代初期,可口可乐的广告预算就超过 3000 万美元,同类产品甚至其他行业里的公司都很难望其项背。可口可乐公司在任何时候都不会从广告预算中抽出资金支援其他部门,这为它赢得了广泛的赞誉。同一时期,可口可乐还积极利用新兴的电视媒体进行广告宣传,并试验彩色电视广告。

进入 20 世纪 70 年代,可口可乐的广告呈现出前所未有的欢快气氛,将目标市场瞄准了年轻人群体,明星和音乐成了广告的重要表现元素,这奠定了可口可乐品牌的青春形象。

70 年代中期开始,美国社会出现了一些动荡,政局不太稳定,水门事件以及尼克松总统辞职影响了人们的乐观情绪。可口可乐广告提醒美国人民应该考虑这个国家固有的优秀的和有价值的一面,而不是这些人为的挫折。"向前看!美国"引起了整个国家的瞩目,这则广告向人们展示了,什么样的精神才是美国人特有的面貌:从橄榄球运动员、放牧者到西部乡村歌手所表现出来的开拓进取、积极乐观的生活态度,这使得可口可乐成为美国精神的象征之一。广告声称:"无论你在做什么,也无论你在哪里,一定要看到那些真实的东西。"

1976 年,美国建国 200 周年纪念庆典让人们彻底摆脱了以前的不快。可口可乐适时推出一个系列广告,表现它为生活增添的种种乐趣和享受。"可乐丰富生活"和"可乐使生活多一点"引起了年轻人或者心理年轻的消费者的共鸣。

四、曲折发展

1981 年,伍德鲁夫掌控可口可乐公司的道路在走了近 60 年之后终于到了尽头(虽然在晚年由保罗·奥斯汀担任董事长,但是伍德鲁夫还是遥控着公司的重要决策,从下一届董事长的选择上就可以看出来。当时人们都认为会是美国业务总裁唐纳德·基奥,伍德鲁夫却向奥斯汀施加压力,最终选择了郭祖埃特),接替他职位的是极具个人魅力的罗伯特·郭祖埃特。在他的经营下,可口可乐经历过巨大的曲折,也取得了巨大的成就,他是可口可乐公司很难评价的人物,可以说功过参半。罗伯特·郭祖埃特在经营管理上采取了冒险策略,因而有些措施的优点和缺点同样明显。

(一)重新定位,调整与灌装商的关系

尽管罗伯特·伍德鲁夫时期可口可乐的灌装业务增长了一倍多,营销网络铺遍全球,但是由于处于早期的探索阶段,经营模式还没有完善和成熟,存在的缺陷在罗伯特·郭祖埃特的任期内逐渐显露。这些不足之处主要表现在:在与灌装商的业务联系上,可口可乐公司对自身的定位不完善,疏于对销售渠道的控制;在浓缩液的价格上缺乏灵活性,可口可乐给灌装商的固定价格承诺不适应新的竞争形式,这影响到公司的利润目标;在对灌装商的管理上,过于松散,不能有效支持公司的战略目标。

在罗伯特·郭祖埃特之前,可口可乐公司对自身的定位是一家浓缩液制造商,是品牌和特许经营权的持有者。因而,在与灌装商的合同中,浓缩液的固定

价格和授予灌装商地区独家经营权就成了最重要的条款。只要能够达到公司要求的质量标准,可口可乐公司对灌装商的经营管理、销售渠道、价格策略和广告策略等方面少有干涉,常常会出现各地区的灌装商各自为政的局面,在很多战略上不能采取一致的行动。而且固定的浓缩液价格降低了灌装商参与可口可乐公司战略目标的积极性,各自为政的定价系统也不适应新的条件下(主要是大型连锁超市巨头已经成型,它们要求统一低价供货)的饮料竞争。

罗伯特·郭祖埃特在接任可口可乐公司首席执行官之后,把公司定位为一个浓缩液制造商,同时拥有一定的对销售渠道的战略控制能力。为此,郭祖埃特进行了一系列的改革措施。

首先,他利用可口可乐公司成功开发高糖玉米浓缩液为契机,要求灌装商修改以前的合作合同,不再锁定浓缩液的价格,否则将无法获得这种新的浓缩液业务。由于浓缩液成本在灌装商的整个经营成本中占有很大比重,而采用新的产品可以使灌装商节省20%的成本,很多灌装商都接受了可口可乐公司提出的条款,以确保竞争优势。取消浓缩液的固定价格让可口可乐从调整的差价中获得了更多的利润。

其次,在寻求灌装商支持公司的长远战略方面,郭祖埃特采取了收购控股的策略,确保他们与可口可乐公司保持更大的一致性。从1981年,可口可乐公司收购了菲律宾可口可乐灌装商30%的股份开始,公司在国内和海外开始了一系列的收购控股措施,参与控股了大批的灌装商。

控股之后,公司会对这些灌装商进行改造,包括投资和新技术的支持,采取更加积极的广告策略和营销策略,增加该地区的自动售货机数量。正是可口可乐公司的这种向控股的灌装商有意政策倾斜的措施,让很多的灌装商不得不"甘心情愿"地让可口可乐公司参股,否则,就将在一个不平等的条件下和那些控股的灌装商展开竞争。事实证明,那些没有可口可乐公司控股的灌装商在这种不平等的形式下,日益缺乏竞争力,相反,获得资金和管理等方面支持的灌装商却蒸蒸日上。

(二)独立上市公司

在公司大规模收购控股、加强与灌装商之间的联系时,遇到了一个资金的问题:增加了公司的债务负担,扩大了公司的资产规模。债务的增加不仅限制了公司的资金周转,也影响到公司的投入产出比,进而影响到股东对公司股票的投资。另一方面,在郭祖埃特看来,收购控股又势在必行,是唯一能够改善和灌装商关系的正确模式。

1986年,郭祖埃特采取了一个金蝉脱壳的办法,创立可口可乐灌装商控股公司,专门负责可口可乐公司在美国收购的大型灌装商的控股业务。新的公司创立以后,立即作为独立的公司公开上市,可口可乐公司只控股49%。这个方法让可口可乐公司既保持了对灌装商的控制权,又把资产负债表上的关于收购控股的债务一笔勾销,上市以后的收益仍然归可口可乐公司所有,同时,也让投资分析师对公司的股票信心大增。也正是这个措施让郭祖埃特成为红极一时的英雄人物。

在国际市场上,由于资金和业务操作的问题,可口可乐公司没有模仿美国的做法,创立新的全球性公司,而是有选择性地与部分大型的、先进的"骨干"灌装商合作,借此来影响当地的软饮料市场和小型的灌装商。到1990年,可口可乐在全球范围内已经和骨干灌装商建立了强大的销售网络,并对该网络有相当的控制能力。

(三)再次品牌延伸

郭祖埃特从伍德鲁夫那里看到了品牌延伸的好处,继续从可口可乐的金字招牌中获得延伸收益,其中最著名的就是他投放的新可乐产品——低热可乐。这也是可口可乐公司第一次把可口可乐的商标拼写应用到延伸的一种产品上来,新产品投放市场后,不到两年的时间,就成为低热饮料市场中最畅销的品牌;现在,它仍然是可口可乐公司里第二位的品牌,排在经典可乐之后。此外,这一时期,公司还延伸了5个其他品牌,来满足消费者越来越多样化的需求。

郭祖埃特采取的这些措施确实让可口可乐公司受益匪浅,使得可口可乐公司和它在全世界的灌装商成为最受欢迎的投资目标,每年都能顺利地完成制定的较高的利润目标。可口可乐的股票价格在20世纪90年代早期到中期上涨了5倍,可口可乐品牌的市场价值也从1980年的40亿美元迅速飙升到1996年的1500亿美元,在全球软饮料市场上占有近50%的份额。1997年,可口可乐的年利润增长率高达15%以上,股票价格也在1998年达到最高值87美元。另外,由于对销售网络控制能力的加强,可口可乐在海外的收入大约占有公司60%到70%的份额。

(四)新可乐风波

1.锐意革新

20世纪70年代中期以后,面对百事可乐的强大攻势("青春形象"的营销与"百事口味挑战赛",后者是可口可乐改变传统配方的直接导火索),可口可乐的销售量和增长率都呈现出下滑趋势。到1977年,百事可乐在全国的超级市场上已经与可口可乐平起平坐,整个市场占有率达到24%,比可口可乐只落后12%。1980年,差距又缩小到9%。特别是可口可乐自己模仿百事可乐进行的一场口味盲试,得出的结果和前者相似:大多数受调查者都指称喜欢百事可乐的口味,这让可口可乐大吃一惊,以为百事可乐的时代已经到来。

1985年,在"即使最好的也可以做得更好"的理念下,郭祖埃特宣布要改变使用了99年的可口可乐传统配方,决定试验新的口味,因为调查显示"现在的消费者更偏好口味更甜的软饮料"。

这之前,可口可乐开展了一次称之为"堪萨斯工程"的前期市场调查,询问消费者是否愿意接受一种新的更甜的可口可乐饮料。调查结果显示,一半以上的人愿意尝试新产品。1984年,可口可乐公司新产品的样品问世,公司又组织了一次口味测试,结果是可口可乐首次在此种类型的口味测试中压倒百事可乐,这让可口可乐坚定了投放新可乐的信心。为确保万无一失,可口可乐公司随后又进行了一次大规模的测试,结果仍然让公司兴奋不已:新可乐大约可以让公司每年的销售额增加两亿美元。

为不至于遭到世界各地灌装商的反对,可口可乐公司放弃了新上一条生产线的打算,决定用新可乐代替原来的产品,并宣称,原来的配方将永久封存在瑞士银行里。

1985年,新可乐的投放成为当时商业界轰动一时的大事,赢得了众多媒体广泛的关注。新产品上市初期,市场反应正如公司所想象得那样好,当天就有1.5亿人品尝新可乐,而且公司浓缩液的销售量也大幅度增长,达到5年来的最高点。

2.风云突变

在最初的新鲜感过去之后,可口可乐公司遭到了消费者严重的抗议,为此也付出了惨重的代价。尽管可口可乐公司在改变配方之前就已经考虑到可能会引起一部分消费者的反对,就像调查结果显示的那样,大约有10%~20%的人,但是可口可乐公司没有想到会如此强烈,抗议的规模会如此巨大。

在新产品投放当天,可口可乐就接到大量的抗议电话,随着时间的推移,这种抗议趋势愈演愈烈,终于在两个月后,演变成全国的一股不可遏制的愤怒情绪。很多人威胁可口可乐公司说将不再购买它的任何产品,更有甚者,一批忠诚的可口可乐爱好者,组成组织、协会等团体,发起抵制新可乐的全国运动。在这种形式下,老可乐的身价一涨再涨,成为全国稀缺的产品,新可乐的销售远远低于公司预期值,糟糕的是,市场行情似乎更看好可口可乐的老对手——百事可乐。很多灌装商也开始向公司施加压力,要求改回原来的配方,这说明新可乐的销售在世界范围内都遇到了阻碍。

可口可乐公司的市场调查部不得不再次出动,调查消费者的意见,结果让公司大吃一惊:和投放前的调查刚好相反,绝大多数人都不再喜欢新可乐,而且在后继的一个月（7月份）的调查中，不喜欢的人数又上升了 20％ 左右，接近 70％。严峻的形式迫使可口可乐公司不得不重新考虑问题的严重性和决策的科学性。7 月 11 日，郭祖埃特和公司的高层领导在亚特兰大公司总部的可口可乐标志下公开向公众道歉，宣布恢复传统配方的可口可乐生产。公司仍然对新可乐抱有很大的期待，因而保留了新可乐的生产，采用新的商标 NewCoke，而传统的可口可乐则在原来拼写的基础上，把商标定为 Coca-Cala Classic，也就是所谓的经典可乐。

与可口可乐公司投放新可乐一样，老可乐的回归也成为轰动一时的大事，它所受到的"礼遇"丝毫不亚于公司刚刚宣布投放新可乐时在全国引起的沸腾。几乎所有的媒体都用头条新闻报道了这则振奋人心的消息，可口可乐公司的股票也飙升到 12 年来的最高点，令华尔街的投资分析师们瞠目结舌。老可乐再一次显示了它强大的品牌魅力，在它重新投放市场之后，销售量节节攀升。不久，可口可乐又把百事可乐远远甩在身后了。

3. 失策原因

百事可乐公司美国业务总裁罗杰尔·恩里克说："可口可乐公司推出新可乐是一个灾难性的错误。"的确，这是公司的一次重大的决策失误，也让人看到了传统可口可乐的品牌价值所在。这次失误的原因直接来源于公司的几场调查，为什么可口可乐公司的前后调查得出的结果会出现这么大的反差？前期的调查为什么会和消费者的现实反应恰恰相反？

首先，都是口味惹的祸。可口可乐公司在寻找 70 年代中期以后产品销量下降的原因时，先入为主地把原因归结为百事可乐的口味比可口可乐更甜一些，没有看到百事可乐销量上升的其他因素，特别是没有看到"百事口味挑战测试"在表面科学公平的掩盖下的缺陷。在不知名的情况下，受调查者倾向于选择更甜的产品的可能性更大一些，因为它对味觉的刺激更强烈。于是，可口可乐公司的产品开发、市场调查和口味测试都仅仅围绕"更甜"展开，忽略了其他更为重要的影响产品销售的因素。

其次，忽略了品牌的情感价值。对一个已经有 99 年传统的品牌来说，很多人已经形成了习惯性购买，已经和产品建立了深厚的情感联系，把它当作了生活中的好朋友，形成忠诚消费。就像当时的媒体评论的那样：对可口可乐的热爱就是对美国的热爱，或者像堪萨斯大学的社会学教授罗伯特·安东尼奥所说的那样："很多人认为可口可乐公司把一个神圣的象征给玷污了。"民主党参议员大卫·普莱尔甚至就可口可乐回归一事，在参议院发表演讲，他说："这是美国历史上一个非常有意义的时刻，它表明有些民族精神是不可更改的。"可口可乐在它长期的经营中，已经成为美国精神的指代物了。

再次,调查设计的漏洞。可口可乐公司的调查除了上面提到的只对口味这一个变量因素进行调查外,在调查设计上至少还有以下两个漏洞:①它的问题设计不明确。在调查中,只问消费者是否喜欢新可乐,没有告知他们在选择产品时,是必须二选一的,选择一个,就意味着放弃另一个。因而,很多人认为老可乐仍然会投放市场,新可乐只不过是像往常一样的一次品牌延伸。②调查对象的偏颇。虽然可口可乐把产品的主要消费对象瞄准年轻人的策略没有错,但是在调查中,它把对年轻人的调查结果应用在了全体消费对象上。事实上,可口可乐的忠诚消费者大多是上了年纪的人,他们对改变配方抗议也最激烈、最坚决。特别是很多中老年顾客群体出于健康的需要,非常忌讳喝过甜的饮料,吃含糖量过多的食物。

值得庆幸的是,可口可乐公司并没有固执己见,而是知错就改,很快从新可乐的漩涡中走了出来,重新焕发出勃勃生机。经历了这次事件后的可口可乐公司,更加明白了可口可乐品牌的价值所在。

五、低谷动荡

1997 年,罗伯特·郭祖埃特去世以后,可口可乐公司迎来了又一个颇有争议的领导人——道格拉斯·因维斯特。也许是因维斯特生不逢时,他刚刚继位时,很多人就对他抱有偏见,认为他没有罗伯特·郭祖埃特的锐气,再加上可口可乐的几个海外市场的销售受到地区经济动荡的影响,两年后,他不得不主动辞职。

(一)经营策略

客观地说,因维斯特还是一个相当敢作敢为又不失稳健的领导者。在他上任之前,一手策划了"49%解决方案",把可口可乐公司低回报的灌装生产线组建成独立的上市公司,从总公司中剥离出去,当然,主要的目的还是把这些灌装生产线的大笔债务从公司的债务报表上分离出去。这个举措让可口可乐公司的收益和投资系数有所提升,也把因维斯特推向了首席执行官的位置。

因维斯特的经营理念是:"将每个人的积极性都调动起来",把公司的重点放在产品的市场推广和维护与客户的长期关系上。在每一个市场扎根、做长远的打算是他努力的方向,"做客户的最佳合作伙伴,做社区的最佳居民,做公司的最佳雇员"是他为公司制定的目标。这种策略在一定程度上是在弥补郭祖埃特的激进策略,修复可口可乐公司与灌装商的关系,改变公司的为了短期利益而牺牲长期利益的做法。

在郭祖埃特经营可口可乐期间,由于提高了浓缩液的价格,让世界各地的灌装商的日子很不好过,因为就在同时,大型连锁超市一再压低产品的进价,零售业巨头甚至可以掌控产品的定价。因而,郭祖埃特期间取得的部分成就是一种短期效果,因维斯特看到了这种策略的后遗症,并努力地改变它。让因维斯特最头痛的事也就是人们没有长远发展的眼光,这也是他来去匆匆的原因吧!

(二)遭遇动荡

但是,可口可乐公司的股东们却没有给他证明自己领导能力的足够时间。

1998 年,可口可乐股价狂跌到 53 美元左右,下降幅度高达 40%。受到俄罗斯和巴西等地区的通货膨胀的影响,再加上日本经济危机对亚洲国家的影响,可口可乐公司的运营收入锐减也让那些股东们相当不满。

浓缩液价格的上涨,让很多的灌装商陷于亏损状态,而可口可乐公司又在很多灌装商那里都有投资,因而可口可乐公司每年也间接损失一笔资金。1999 年,在灌装商方面的投资损失超过两亿美元。即使是盈利的灌装商和可口可乐公司的关系也开始变得脆弱和紧张,特别是与法国灌装商的矛盾,曾经让可口可乐在欧洲的销售陷于相当被动的境地。

1999 年夏天,可口可乐公司又祸不单行地发生了比利时中毒事件,并波及全球,公司迟钝的反应和处理方式让人们大跌眼镜,公司陷入一片指责声中,严重影响了可口可乐的销售。种种迹象表明,因维斯特的措施没有能够在短期之内发生效用,有效抵制诸多不利因素。

可口可乐公司的股东们没有足够的耐心等到因维斯特的措施发生效用,1999 年底,因维斯特不得不辞职走人。但是,从横向来看,必须看到也必须承认的是,可口可乐公司在因维斯特经营期间,无论是在营销战略还是在新产品的开发推广上,都远远领先于老对手百事可乐。

六、继往开来

可口可乐公司在 2000 年迎来了新一任董事长兼首席执行官道格拉斯·达夫特,临危受命的他锐意改革,大刀阔斧地调整公司在全世界的机构,希望能有效遏制前两年的销售滑坡和利润下降,重温快速增长的旧梦。

(一)力挽狂澜

道格拉斯首先从大规模裁员和调整组织机构开始,以削减公司的成本开支和运营支出,大约每年可以降低 4% 的运营和销售成本。但是他也明白,仅仅控制成本是远远不够的,只能保证公司获得小幅的增长,要想获得更大程度的增长,关键在于让公司的渠道销售商重新回到原来的良性关系轨道上来。因而,他也在努力地修复和世界各地灌装商的关系,与遍布全球的灌装商和渠道销售商的紧密合作让可口可乐新产品的推广有了坚强的后盾。这一点证明因维斯特的措施并不是一无是处。

道格拉斯在上任之前,一直负责亚洲地区的业务,对国际市场、特别是地区性市场有深入的了解,在决策上主张各地区部门采取"本地化"的营销策略,融入当地的生活和文化背景,在消费者心目中树立起本地产品而不是外来产品的概念,获得当地消费者的认同。与此对应,可口可乐公司把权力下放,让各地区的区域总裁拥有更大的决策权,不必事事向亚特兰大总部汇报,以保持对各地市场的灵敏及时反应,建立适合本地的营销方式,增强与当地同类产品的竞争能力,提高市场占有率。单此一项,可口可乐公司每年大约要减少 3 亿美元的运营投入。

道格拉斯把可口可乐公司在全世界的业务重新划分,由原来的 7 大区域部门改组为 4 大业务部门:美洲、亚洲、欧洲+非洲和新业务部门,新业务部门主要负责新产品的开发和在全世界的推广。这种调整,贯彻了道格拉斯关于大型跨国公司经营方式的革新策略,他把可口可乐公司看作是多个小型的地区运作的业务公司的集合。正像他指出的那样:"任何人都不可能制定一项营销策略,可以使我们的产品在世界任何地方都畅销",因而,他要求在每一个地区市场采取差别化营销策略,力求与当地消费者的生活和文化背景相一致。针对每一个地区市场的销售计划,必然让产品的推广和销售更具有明确的目的性。

(二)重拾信心

但是,道格拉斯的这些措施和首席运营官史达尔的经营模式发生了矛盾,长期在美国亚特兰大工作的史达尔,不同意采用"本土化"经营策略,仍然抱有以美国的消费习惯为本位的思想。经营决策权力下放给地区部门经理,也让史达尔的位置如同虚设,最终,史达尔辞去运营官职务,另谋高就。

虽然史达尔的辞职引起了可口可乐股价的动荡,但是很多人认为这是一个暂时的现象,主要是因为史达尔长期在美国工作,和当地的投资分析师和投资人有良好的关系。道格拉斯的一系列措施虽然没有让可口可乐公司迅速回升到最佳状态,但是它的成效是显而易见的:总的营业收入增长虽然没有太多惊喜,仅仅增长 3.3%,但是,公司当年的净利润率却增长了 10.4%,多达 2 亿多美元。一年以后(2001 年),华尔街的种种迹象也表明,史达尔辞职的风波已经平息,很多分析师对可口可乐股票的回升充满信心。正像《晨星》的分析师大卫·凯斯曼所说的那样:"最糟糕的情况似乎已经过去了。"

尽管可口可乐公司还没有完全走出低谷时期,但是没有人怀疑它的发展潜力,已经在世界范围内取得了近 50% 的市场份额,现在最关键是让各地的灌装商认清公司的经营理念和品牌的核心价值,而这正是道格拉斯正在着手去做的。特别是现在一些人口众多的国家正在形成潜力巨大的海外市场,可口可乐的发展前景依然为人们所看好。

(三)多元出击

尽管从进入 20 世纪 80 年代开始,可口可乐品牌经历了几次曲折,但其组织战略的根本方向没有太大变化。适应新的竞争环境的需要,可口可乐展开了更加积极进取的战略。

首先,公司展开了一系列与其他大公司的合作,迪斯尼、宝洁、雀巢等公司都与可口可乐建立了业务联系,推出新产品或者共享销售渠道,以求在竞合趋势下实现共赢。可口可乐公司推出的新产品也不再局限于软饮料领域,而是在茶饮料、果汁、水饮料以及零食点心等多个领域展开。

其次,可口可乐品牌更加本土化,适应品牌所在地的文化和国情,积极参与分公司所在地的社区建设,承担更多社会责任,以博得消费者的好感。照顾世界上少数民族如阿拉伯民族的情绪,专门对它们展开有针对性的营销活动。

再次,品牌更加积极地采取各种营销举措,吸引更年轻的消费者,使用更年轻的当红明星(包括体育明星)来代言产品,特别注重在互联网上进行品牌建设与传播,例如在中国市场上,可口可乐与腾讯公司合作,开展 QQ 游戏促销以吸引其用户,其中主要是以初高中生为主的年轻群体。

结　语

可口可乐的辉煌神话是很多因素共同作用的结果,其中它的经营者制定的营销策略和广告日积月累的效果是最重要的两个方面。可口可乐作为一种日常的大量消费品,在产品品质和口味既定的情况下,营销策略的重要性就凸现出来,这也是每一届可口可乐的领导人关注的焦点。事实证明,经营策略的正确与否常常关系到公司的成败。

可口可乐能够代表美国精神除了历史上公司不断为它注入的品牌联想外,对于美国国内的人们来说,则是因为它代表了自由竞争、铺天盖地的媒体广告、大量消费、注重物质享受等等所有现代美国精神的特征;对于外国的消费者来说,还要加上它所建立的庞大的美国产品销售帝国给其他民族的产品造成的难以消除的压抑感。在某种程度上,可口可乐已经超出了作为一种饮料产品的范畴。

在今后相当长的一段时期内,可口可乐在全世界的软饮料市场上仍旧会保持它多年来的绝对主导地位。但是我们也必须看到,可口可乐的日子再也不像从前那么好过了,特别是最近几年来,可口可乐面临着越来越严峻的竞争压力。

道格拉斯刚刚上任时,就遇上了法国灌装厂发生碎瓶事件,让可口可乐在世界的名誉再一次受到打击,使人们想起比利时的中毒事件。而且,道格拉斯的"本土化"策略的实行也并不是那么顺利,它在利用本地的一切廉价资源,压低每一个渠道的成本时,也遭到了很多当地灌装厂和相关业务公司的抵制,因为可口可乐的有些做法损害或者降低了他们的利润收入。当然,无论可口可乐怎样"本土化",它仍然是一个外来的产品,在每一个民族市场上,都受到当地各种饮料的竞争。可口可乐最大的压力还是来自于老对手百事可乐,20世纪70年代以来,百事可乐的进步有目共睹,无论市场的竞争多么激烈,百事可乐每年都能顺利完成既定的利润目标,这让一直没有重大营销突破的可口可乐感到很丢脸。

作为一个拥有百年以上历史的产品,没有人怀疑它生命周期的长久和发展前景,这种观念在道格拉斯上任之后大刀阔斧的改革中得到了进一步的肯定,但是就目前来看,人们还必须面对一个事实:道格拉斯的策略还有待于时间的检验。

第二节 百达翡丽:钟表业最后的贵族

贵族的衡量标准不在于拥有财富的多少,而在于他的血统和在后天与众不同的生活方式中习得的修养与气质;一如表之贵族不在乎价格的高低,而在于它的生产工艺流程和它在历史长河中积累的品牌价值。

创立于1839年的百达翡丽是全球最优秀的制表商,它一直走高端奢侈品品牌的路线,坚持手表生产的精工细作、精益求精和创新开拓。发展到今天,百达翡丽不仅成为制表行业中最高品质的代表,也成为佩戴者成功身份的象征。在收藏家看来,百达翡丽就是车中的劳斯莱斯,名列名表收藏排行榜第一位,所有的收藏家都以拥有一只18K金的百达翡丽老爷表为豪。

数代百达翡丽人不断延续承传的优良卓越的制表传统使得百达翡丽代表了160多年来瑞士制表工艺的最高峰,它为全世界的制表行业提供了技术和审美的最高标准。百达翡丽表的造价极高,是功能、艺术和珠宝的完美组合。值得信赖的品质、新颖别致的设计和高贵典雅的身份象征意义,使得每一个成功人士都渴望拥有一款百达翡丽表。百达翡丽曾经多次被香港《名表论坛》评选为世界十大名表之首。

然而,称百达翡丽为最后的表中贵族还不在于此,而在于它独特的制表工艺流程和精良的制表传统。在当前机器大规模批量生产的后工业时代,百达翡丽是全球唯一坚持用手工精制钟表的制造商,是全球唯一能保证其生产的所有机械钟表都完全符合日内瓦标记(The Geneva Seal)标准的制造商,是当今瑞士唯一能够在自己的钟表生产原厂完成全部制表过程的制造商,也是日内瓦硕果仅存的家族制表企业。正是在这个意义上说,百达翡丽坚守着最后的贵族领地。

百达翡丽热衷于发明和创新,拥有 60 多项专利权。百达翡丽还特别注重细节,每一个零部件和机芯都受到极其严格的质量控制程序的监控,从而保证无以复加的精确性。

一、家族传统

百达翡丽能够发展成为今天手表行业的世界顶级品牌,首先应该感谢它的创建者——波兰贵族安东尼·百达(Antoinede Patek)。1830 年,安东尼·百达因政治原因流亡,定居在瑞士日内瓦。他立志要创造出世界上最优良的钟表,而且,就他本人而言,对钟表工业也有相当的研究造诣。正是这个最初的宏愿奠定了百达翡丽后来优良而又苛刻的家族制表传统。

(一)家族传统的确立

1839 年,安东尼·百达与人合伙成立了一家制表兼销售公司,开始实践他的理想。1845 年,因为合伙人的离去,安东尼·百达重新与人合伙,他就是钟表制造历史上著名的制表匠简·翡丽(Jean Adrien Philippe)。百达翡丽表的品牌名称就是两个人姓氏的结合。

因为志愿的宏大,安东尼·百达从开始就走了一条精品路线:

首先是要求最好的制表匠。公司成立之初,他就几乎一网打尽了日内瓦当时制表行业的最优秀的技艺师,在制表流程的每一个环节都精益求精。无论是设计师、钟表师还是雕刻师、宝石匠等都是日内瓦首屈一指的行家。

其次是难能可贵的创新精神。在百达翡丽产生时,瑞士的钟表制造已经达到了一个相当高的水平,要想在钟表王国站稳脚跟,百达翡丽必须做得更好。安东尼·百达和他的同伴一起改进手表的性能、质量和工艺,推出高素质钟表。

再次是百达翡丽的超豪华制作传统。贵族出身的百达从一开始就把百达翡丽表定位为只有贵族上层才能拥有的奢侈品,因此,在钟表的制造和修饰上,百达翡丽极其奢靡豪华。利用最先进的器材,最上等的原料,装点最昂贵的宝石,生产世界上最完美的钟表。

(二)家族传统的承传

时至今日,百达翡丽依然是一个家族制企业,恪守着它的建立者创立的制造和经营传统,历经 160 多年而不变,成为制表工业史上的一个奇迹。

在百达翡丽的制造车间里,保留着一批日内瓦制表行业中顶尖的技师和工匠,他们拥有最精湛的制表手艺和手表装饰手艺,有些技术和手艺如瓷画装饰甚至濒临失传。如此强大高超的制表团队,在任何一个时期的日内瓦都是罕见的。

浏览百达翡丽的品牌发展史,有两个重要的特点值得注意,它是百达翡丽恪守家族传统的重要表现,也是保证百达翡丽的品质历久弥坚的原因。

其一,百达翡丽的品牌发展史是百达翡丽不断创新的历史。一个半世纪以来,百达翡丽不断地完善、改进、提高钟表的制造工艺,冲击钟表制造和精确性的极限。百达翡丽目前有 70 多项专利,平均每两三年就有一项专利问世,其中最近 30 年获得的专利占一半左右,创新呈现出加速趋势。正是不断地创新使百达翡丽保持了技术优势和竞争优势,也加强了人们对百达翡丽作为表中贵族的品牌联想。

其二,百达翡丽的品牌发展史同时也是家族的更迭过程。百达翡丽管理者的这种承传方式最大限度地延续了家族优良的制表传统和经营理念,确保产品的质量,使品牌的建设能保持连续一贯的风格。这也是百达翡丽在历史发展中鲜有波动的原因。

百达翡丽人表示:"今日,尽管世界瞬息万变,我们仍然坚守公司创办人的一贯宗旨。事实上,我们是唯一尚存的、仍然秉承正宗日内瓦制表业传统的独立家族公司。我们打算继续维持这个传统。"

二、追求完美的企业理念

早在 16 世纪,日内瓦就形成了浓厚的钟表制造文化,其精神内核便是追求完美。当时的钟表制造者不仅是技师、工艺师,也是痴狂的完美主义者。他们怀着一种狂热的激情,务求其作品在外形和性能上达到完美。这种境界在百达翡丽的创始人那里有过之而无不及,他们誓要创造出"世上最卓越、最具价值的腕表"。

严守祖训的历届管理者已经在 160 多年的历史长河中将百达翡丽追求完美的经营理念发挥得淋漓尽致,使百达翡丽表不仅是一种精确的功能性钟表,更是一种具有审美性的时间艺术。每一个工作日的每一分钟,百达翡丽的制作车间里,500 多个天才技艺师和 240 多个熟练制表匠都在执著地为一个目标而奋斗:"制造让百达翡丽享誉 160 多年的完美手表"。

当然,任何人都会说,真正完美的事情是不存在的,百达翡丽却把它当作了一种理想追求。即使它是一种永远无法达到的极限,百达翡丽也力求做到比地球上任何一种钟表更贴近完美极限。正是这种执著的追求和经营理念,使百达翡丽成就自己,成为任何钟表品牌都模仿不来的独特的一个。

三、日内瓦印记

由于市场需求的扩大,制表工业在瑞士获得了蓬勃发展,但是很多制表厂家特别是新建的一些企业的钟表质量开始下降。为了捍卫瑞士制表王国的地位,维护日内瓦制表工业在全球的声誉,1886 年,成立于 1873 年的钟表匠协会说服日内瓦最高立法会通过一项立法来确保钟表质量,设立巡检制度进行检查,这就是后来钟表业大名鼎鼎的日内瓦印记。这项要求苛刻的钟表质量和工艺标准成为全世界钟表行业的最高要求,也是其他制表企业的追求目标,是最高质量的象征。

一只手表需要经过 12 项技术标准和两项额外的管理标准,才能得到这个标志着钟表最高荣誉的印记。日内瓦政府为保证印记的权威性,每一款钟表中刻有印记的数目是有限的。百达翡丽值得骄傲的是,它生产的每一款钟表,无论是自动上发条的还是手动上发条的,都符合日内瓦印记的标准。

百达翡丽能做到这一点,全仰赖它高超的制表技师在整个制造和组装过程中精益求精的认真负责态度。从原料的选择、边角的打磨、磨砂表面或光滑表面到技术说明、珠宝和表轴等细节,无不精心打造。每一只手表的组装还必须遵循一道最后的检测程序,它要求技师对钟表的技术功能和审美外观做 15 天一丝不苟的检测。

要成为日内瓦的钟表师,首先必须制成一只符合日内瓦印记的钟表,一般的技师要做到这一点必须花费 4 年的时间。而要成为百达翡丽的钟表师,则必须研制和装配一个符合公司标准的机芯,这是一项比日内瓦印记更高的内部标准,需要花费 7 年的时间。正因为这个原因,在全球众多钟表制造商中,只有百达翡丽是唯一以全部机芯获得这项备受行业推崇的印记的品牌。

确保百达翡丽符合日内瓦印记的另一个重要原因是,百达翡丽表的独立制作工序:机芯内的所有零部件都是在自己的工厂设计、制造、手工加工和装嵌的,不容许其他钟表制造商插手百达翡丽表的任何一个制造和组装环节,这和当今钟表大规模工业生产背景下,制造商之间相互合作生产零部件和共同组装的做法截然不同。百达翡丽也因此成为日内瓦的最后一个独立钟表制造商。

百达翡丽公司总裁 Philippe Stern 说:"我们是一家独立的制表公司,并不想成为某个大集团的一部分。独立这一点对我们构筑制造商的可信度相当重要,我们的可信度的确正在不断提高。"

作为日内瓦现今唯一可以在原厂完成全部制表工序的钟表制造商,百达翡丽自行设计和制造钟表,这些钟表一般来说需要经过 4 年的时间研究开发,9 个月的生产和 3 个月的装嵌及品质控制,然后才能出厂。百达翡丽的工匠们认为:"这正是我们制造世上最卓越的钟表并确保它们性能可靠优良的方法。"

四、技术创新

在钟表制造的历史上,百达翡丽是绝对不可忽略的,因为很多钟表技术都是首先从它开始的。在创新传统的激励下,百达翡丽数次推动钟表制造业发生革命性变化。

(一)结合式上链系统

由于技术的限制,直到 1944 年,所有的怀表表壳上都不得不打一个洞,单独用来将发条拴嵌进去,然后再将这个裂口堵死,隐藏发条拴。这种做法不仅影响了钟表的美观,也影响了钟表的品质,使它的精确性和耐用性大大降低。这个钟匙裂口不仅是钟表上的一个瑕疵,也是制表匠们的心病,很多人都在寻求解决方案。可惜的是自制表行业诞生以来,近 300 年的时间,都没有一个制表匠能找到实际可行的解决途径。

1944 年前后,简·翡丽发明了超薄怀表和现代钟表广泛使用的结合式上链系统,为钟表业带来了革命性的变化。这种绕圈上链和设置时间的装置以及条拴按钮(拔出来可以设置,推进去可以上发条),免除了以往使用钟匙上链的麻烦。这个设计改变了钟表的特性,自足的可以上发条的钟表因此成了一个封闭的整体,在剔除了外观瑕疵的同时保证了钟表的性能。

百达翡丽因为这个设计赢得了同行的尊敬,也赢得了消费者的信赖。事实上,这个机械装置的影响是如此之大,以至于今天的钟表设计依然从中得到恩惠。它大大扩展了钟表外形的设计空间,也是今天的防水、防震、耐压表的来源。

简·翡丽虽然知道他发明的装置适用任何类型的钟表,如自动表、超薄表、石英表、日历表和潜水表等等,但他绝没有想到,这种设计居然成了今天所有手表的一个共性特征。

(二)滑动主轴装置

1863 年,制表天才简·翡丽又发明了滑动主轴,进一步提高了钟表的质量。在这之前,很多钟表因为发条上紧以后,主轴会因为压力过大而断裂,成为很多钟表维修的原因。滑动滚轴的发明,有效缓解了主轴的过大压力,提高了产品的寿命,也是自动上链技术的一大进步。

(三)复杂技术和精密技术

1939 年,百达翡丽发明了男用三问腕表,在显示时间的同时,有万年历和月相盈亏显示,这标志着百达翡丽制表技术的复杂性和钟表多功能性上的突破。1952 年,百达翡丽创制双秒针计时飞行腕表,使钟表的计时方式进一步细分化、精确化,这标志着百达翡丽向钟表的精密技术的迈进。这两个方向激励着百达翡丽人向极限进展,一直延续至今。

(四)超薄技术和独立调时技术

20 世纪 60 年代,百达翡丽有两件大事:一件是研制出世界上最薄的石英机芯时钟,另一件是独立调时腕表的发明。前者见证了技术向厚度边缘的突破,后者则解决了旅行中因为穿越两地而产生的时间差问题。百达翡丽的使用者都是一些常常需要穿越多个时区的成功人士,独立调时表极大地促进了当时的产品销售,也增强了品牌的创新联想。

(五)其他技术支持

完成一款百达翡丽表需要 7 种关键性工艺:设计、制作、镂金、表带制作、雕刻、瓷画和宝石镶嵌。其中每一种技术都要求匠师们拥有熟练的技巧,能够操作原始的手工制作工具。在百达翡丽的制作工厂中,保留了一些濒临失传的工艺技术,有很多技师都是各自行业中硕果仅存的人物,例如著名的微缩珐琅彩绘艺术大师 Suzanne Rohr 女士。

正是在各种顶尖技术的支持下,百达翡丽表才能成为稀世珍品,才能追求完美极限,才能享誉全球。现在,百达翡丽表仍然在复合功能、精确、修饰艺术和永恒运转等方面走在同行的前列。

五、经营策略

160 多年来,百达翡丽的经营策略基本上是一脉相传的,其间也曾有过波动,最终还是回归了经营高端品牌的策略。

(一)早期经营

安东尼·百达和第一个合伙人造高档钟表的野心奠定了以后经营策略的基调。公司成立之初,百达翡丽制表厂大约共有 8 个人,每年产量大约是 1000 多只。产品主要销售给同样来日内瓦避难的波兰同胞(因为波兰与苏俄的战争失败,大批波兰人因受到迫害而流亡瑞士)。

1845 年是百达翡丽发展史上的里程碑之一,这年受到安东尼·百达的邀请,简·翡丽带着自己的新技术成为公司的技术指导员,并很快成为公司的合伙人。百达翡丽因为生产机械装置的技术先进而产量大增。

与翡丽热衷于技术相比,百达则更倾向于销售领域,是一个天才商人。当欧洲受 1848 年经济萧条影响,整个钟表行业市场不景气时,百达开始转移产品的销售市场,向美国拓展。因为他的营销努力,百达翡丽不仅顺利度过了难关,而且找到了公司在美国的最大客户,保持至今。

(二)在传统与现代之间的经营波动

1901 年,百达翡丽成为股票公司,并变更了公司的名字,这标志着百达翡丽向现代化经营模式的靠拢。那时,现代化技术和经营管理模式确实让部分制表企业受益匪浅,可惜的是,百达翡丽并不擅长,反而因此淹没了自己的品牌个性。长期在家族经营管理模式下的百达翡丽在现代企业经营管理模式的诱惑下显得犹豫不决,难以取舍,经营管理曾一度出现失误。而在同一时期,其他品牌和后起之秀都加强了营销攻势,迎合正在蓬勃发展的普通大众的腕表消费潮流。

1932 年,百达翡丽在各种因素的综合作用下,面临倒闭危机。当时著名的表盘制造公司 Cadrans Stern Freres 的老板 Stern 兄弟因为与百达翡丽有长期愉快的合作关系,出手解救了它的危难,并全面介入到百达翡丽的经营中。

Stern 家族对百达翡丽的影响主要体现在两个方面:一是停止购买别人的机芯,生产自己的机芯,使百达翡丽能够完成整个钟表生产工艺流程;二是从1937 年以后,Stern 家族逐渐接手百达翡丽,积极开拓国际市场。前者让百达翡丽完成了由组装商向生产商的过渡,对品牌的建构起了决定性影响,不仅节约了资金运转,也保证了产品质量。后者扩大了百达翡丽的国际声望和销售市场。

1948 年,百达翡丽组建了自己的电子部门,来适应电子技术的发展,并将它运用于钟表制造。随后,公司受到当时正方兴未艾的石英钟表机芯技术的影响,也致力于这方面的发展。虽然百达翡丽在石英钟表制造方面取得了骄人的成绩,却始终在传统技艺和现代科技的两难境地中摇摆不定,代价就是渐渐模糊了它在传统工艺和手工制造方面的顶尖品牌联想,没有很好地坚持和完善最能体现百达翡丽个性的制表传统。

在两种制作工艺的摇摆中,百达翡丽的产品也呈现出两种定位。男式表基本上仍然是传统制作,而女士表的 70% 以上则是石英机芯。不过,百达翡丽并没有因此而抓住女性消费者,它在女性消费者市场中的名气并不大。人们普遍认为,百达翡丽表是一个高端男士品牌,是成功男士的象征,也就是说,它并没有在女性消费者当中树立其高端品牌形象,即使知道百达翡丽生产女表的消费者也认为它不适合女性。

(三)回归传统

从 20 世纪 80 年代开始,钟表行业的消费趋向发生了戏剧性变化。人们很快发现现代工业生产带来的整齐划一的标准化产品毫无个性,同一款产品可以为成千上万个消费者同时拥有。另一方面,在经历了时间的检验之后,人们还发现制作精良的机械表在质量和性能上有很多优于石英表的地方。机械表开始重新获得钟表迷和消费者的青睐,成为品位的象征。

百达翡丽迅速捕捉到了人们的消费变化,发挥自己的传统优势,开始向传统制表技艺回归。在百达翡丽庆祝 150 周年纪念的时候,它推出 8 款限量发行的绝版机械钟表(生产它们的工具已经被销毁),囊括了百达翡丽 150 年来最得意的制作工艺,掀起了全球性的百达翡丽消费热潮。

1996 年,百达翡丽总公司迁往新的制表大楼,把所有能保持公司独立性的工艺流程都集中在一起,强化公司独立制作传统。从钟表生产的第一个阶段到最后一个阶段,包括设计、制作、组装、监测、销售和产品登记都可以在同一个地方完成。公司还买下并修缮了大楼附近的怀特古城堡,用来招待贵宾,同时作为公司研究开发、制造、手表零部件配备、经营管理和分销的中心。周围其他的建筑用来生产表带和装饰品以及组装零部件。此举旨在加强制表各个环节之间的配合,提高效率,理顺百达翡丽独立制作的流程。

最近 10 多年的发展证明,百达翡丽回归自己的强项是正确的经营之道,能最大限度体现品牌个性和品牌价值。现在它已经牢牢树立了作为钟表业贵族的品牌联想,而且是最后一个坚守阵地的贵族。

六、营销策略

因为与众不同的品牌个性和经营传统,百达翡丽的广告历程也呈现出非常鲜明的个性特点。没有狂轰滥炸式的广告信息,却常常达到出奇制胜的效果。在针对目标市场的营销上,以准确有效的沟通见长。

(一)产品展示

在大众传媒不发达的时代,展览会一直充当着很多产品的宣传中介,百达翡丽也借此走向世界舞台。1845 年、1867 年和 1878 年,百达翡丽都出现在巴黎的展览会上,惊艳全场,从此,百达翡丽就没有间断在各种世界性的展览会或钟表展出会上亮相,此外百达翡丽还举办自己的产品展览会。

展览会对百达翡丽的作用主要体现在 3 点:为消费者所认知;与其他同类产品作比较,展现优越性;推介新产品。1960 年,百达翡丽展示了世界上最薄的石英钟表。1970 年,在巴塞尔展览会上,百达翡丽又展出了第一个石英腕表。

时至今日,展出仍然是百达翡丽非常重要的宣传和促销手段。百达翡丽非常注重展台的面积,不仅仅因为参观的人和采访媒体多的缘故,更重要的是它希望能对应自身的形象,通过展台传达品牌在整个行业中的地位。百达翡丽在选择销售合作伙伴时,主要集中于那些能开设专柜为百达翡丽的诸多手表系列提供良好展示的销售商。制作精良、设计新颖又雍容华贵的百达翡丽产品本身就是一种广告宣传。

(二)名人消费者

由于百达翡丽的卓越品质,160 多年来,它受到很多知名人士的青睐,这成为今天百达翡丽品牌内涵的一部分。百达翡丽也在时刻张扬它的名人消费历史,发展品牌的高贵与品位联想。

百达翡丽的第一个名人消费者是英国维多利亚女王,她在 1851 年向百达翡丽公司定制了一只镶有自己签名的怀表。1868 年,百达翡丽为 Kocewicz 伯爵夫人特别制作了公司历史上的第一个腕表。1915 年,爱因斯坦向公司订购了一款金色怀表。此外,音乐家理查德·瓦格纳、作曲家柴可夫斯基、文豪托尔斯泰、玛丽·居里、彼得一世(Peter I)、罗马教皇 Pius IX 等等知名人士也都是百达翡丽的拥护者。

百达翡丽在钟表业的地位对那些追求完美和优秀的人具有强烈的吸引力,他们反过来又鼓励了百达翡丽向更高境界的攀升,而后继的消费者又会把这些名人当作品牌联想的一部分来支持自己的产品消费。百达翡丽的宣传就是利用了名人消费的鼓动效应。

(三)拍卖会

自从钟表制造进入工业现代化时代,百达翡丽的手工制作就显得弥足珍贵,设计独特、性能复杂、精确度高、数量少等特点使它理所当然成为众多钟表收藏者追逐的对象,拍卖会因此成为百达翡丽重要的展示方式。

20 世纪 80 年代以来,古董百达翡丽表的价格开始迅速攀升,尽管在进入 90 年代以后,价格有所下降,还是会经常打破手表和时钟拍卖会的纪录。1999 年,百达翡丽在 1933 年为美国一个银行家定制的怀表以 1100 万美元的价格刷新行业拍卖纪录,当时这款表的售价是 1600 美元。

2000 年 10 月份,在伦敦克利斯蒂拍卖行举行的名表拍卖会上,百达翡丽压倒了一切品牌。它的一款产于 1955 年的 18K 金带有两种音调镀银表盘的微秒计时表以 248000 美元的售价赢得头筹。另外,一只产于 1958 年的 18K 金计分表达到 182000 美元,一只产于 20 世纪 60 年代的稀有粉金防水计秒表售价为 99500 美元。

在谈到百达翡丽为什么能一直在拍卖会上独领风骚的原因时,公司总裁曾说:"我们持续坚持创造独特钟表的这份心意,已经有超过 160 年的历史了……百达翡丽的机芯一直都坚持自己制造,而且它们的独特也绝对难以在其他钟表中发现。对于钟表收藏家而言,百达翡丽绝对是个极好的品牌,因为我们实在有太多不同种类的复杂功能表款了。"

在拍卖会这个平台上,百达翡丽独领风骚,增强了自身在钟表行业位置的品牌联想——高雅、高贵、高档。

(四)百达翡丽杂志

百达翡丽公司出版的杂志,是公司与消费者沟通的一个有效途径,在宣传和销售方面起到了重要作用,成为公司重要的经营特色。从 1982 年开始,百达翡丽向那些狂热的手表爱好者、收藏家和经销商提供半公开性质的杂志(百达翡丽表的消费者是免费赠送的),介绍公司生产的一些名贵钟表。这些参考资料和钟表样本对于重新唤起人们对鉴别钟表学的热情起到了一定作用。

百达翡丽杂志的出版代表了一种风格,即它是一种时尚奢侈的钟表画卷,提供了百达翡丽公司从 1839 年成立以来钟表制造历史上最权威的资料。杂志推出伊始,就在推广新产品上发挥了重大作用,对于那些已经拥有或者想要得到一块百达翡丽表的人来说,这本杂志是必备品。

百达翡丽杂志作为公司向世人展现企业产品和形象的一种手段,支持了品牌的高端联想。杂志中不仅有精美罕见的图片,也有关于手表的精辟论述,向读者提供了平时难得一见的复杂的钟表内部世界。同时,杂志还是一本内容丰富的品位期刊,涉及音乐、摄影、异域风俗、文学艺术、广告等时尚趣味的各个方面。有时,杂志还会附带 DVD,展示更逼真的形象。由于百达翡丽表的消费者遍及全球,杂志采用英语、法语、德语、意大利语等 7 种语言印刷,在 127 个国家发行,总发行量大约为 135000 册。

一直以来,百达翡丽杂志都把自己定位为生活和艺术卓越品质的追击者,在展现百达翡丽钟表的一些个性特征和永久价值的同时,也在向消费者灌输一种理念:百达翡丽是你完美的选择,具有让后代收藏的增值价值。现在,百达翡丽杂志拥有一个引人注目的作家、艺术家和摄影家群体在为它供稿。

创办百达翡丽杂志的目的非常简单:通过促销新钟表,提升百达翡丽的艺术、感觉和智慧等多种价值,将百达翡丽表的佩戴者变成收藏者,从而增进百达翡丽的品牌建设。然而最初创办杂志的方案已经扩展为今天的一个全面服务性的消费者关系管理项目,成为公司掌控的极其庞大的消费者资料库,是百达翡丽所需要的理解消费者行为的重要手段。在这个消费者资料库的平台上,百达翡丽的营销措施更有针对性,沟通更有效。

调查显示,百达翡丽杂志已经成为消费者保持忠诚度的核心因素,是影响今天的消费者再次购买的最重要的因素。当百达翡丽推出 Twenty-4 表时,大约有 50% 的消费者声称杂志是他们获得该表信息的唯一来源,其中 30% 的人表示,他们打算买一个。正如百达翡丽杂志的负责人 Jasmina Steele Patek Philippe 所说的那样,杂志是"一项非常出色的服务,完全适应我们的国际客户的需求,他们期望并想得到最好的"。

现在,该杂志也成为百达翡丽网站上一个非常有特色的版块。百达翡丽的消费者可以在此下订单,获得印刷杂志,同时,网站也提供杂志电子版下载。网站杂志采用 pdf(Portable Document Format)格式,消费者可以连带完整的排版格式将这个文件下载,使得杂志的打印和在屏幕上浏览的效果都非常完美。

(五)亲情主题广告

百达翡丽的现代广告以平面广告为主,以温馨的亲情为主题,通过情感诉求提升产品的价值。一直以来,百达翡丽张扬的情感价值都是在两代人之间,体现它为后代所收藏的永恒价值。百达翡丽总是邀请一些世界上最伟大的摄影师和图像制作高手来制作和拍摄广告,表现品牌蕴涵的情感价值以及手表与主人之间深层的个性化融合。有时,它会在广告中使用名人代言,但一定要能够符合广告所要传达的意境和情感。百达翡丽广告通常采用黑白摄影,庄重典雅。

在广告宣传口号上,百达翡丽也以情感为依托,将两代人的至亲情感作为产品的销售说辞。"代代相传,由你开始","你实际上并不拥有一只百达翡丽表,你只是为你的下一代保管而已",它暗示百达翡丽的永久收藏价值和生生不息的亲情传递是相通一致的。百达翡丽广告中,随处可见这样的画面:父亲和蹒跚学步的儿子在草地上对望嬉戏、或在桌球室内儿子模仿父亲打球、或父子对弈、或父子午间小睡、或母女在海边嬉戏、或母亲指导女儿练习芭蕾等。

(六)改变品牌联想的卓越广告

虽然百达翡丽一直在生产女表系列产品,但是由于它所创造的产品大多是复杂功能表,传统上人们认为这是专为男士设计的,所以,百达翡丽总是被视为男士钟表品牌。这种状况阻碍了女表产品的销售和市场开拓,也不利于发展品牌联想。

为了改变品牌形象在男女消费者心目中的不平衡现象,百达翡丽决定投入更多的心力来研发女表产品,并为现代女性创造出符合她们形象和需求的款式。经过3~4年的努力,百达翡丽在1999年推出了著名的Twenty-4珍藏女式表,来满足现代女性日益增长的对高雅和时髦腕表的要求。

从《艺术装饰时代》中获得灵感,Twenty-4系列女表分为多种款式:既有钢制的、也有18K金玫瑰红或者白金的,表盘有3种不同的颜色——永恒灰色、持久白色和永远黑色,在玫瑰红系列中,还有额外的一款梦幻巧克力色。每一只手表上都镶有一颗钻石。该系列突出体现了手表的时装化风格,将古典风格与现代感完美融合,既适合白天服饰也适合晚装,凝聚了现代女性的优雅风格内涵。

百达翡丽对该系列女式表寄予厚望,为它进行了一整套在百达翡丽历史上从未有过的营销推广活动。1999年、2000年和2001年,以精美的时尚精英杂志如《财富》、《经济学家》和《商业周刊》等为载体,百达翡丽投放了以这些杂志的读者为消费目标市场的广告。该系列的4个广告采用整页或者双页的形式,分春秋两个阶段在全世界刊出。广告负责人里根·卡梅伦有着丰富的时尚和精美产品品牌推广经验,广告运动的代言人是国际著名的模特Vivien Solari,她代言了Versace、Hermes、Louis Vuitton和Armani等一些知名品牌的国际广告运动,在国际上的影响力和感召力很大,契合百达翡丽的产品、形象和品牌定位。

2001年,紧随平面广告的成功,百达翡丽为Twenty-4表拍摄了影视广告——"下一个24小时,你将是谁?"广告通过一个自信、狂放的模特,表现出一种当代的、成熟的审美品位,画面充满神秘感和诱惑力。广告由Ridley Scott代理公司的Adrian Moat指导拍摄,他曾经拍摄过很多著名的广告运动,其中不乏像BMW、Renault和Gossard等这样的知名客户。广告运动的代言人是国际著名的模特Sarah King,在这之前,她代言了一系列著名的广告运动,包括Krizia和Armani。

该广告采用叙事的方式,以一个年轻漂亮的女性在节日化装舞会前后的角色转换展开情节,打破了传统手表品牌影视广告侧重于产品展示的模式。舞会是放纵、奢侈的,充满笑声、狂舞身姿和情欲感觉,而舞会结束后,女性又表现出文雅温情的一面,这使得广告充满神秘感。广告的背景音乐是由Shigeru Umebayashi创作的"Yumeji's Theme"(王家卫导演的获奖影片《花样年华》中曾经使用过),增强了广告的神秘和雅致,表达了Twenty-4表象征成就、独立自由和时髦的内涵,反映了它的目标消费群体的生活形态。

Twenty-4表的目标消费者是独立、自信、忙碌、成功的30~45岁左右的女性,她们有强烈的自我设计意识,又不会以此来炫耀身份,喜欢张扬个性,常常在不同场合下充当不同的角色。"下一个 24 小时,你将是谁?"公司决策人、雅皮士还是梦幻女郎?是睿智的女强人、文雅的休闲一族还是那个含情脉脉听到丈夫称赞自己的性感晚装都会心头撞鹿的贤妻良母?无论哪一个人,都有百达翡丽在。

百达翡丽的这则广告深深打动了目标消费者的心,其中的场景就是她们日常生活的写照,百达翡丽因此成功地加强了品牌在女性消费者心目中的形象,促进了女表的销售。鉴于 2001 年该广告所取得的不凡效果,2002 年,公司又将它的 3 个版本(90 秒、60 秒和 30 秒)在日本、香港、新加坡、台湾、德国和意大利等国家和地区陆续投放,效果仍然很好。2003 年,公司决定将该广告用于其他国际市场。

在 15～20 年前,百达翡丽公司的产品中只有 1/3 的女表,而且销售不景气。在最近几年的广告运动中,百达翡丽致力于改变人们对品牌的关于女性消费的联想偏颇,已经取得良好的效果。现在,百达翡丽男女表的销售比例大约是 55% 比 45%,与生产的比例大致相当。

(七)百达翡丽展览馆

2001 年 11 月 8 日,百达翡丽展览馆举行了剪彩仪式,百达翡丽从此又多了一个展现公司形象和产品信息的窗口,并极大地推动了品牌建设。

用作百达翡丽展览馆的古建筑是由著名的建筑天才 Mr. William Henssler 在 1919 年设计的。在漫长历史的延续中,这幢建筑一直是制表业以及与制表业有关工艺的活动场所,它有着悠久而丰富的历史积淀,见证了许多商行的珠宝雕琢史。早在 1975 年,这里就是百达翡丽表的珠宝附属品生产基地。对于这幢凝聚了悠久的日内瓦制表工业文化的建筑遗产,钟表界最享有盛誉的百达翡丽无疑是最合适和最有说服力的接收者。百达翡丽用它来做展览馆就充分利用了它的历史内涵和象征意义。1999 年,百达翡丽成为该建筑的主人。

百达翡丽展览馆凝聚了从安东尼•百达开始到简•翡丽及其女婿再到1930 年以后的 Sterm 家族的钟表制造热情。它也向世人展示了两段历史:从16 世纪开始的欧洲及世界钟表制造史和从 1839 年开始的百达翡丽钟表制造史,这使得它当之无愧成为世界上最完整最有声望的私人钟表收藏馆。

在展览馆中收藏了超过 2000 个种类的手表,基本上完整地收藏了曾经在日内瓦展览会上展出过的大多数名表,展品包括机械表、自动表、怀表、腕表、瓷釉模型和一些具有考证价值的事物,收藏的数量之大、范围之广,令人惊叹,赢得了众多国际专家的一致赞赏。

展览馆的展台从底层开始,一直到四楼,每一层都有一个大约 700 平方米的展览区。这里收集了 400 多个 18 世纪到 19 世纪早期日内瓦制表匠使用的原始工具,同时还附带一个修缮过的实验室,配有专门的技术师向参观者示范他的工艺和这些工具的使用方法。参观者也可以到专门的放映室观看介绍性影片。

展览馆收藏百达翡丽从 1839 年以来的产品,完整地再现了百达翡丽从起源到今天现状的产品发展历程,展现了整个品牌建构的点点滴滴。展览馆还重点展出了公司引以为豪的 4000 多个钟表精品杰作,它们见证了百达翡丽制表技术的每一次进步。同时,展览馆还保存了超过 700 卷的百达翡丽档案,包括产品、销售状况、消费者和公司的经营资料,详细记录了百达翡丽的重要经营活动。

展览馆还收藏了体现从 16 世纪到 19 世纪欧洲钟表制造传统的物品,大约 500 个钟表古董勾勒出了欧洲制表工业发展的轨迹。很多当时最杰出的瓷画家创作的钟表微型瓷釉装饰图画也在这里展出。一直以来瓷釉画都是钟表修饰不可或缺的点缀品,对工艺师的手艺要求非常高,现在已经濒临失传,只有少数几个钟表制造商那里还有这种工艺师,其中又以百达翡丽的工艺最为精湛。

百达翡丽用它的展览馆建构了一个时间的立体结构,在现实时空中,浓缩了几个世纪的时间艺术和用来表达时间的实体,是品牌展示的绝佳平台。百达翡丽不仅为展览馆导入了一整套识别系统,通过传单、入场券、购物袋、宣传册、招牌及印刷和户外广告进行宣传,还特地为之建设了风格独特、实用、信息丰富的网站。该网站使用 3D、Flash 等软件,非常注重视觉传播效果。此外,网站建立了交互式社区,增强顾客的亲身体验。展览馆在国外的宣传则主要依托网站上的多媒体播放器。

经过一系列建设和宣传,百达翡丽展览馆现在已经成为公司的重要组成部分,既发挥着宣传功能,也发挥着销售功能,对于发展品牌的高端联想具有重大意义。

结　语

19 世纪 60 年代以后,钟表制造业开始进入大规模的工业化生产时代,很多手工作坊开始采用现代化工业技术,制表工业的后起之秀也因为及时运用新技术走在了行业前列。技术的进步带来了管理体制上的变化,很多制表厂家实行公司管理制或者为其他大公司所收购。同时,由于腕表消费意识的兴起,几乎所有企业都在生产标准化的、统一型号的产品,而且迅速扩展产品系列,适应不同消费者的需求。

百达翡丽不像其他的手表,它仍然坚持了自己的独立制表传统,完善家族式的管理制度。虽然没有大规模采用标准化生产,百达翡丽也在满足消费者需求方面作出了努力,拓展了一个丰富的产品系列。在男女腕表两大类别下,百达翡丽至少已经创造出数十种不同型号的手表,此外还有弥足珍贵的纪念表款。

美国营销大师里斯和特劳特曾在其著作《定位》中指出,营销的关键在于第一个将产品打进消费者的头脑,使品牌在其心目中占领一个位置。当消费者产生需求时,就会首先想到与这种需要相对应的在自己的心目中已经占领位置的产品和品牌。对百达翡丽来说,这个问题已经解决,160多年的历史长河中,它已经在消费者的心目中牢牢树立了表中贵族的地位,并拥有鲜明的品牌个性。当消费者想买一款高品质的完美手表时,百达翡丽肯定是首选。

就目前的情形来看,百达翡丽能否继续它的制表传奇将依赖于它是否能够进一步发扬自己优良的制表传统和家族管理模式,在追求完美的经营理念之下,进一步进行技术革新,适应时代的发展。尤为重要的一点是,要善于利用现代的各种传媒手段,使品牌个性为潜在消费者所认知,加强与原有消费者的联系,以便更好地应对其他高档手表品牌的竞争,坚守钟表行业的最后一块贵族领地。

本章小结

本章利用两个案例来串联前面章节讲过的内容知识点,以便给读者一个连贯完整的品牌战略印象。本章将品牌战略的主要理论知识融入到品牌运作的现实实践活动中,使抽象的思想体现为具象的技能和手段。

品牌战略的实施是一个长期的、艰辛的、复杂的过程,会受到多种因素的影响,特别是组织中其他战略的影响。通过这两个案例,读者应该树立起高瞻远瞩、统筹兼顾的战略思想,将品牌战略的实施当作一项系统工程来运作,注意与组织其他战略相协调、相适应。

也许早期企业的经营活动还没有清晰的品牌意识和品牌概念,但品牌内涵和文化价值会受到品牌发展历史上任何好的和坏的经营活动方面的影响,因此品牌也在不断发展和改善,需要危机管理和干预。品牌初创者、历代经营者的企业家精神、经营理念和价值观等因素对品牌的文化积淀有很大的影响,品牌可能会随着时代的变迁而有所发展、有所改变甚至消亡。

本章重点回顾了品牌标识、品牌定位、品牌营销、品牌延伸、品牌创新、品牌国际化、品牌危机管理、品牌资产的托权经营、科学技术、互联网以及名人轶事等对于品牌战略的影响。对某些品牌而言,有些因素是特定的历史条件下造就的结果,不能回溯,不可模仿,它形成了区别于竞争对手的独特性,但是,这并不代表历史积淀就可以紧抓不放,它也有"惰性"和消极的一面。品牌未来的发展更主要地在于"人事",对任何行业的品牌来讲,独特而有效的营销策略都是必要的。

思考与训练

1. 参照可口可乐和百事可乐的品牌发展史,谈谈两者的品牌战略在历史上有何不同,现在的情形是趋同还是趋异?

2. 2006 年,可口可乐产品在中国展开了声势浩大的全国 9000 万个赠饮促销活动,还设有多项大奖抽奖,但是可口可乐的赠饮兑奖点没有设在各类超市和便利店,只能在杂货店兑奖,很多消费者感觉被忽悠了。更糟糕的是,部分杂货店店主并不喜欢给消费者兑奖,甚至拒绝兑奖。请就上述现象,从实施品牌战略的角度,谈谈该事件对品牌的影响以及如何规避不利因素。

3. 以百达翡丽表为例,谈谈奢侈品牌战略所具有的特点。

4. 将百达翡丽和欧米茄(或其他手表品牌)作一比较,分析两者在品牌定位方面的不同。

5. 2005 年,著名的网上社区"天涯论坛"曾有一个被誉为年度最火爆(点击率数百万)的帖子:一个网名"易烨卿"的"女性"发帖鄙视穷人,炫耀财富,自称是上流社会的人,并由此引发了一场关于贫富问题的网络大论战。"易烨卿"炫耀的资本之一就是声称拥有一块百达翡丽表,但这引起了另一个自称真正"贵族"的网友质疑,要求其提供百达翡丽表的编号、何时何地购买等资料,因为瑞士公司总部存有百达翡丽表的消费者资料数据库。结合这一事件,谈谈你对奢侈品品牌、消费者心理以及品牌战略之间关系的看法。

推荐读物

李闯著:《感受心动——国际软饮料业十大实力品牌发展战略》,杭州:浙江大学出版社,2003。

郑丽萍著:《旗舰日志——国际服装业十大实力品牌发展战略》,杭州:浙江大学出版社,2003。

李一峰著:《非理性缔造——国际酒业十大实力品牌发展战略》,杭州:浙江大学出版社,2003。

金小科著:《垄断的理由——国际 IT 业十大实力品牌发展战略》,杭州:浙江大学出版社,2003。

蔡建梅著:《模式宣言——国际零售业十大实力品牌发展战略》,杭州:浙江大学出版社,2003。

附录

中华人民共和国商标法

(1982年8月23日第五届全国人民代表大会常务委员会第二十四次会议通过 根据1993年2月22日第七届全国人民代表大会常务委员会第三十次会议《关于修改〈中华人民共和国商标法〉的决定》第一次修正 根据2001年10月27日第九届全国人民代表大会常务委员会第二十四次会议《关于修改〈中华人民共和国商标法〉的决定》第二次修正)

目 录

第一章 总 则

第一条 为了加强商标管理,保护商标专用权,促使生产、经营者保证商品和服务质量,维护商标信誉,以保障消费者和生产、经营者的利益,促进社会主义市场经济的发展,特制定本法。

第二条 国务院工商行政管理部门商标局主管全国商标注册和管理的工作。

国务院工商行政管理部门设立商标评审委员会,负责处理商标争议事宜。

第三条　经商标局核准注册的商标为注册商标,包括商品商标、服务商标和集体商标、证明商标;商标注册人享有商标专用权,受法律保护。

本法所称集体商标,是指以团体、协会或者其他组织名义注册,供该组织成员在商事活动中使用,以表明使用者在该组织中的成员资格的标志。

本法所称证明商标,是指由对某种商品或者服务具有监督能力的组织所控制,而由该组织以外的单位或者个人使用于其商品或者服务,用以证明该商品或者服务的原产地、原料、制造方法、质量或者其他特定品质的标志。

集体商标、证明商标注册和管理的特殊事项,由国务院工商行政管理部门规定。

第四条　自然人、法人或者其他组织对其生产、制造、加工、拣选或者经销的商品,需要取得商标专用权的,应当向商标局申请商品商标注册。

自然人、法人或者其他组织对其提供的服务项目,需要取得商标专用权的,应当向商标局申请服务商标注册。

本法有关商品商标的规定,适用于服务商标。

第五条　两个以上的自然人、法人或者其他组织可以共同向商标局申请注册同一商标,共同享有和行使该商标专用权。

第六条　国家规定必须使用注册商标的商品,必须申请商标注册,未经核准注册的,不得在市场销售。

第七条　商标使用人应当对其使用商标的商品质量负责。各级工商行政管理部门应当通过商标管理,制止欺骗消费者的行为。

第八条　任何能够将自然人、法人或者其他组织的商品与他人的商品区别开的可视性标志,包括文字、图形、字母、数字、三维标志和颜色组合,以及上述要素的组合,均可以作为商标申请注册。

第九条　申请注册的商标,应当有显著特征,便于识别,并不得与他人在先取得的合法权利相冲突。

商标注册人有权标明"注册商标"或者注册标记。

第十条　下列标志不得作为商标使用:

(一)同中华人民共和国的国家名称、国旗、国徽、军旗、勋章相同或者近似的,以及同中央国家机关所在地特定地点的名称或者标志性建筑物的名称、图形相同的;

(二)同外国的国家名称、国旗、国徽、军旗相同或者近似的,但该国政府同意的除外;

(三)同政府间国际组织的名称、旗帜、徽记相同或者近似的,但经该组织同意或者不易误导公众的除外;

（四）与表明实施控制、予以保证的官方标志、检验印记相同或者近似的，但经授权的除外；

（五）同"红十字"、"红新月"的名称、标志相同或者近似的；

（六）带有民族歧视性的；

（七）夸大宣传并带有欺骗性的；

（八）有害于社会主义道德风尚或者有其他不良影响的。

县级以上行政区划的地名或者公众知晓的外国地名，不得作为商标。但是，地名具有其他含义或者作为集体商标、证明商标组成部分的除外；已经注册的使用地名的商标继续有效。

第十一条 下列标志不得作为商标注册：

（一）仅有本商品的通用名称、图形、型号的；

（二）仅仅直接表示商品的质量、主要原料、功能、用途、重量、数量及其他特点的；

（三）缺乏显著特征的。

前款所列标志经过使用取得显著特征，并便于识别的，可以作为商标注册。

第十二条 以三维标志申请注册商标的，仅由商品自身的性质产生的形状、为获得技术效果而需有的商品形状或者使商品具有实质性价值的形状，不得注册。

第十三条 就相同或者类似商品申请注册的商标是复制、摹仿或者翻译他人未在中国注册的驰名商标，容易导致混淆的，不予注册并禁止使用。

就不相同或者不相类似商品申请注册的商标是复制、摹仿或者翻译他人已经在中国注册的驰名商标，误导公众，致使该驰名商标注册人的利益可能受到损害的，不予注册并禁止使用。

第十四条 认定驰名商标应当考虑下列因素：

（一）相关公众对该商标的知晓程度；

（二）该商标使用的持续时间；

（三）该商标的任何宣传工作的持续时间、程度和地理范围；

（四）该商标作为驰名商标受保护的记录；

（五）该商标驰名的其他因素。

第十五条 未经授权，代理人或者代表人以自己的名义将被代理人或者被代表人的商标进行注册，被代理人或者被代表人提出异议的，不予注册并禁止使用。

第十六条 商标中有商品的地理标志，而该商品并非来源于该标志所标示的地区，误导公众的，不予注册并禁止使用；但是，已经善意取得注册的继续有效。

前款所称地理标志,是指标示某商品来源于某地区,该商品的特定质量、信誉或者其他特征,主要由该地区的自然因素或者人文因素所决定的标志。

第十七条 外国人或者外国企业在中国申请商标注册的,应当按其所属国和中华人民共和国签订的协议或者共同参加的国际条约办理,或者按对等原则办理。

第十八条 外国人或者外国企业在中国申请商标注册和办理其他商标事宜的,应当委托国家认可的具有商标代理资格的组织代理。

第二章 商标注册的申请

第十九条 申请商标注册的,应当按规定的商品分类表填报使用商标的商品类别和商品名称。

第二十条 商标注册申请人在不同类别的商品上申请注册同一商标的,应当按商品分类表提出注册申请。

第二十一条 注册商标需要在同一类的其他商品上使用的,应当另行提出注册申请。

第二十二条 注册商标需要改变其标志的,应当重新提出注册申请。

第二十三条 注册商标需要变更注册人的名义、地址或者其他注册事项的,应当提出变更申请。

第二十四条 商标注册申请人自其商标在外国第一次提出商标注册申请之日起六个月内,又在中国就相同商品以同一商标提出商标注册申请的,依照该外国同中国签订的协议或者共同参加的国际条约,或者按照相互承认优先权的原则,可以享有优先权。

依照前款要求优先权的,应当在提出商标注册申请的时候提出书面声明,并且在三个月内提交第一次提出的商标注册申请文件的副本;未提出书面声明或者逾期未提交商标注册申请文件副本的,视为未要求优先权。

第二十五条 商标在中国政府主办的或者承认的国际展览会展出的商品上首次使用的,自该商品展出之日起六个月内,该商标的注册申请人可以享有优先权。

依照前款要求优先权的,应当在提出商标注册申请的时候提出书面声明,并且在三个月内提交展出其商品的展览会名称、在展出商品上使用该商标的证据、展出日期等证明文件;未提出书面声明或者逾期未提交证明文件的,视为未要求优先权。

第二十六条 为申请商标注册所申报的事项和所提供的材料应当真实、准确、完整。

第三章　商标注册的审查和核准

第二十七条　申请注册的商标，凡符合本法有关规定的，由商标局初步审定，予以公告。

第二十八条　申请注册的商标，凡不符合本法有关规定或者同他人在同一种商品或者类似商品上已经注册的或者初步审定的商标相同或者近似的，由商标局驳回申请，不予公告。

第二十九条　两个或者两个以上的商标注册申请人，在同一种商品或者类似商品上，以相同或者近似的商标申请注册的，初步审定并公告申请在先的商标；同一天申请的，初步审定并公告使用在先的商标，驳回其他人的申请，不予公告。

第三十条　对初步审定的商标，自公告之日起三个月内，任何人均可以提出异议。公告期满无异议的，予以核准注册，发给商标注册证，并予公告。

第三十一条　申请商标注册不得损害他人现有的在先权利，也不得以不正当手段抢先注册他人已经使用并有一定影响的商标。

第三十二条　对驳回申请、不予公告的商标，商标局应当书面通知商标注册申请人。商标注册申请人不服的，可以自收到通知之日起十五日内向商标评审委员会申请复审，由商标评审委员会做出决定，并书面通知申请人。

当事人对商标评审委员会的决定不服的，可以自收到通知之日起三十日内向人民法院起诉。

第三十三条　对初步审定、予以公告的商标提出异议的，商标局应当听取异议人和被异议人陈述事实和理由，经调查核实后，做出裁定。当事人不服的，可以自收到通知之日起十五日内向商标评审委员会申请复审，由商标评审委员会做出裁定，并书面通知异议人和被异议人。

当事人对商标评审委员会的裁定不服的，可以自收到通知之日起三十日内向人民法院起诉。人民法院应当通知商标复审程序的对方当事人作为第三人参加诉讼。

第三十四条　当事人在法定期限内对商标局做出的裁定不申请复审或者对商标评审委员会做出的裁定不向人民法院起诉的，裁定生效。

经裁定异议不能成立的，予以核准注册，发给商标注册证，并予公告；经裁定异议成立的，不予核准注册。

经裁定异议不能成立而核准注册的，商标注册申请人取得商标专用权的时间自初审公告三个月期满之日起计算。

第三十五条 对商标注册申请和商标复审申请应当及时进行审查。

第三十六条 商标注册申请人或者注册人发现商标申请文件或者注册文件有明显错误的,可以申请更正。商标局依法在其职权范围内作出更正,并通知当事人。

前款所称更正错误不涉及商标申请文件或者注册文件的实质性内容。

第四章　注册商标的续展、转让和使用许可

第三十七条 注册商标的有效期为十年,自核准注册之日起计算。

第三十八条 注册商标有效期满,需要继续使用的,应当在期满前六个月内申请续展注册;在此期间未能提出申请的,可以给予六个月的宽展期。宽展期满仍未提出申请的,注销其注册商标。

每次续展注册的有效期为十年。

续展注册经核准后,予以公告。

第三十九条 转让注册商标的,转让人和受让人应当签订转让协议,并共同向商标局提出申请。受让人应当保证使用该注册商标的商品质量。

转让注册商标经核准后,予以公告。受让人自公告之日起享有商标专用权。

第四十条 商标注册人可以通过签订商标使用许可合同,许可他人使用其注册商标。许可人应当监督被许可人使用其注册商标的商品质量。被许可人应当保证使用该注册商标的商品质量。

经许可使用他人注册商标的,必须在使用该注册商标的商品上标明被许可人的名称和商品产地。

商标使用许可合同应当报商标局备案。

第五章　注册商标争议的裁定

第四十一条 已经注册的商标,违反本法第十条、第十一条、第十二条规定的,或者是以欺骗手段或者其他不正当手段取得注册的,由商标局撤销该注册商标;其他单位或者个人可以请求商标评审委员会裁定撤销该注册商标。

已经注册的商标,违反本法第十三条、第十五条、第十六条、第三十一条规定的,自商标注册之日起五年内,商标所有人或者利害关系人可以请求商标评审委员会裁定撤销该注册商标。对恶意注册的,驰名商标所有人不受五年的时间限制。

除前两款规定的情形外,对已经注册的商标有争议的,可以自该商标经核准注册之日起五年内,向商标评审委员会申请裁定。

商标评审委员会收到裁定申请后,应当通知有关当事人,并限期提出答辩。

第四十二条 对核准注册前已经提出异议并经裁定的商标,不得再以相同的事实和理由申请裁定。

第四十三条 商标评审委员会做出维持或者撤销注册商标的裁定后,应当书面通知有关当事人。

当事人对商标评审委员会的裁定不服的,可以自收到通知之日起三十日内向人民法院起诉。人民法院应当通知商标裁定程序的对方当事人作为第三人参加诉讼。

第六章　商标使用的管理

第四十四条 使用注册商标,有下列行为之一的,由商标局责令限期改正或者撤销其注册商标:

(一)自行改变注册商标的;

(二)自行改变注册商标的注册人名义、地址或者其他注册事项的;

(三)自行转让注册商标的;

(四)连续三年停止使用的。

第四十五条 使用注册商标,其商品粗制滥造,以次充好,欺骗消费者的,由各级工商行政管理部门分别不同情况,责令限期改正,并可以予以通报或者处以罚款,或者由商标局撤销其注册商标。

第四十六条 注册商标被撤销的或者期满不再续展的,自撤销或者注销之日起一年内,商标局对与该商标相同或者近似的商标注册申请,不予核准。

第四十七条 违反本法第六条规定的,由地方工商行政管理部门责令限期申请注册,可以并处罚款。

第四十八条 使用未注册商标,有下列行为之一的,由地方工商行政管理部门予以制止,限期改正,并可以予以通报或者处以罚款:

(一)冒充注册商标的;

(二)违反本法第十条规定的;

(三)粗制滥造,以次充好,欺骗消费者的。

第四十九条 对商标局撤销注册商标的决定,当事人不服的,可以自收到通知之日起十五日内向商标评审委员会申请复审,由商标评审委员会做出决定,并书面通知申请人。

当事人对商标评审委员会的决定不服的,可以自收到通知之日起三十日内向人民法院起诉。

第五十条 对工商行政管理部门根据本法第四十五条、第四十七条、第四十八条的规定做出的罚款决定,当事人不服的,可以自收到通知之日起十五日内,向人民法院起诉;期满不起诉又不履行的,由有关工商行政管理部门申请人民法院强制执行。

第七章　注册商标专用权的保护

第五十一条　注册商标的专用权,以核准注册的商标和核定使用的商品为限。

第五十二条　有下列行为之一的,均属侵犯注册商标专用权:

(一)未经商标注册人的许可,在同一种商品或者类似商品上使用与其注册商标相同或者近似的商标的;

(二)销售侵犯注册商标专用权的商品的;

(三)伪造、擅自制造他人注册商标标识或者销售伪造、擅自制造的注册商标标识的;

(四)未经商标注册人同意,更换其注册商标并将该更换商标的商品又投入市场的;

(五)给他人的注册商标专用权造成其他损害的。

第五十三条　有本法第五十二条所列侵犯注册商标专用权行为之一,引起纠纷的,由当事人协商解决;不愿协商或者协商不成的,商标注册人或者利害关系人可以向人民法院起诉,也可以请求工商行政管理部门处理。工商行政管理部门处理时,认定侵权行为成立的,责令立即停止侵权行为,没收、销毁侵权商品和专门用于制造侵权商品、伪造注册商标标识的工具,并可处以罚款。当事人对处理决定不服的,可以自收到处理通知之日起十五日内依照《中华人民共和国行政诉讼法》向人民法院起诉;侵权人期满不起诉又不履行的,工商行政管理部门可以申请人民法院强制执行。进行处理的工商行政管理部门根据当事人的请求,可以就侵犯商标专用权的赔偿数额进行调解;调解不成的,当事人可以依照《中华人民共和国民事诉讼法》向人民法院起诉。

第五十四条　对侵犯注册商标专用权的行为,工商行政管理部门有权依法查处;涉嫌犯罪的,应当及时移送司法机关依法处理。

第五十五条　县级以上工商行政管理部门根据已经取得的违法嫌疑证据或者举报,对涉嫌侵犯他人注册商标专用权的行为进行查处时,可以行使下列职权:

(一)询问有关当事人,调查与侵犯他人注册商标专用权有关的情况;

(二)查阅、复制当事人与侵权活动有关的合同、发票、账簿以及其他有关资料;

（三）对当事人涉嫌从事侵犯他人注册商标专用权活动的场所实施现场检查；

（四）检查与侵权活动有关的物品；对有证据证明是侵犯他人注册商标专用权的物品，可以查封或者扣押。

工商行政管理部门依法行使前款规定的职权时，当事人应当予以协助、配合，不得拒绝、阻挠。

第五十六条　侵犯商标专用权的赔偿数额，为侵权人在侵权期间因侵权所获得的利益，或者被侵权人在被侵权期间因被侵权所受到的损失，包括被侵权人为制止侵权行为所支付的合理开支。

前款所称侵权人因侵权所得利益，或者被侵权人因被侵权所受损失难以确定的，由人民法院根据侵权行为的情节判决给予五十万元以下的赔偿。

销售不知道是侵犯注册商标专用权的商品，能证明该商品是自己合法取得的并说明提供者的，不承担赔偿责任。

第五十七条　商标注册人或者利害关系人有证据证明他人正在实施或者即将实施侵犯其注册商标专用权的行为，如不及时制止，将会使其合法权益受到难以弥补的损害的，可以在起诉前向人民法院申请采取责令停止有关行为和财产保全的措施。

人民法院处理前款申请，适用《中华人民共和国民事诉讼法》第九十三条至第九十六条和第九十九条的规定。

第五十八条　为制止侵权行为，在证据可能灭失或者以后难以取得的情况下，商标注册人或者利害关系人可以在起诉前向人民法院申请保全证据。

人民法院接受申请后，必须在四十八小时内做出裁定；裁定采取保全措施的，应当立即开始执行。

人民法院可以责令申请人提供担保，申请人不提供担保的，驳回申请。

申请人在人民法院采取保全措施后十五日内不起诉的，人民法院应当解除保全措施。

第五十九条　未经商标注册人许可，在同一种商品上使用与其注册商标相同的商标，构成犯罪的，除赔偿被侵权人的损失外，依法追究刑事责任。

伪造、擅自制造他人注册商标标识或者销售伪造、擅自制造的注册商标标识，构成犯罪的，除赔偿被侵权人的损失外，依法追究刑事责任。

销售明知是假冒注册商标的商品，构成犯罪的，除赔偿被侵权人的损失外，依法追究刑事责任。

第六十条　从事商标注册、管理和复审工作的国家机关工作人员必须秉公执法，廉洁自律，忠于职守，文明服务。

商标局、商标评审委员会以及从事商标注册、管理和复审工作的国家机关工作人员不得从事商标代理业务和商品生产经营活动。

第六十一条 工商行政管理部门应当建立健全内部监督制度,对负责商标注册、管理和复审工作的国家机关工作人员执行法律、行政法规和遵守纪律的情况,进行监督检查。

第六十二条 从事商标注册、管理和复审工作的国家机关工作人员玩忽职守、滥用职权、徇私舞弊,违法办理商标注册、管理和复审事项,收受当事人财物,牟取不正当利益,构成犯罪的,依法追究刑事责任;尚不构成犯罪的,依法给予行政处分。

第八章　商标法附则

第六十三条 申请商标注册和办理其他商标事宜的,应当缴纳费用,具体收费标准另定。

第六十四条 本法自 1983 年 3 月 1 日起施行。1963 年 4 月 10 日国务院公布的《商标管理条例》同时废止;其他有关商标管理的规定,凡与本法抵触的,同时失效。

本法施行前已经注册的商标继续有效。

参考文献与推荐网站

1.［美］凯文·莱恩·凯勒著:《战略品牌管理——创建、评估和管理品牌资产》,英文影印版第 2 版,北京:中国人民大学出版社,2004。

2.［美］菲利普·科特勒著,梅清豪译:《营销管理》,第 11 版,上海:上海人民出版社,2004。

3.［英］格里·约翰逊等著,王军等译:《战略管理》,北京:人民邮电出版社,2006。

4.万后芬等主编:《品牌管理》,北京:清华大学出版社,2006。

5.余明阳等编著:《品牌学教程》,上海:复旦大学出版社,2005。

6.［美］大卫·A.艾克等著:《品牌领导》,北京:新华出版社,2001。

7.薛可著:《品牌扩张:延伸与创新》,北京:北京大学出版社,2004。

8.［英］苏珊娜·哈特等著:《品牌圣经》,北京:中国铁道出版社,2006。

9.［德］安德雷亚斯·步霍尔茨等著:《营造名牌的二十一种模式》,北京:中信出版社,1999。

10.屈云波编著:《品牌营销》,北京:企业管理出版社,1996。

11.余鑫炎主编:《品牌战略与决策》,大连:东北财经大学出版社,2001。

12.文武文编著:《方法——国际著名广告公司操作工具》,北京:中国线装书局,2003。

13.［美］艾·里斯、杰克·特劳特著,王恩冕等译:《定位:有史以来对美国营销影响最大的观念》,北京:中国财政经济出版社,2002。

14.［美］特伦斯·A.辛普著:《整合营销传播:广告、促销、与拓展(第六版)》,北京:北京大学出版社,2005。

15.［美］理查德·J.塞米尼克著,徐惠忠等译:《促销与整合营销传播》,北京:电子工业出版社,2005。

16.［英］保罗·斯图伯特著:《品牌的力量》,北京:中信出版社,2000。

17.陈放著:《品牌学》,北京:北京时事出版社,2002。

18.李光斗著:《品牌竞争力》,北京:中国人民大学出版社,2003。

19.[美]阿克著,吕一林译:《创建强势品牌》,北京:中国劳动社会保障出版社,2004。

20.李闯著:《感受心动——国际软饮料业十大实力品牌发展战略》,杭州:浙江大学出版社,2003。

21.朱立著:《品牌文化》,北京:经济科学出版社,2005。

22. Philip Kotler：*Marketing Management*：*Analysis*，*Planning*，*lmplementation and Control*,8th ed.

23. David A. Aaker：*Managing Brand Equity*，New York，The Free Press,1991.

24.其他相关论文期刊杂志。

推荐网站

1.二十一品牌网:http://www.21brand.com/

2.采纳中华品牌营销网:http://www.caina.cc/

3.中华品牌管理网:http://www.cnbm.net.cn/

4.中华营销传播网:http://www.emkt.com.cn/

5.中国品牌研究院网站:http://www.brandcn.org/

6.全球品牌网:http://www.globrand.com/

7.世界品牌实验室网站:http://brand.icxo.com/

8.中国市场营销网:http://www.ecm.com.cn/

9.中国品牌网:http://www.chinabrand.net.cn/

10.部分相关品牌的门户网站。

后 记

　　写书是一件遗憾的事情，特别是对于教材而言。这一方面是因为知识的创新发展每时每刻都在进行，当你在落笔写最新成果的时候，新的超越已经在悄然发生了。另一方面在于一旦书稿印刷成册，所有的瑕疵和不足都无法立刻修正或删改。每每想到这里，就觉得手中的这本书稿沉甸甸的，唯恐一个不小心，让我们在课堂上面对学生时，尴尬汗颜。

　　2007年寒假期间，我对书稿做了第三次校对。即将付梓，却没有豁然开朗的感觉，反而愈加诚惶诚恐，但我深知没有别人的批评和斧正，遗憾将永远无法弥补。因此，本书就权当我们追求更好更完美的征程上的一个起点吧，想想古人"端者，必丑"的箴言，也就释然了。

　　但需要感谢的人，却一刻也不能忘记。本教材的顺利出版得益于我们这样一个团队的辛勤工作，他们各位都是该领域的研究者、实践者，独特而深刻的见解闪烁着珍珠般的光辉。

　　我们还要感谢该丛书的编审委员会和两位本书初稿的匿名评审专家，你们的建议和意见让本书受益匪浅，对于你们提及的本书暂时未能贯彻的意见，我们深表遗憾和抱歉，但这些意见将成为我们以后工作和学习中的财富。

　　要衷心感谢所有为本书提供了知识营养的标明的和未标明的专家和学者，若不是你们著作中的字字珠玑，本书将黯然失色。正是你们的辛苦劳动让我们看得更高更远。

　　还要特别感谢浙江大学出版社具有价值和责任的选题，特别是本书的责任编辑李苗苗的耐心、细心和专心。若非如此，本书可能还在路上。

　　需要声明的是，本书所有的优点都凝聚了他们的辛勤劳动和智慧，所有的缺点都与他们无关。再次向所有提及的以及对本书作出贡献的未提及的朋友致谢，也向那些曾经提出过批评与指正以及未来将要提出批评与指正的人致谢，是你们的鞭策让我们不断进步。

李　闯

2007 年 3 月 1 日

图书在版编目（CIP）数据

品牌战略 / 徐莉莉，骆小欢主编. —杭州：浙江大学出版社，2007.4（2020.1重印）
ISBN 978-7-308-05250-4

Ⅰ.品… Ⅱ.①徐…②骆… Ⅲ.企业管理：质量管理
Ⅳ.F273.2

中国版本图书馆 CIP 数据核字（2007）第 043674 号

品牌战略

徐莉莉 骆小欢 主编

总 策 划	李海燕
责任编辑	曾 熙
封面设计	刘依群
出版发行	浙江大学出版社
	（杭州市天目山路 148 号 邮政编码 310007）
	（网址：http://www.zjupress.com）
排 版	杭州中大图文设计有限公司
印 刷	虎彩印艺股份有限公司
开 本	787mm×960mm 1/16
印 张	14.25
字 数	250 千
版 印 次	2007 年 4 月第 1 版 2020 年 1 月第 7 次印刷
书 号	ISBN 978-7-308-05250-4
定 价	39.00 元